KB201187

LET'S GO 빌립보서

깊게 읽고 쉽게 풀어쓴

LET'S GO

빌립보서

강학종 지음

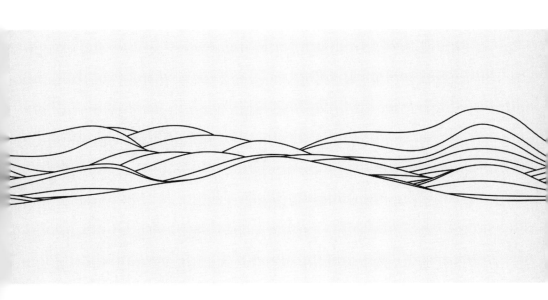

베드로서원

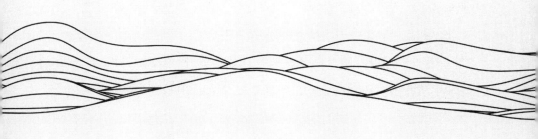

머 리 말

바울이 2차 전도 여행 중에 드로아에서 환상을 본다. 웬 마게도냐 사람이 건너와서 자기들을 도우라고 하는 것이다. 이렇게 해서 마게도냐 지방의 빌립보에 가게 된다. 행 16:12에 "거기서 빌립보에 이르니 이는 마게도냐 지방의 첫 성이요 또 로마의 식민지라"라고 되어 있다.

주전 44년에 율리우스 카이사르가 암살당한다. 카이사르를 암살한 브루투스 일파가 이끄는 군대와 카이사르를 따르던 옥타비아누스, 안토니우스가 이끄는 군대가 빌립보 지역에서 전투를 벌인다. 이 전투에서 브루투스 일파가 패퇴한다. 전투에서 이긴 옥타비아누스, 안토니우스는 휘하 장병들을 빌립보에 정착시킨다.

이런 역사적인 배경으로 빌립보 시민들은 로마 시민과 동일한 특권을 누리게 된다. 인두세와 토지세를 감면받는 등 법적인 지위가 이탈리아 본토에 있는 로마 시민과 똑같았다. 빌립보 시민들은 로마의 관습과 풍토를 그대로 따르고 로마법을 준수하는 것을 상당한 자랑으로 여겼다.

바울이 그런 빌립보에 갔다. 자주 장사 루디아를 만나기도 하고 점치는 귀신 들린 여종을 고쳐주기도 한다. 그 일로 인해서 옥에 갇히지만 오히려 간수에게 복음을 전하는 계기가 된다. 이런 우여곡절을 거쳐서 빌립보교회가 시작되었다. 그리고 로마 감옥에 갇힌 바울이 그런 빌립보교회에 편지를 쓴다.

감옥에 갇힌 사람이 편지를 쓰면 어떤 내용을 쓸까? 자기를 위해 기도해달라거나 재판 결과에 하나님의 도우심을 있기를 바란다는 내용이 제일 어울릴 것 같다. 그런데 빌립보서에는 그런 내용이 없다. 오히려 기뻐하라고 한다. 빌립보서를 읽다 보면 계속 반복되는 말이 '기쁨으로', '기뻐하고', '기쁨을', '기뻐하리니', '기뻐하라', '기뻐하게 하며', '기쁨이요', '기쁨함은'이다. 감옥에 갇힌 사람한테 기뻐할 일이 무엇이 있을까? 어쨌든 환경에서 파생되는 기쁨은 아닌 것이 분명하다. 환경을 초월하는 기쁨이다. 그런 기쁨을 빌립보교회 교인들한테 권하는 것이다.

혹시 우리가 살면서 당시 바울보다 더 열악한 환경에 처할 수 있을까? 아주 특별한 경우가 아니라면 거의 없을 것이다. 그러면 우리 인생에도 기쁨이 있어야 하지 않을까? 바울에게 있었던 기쁨이 바울 혼자만의 기쁨일 수는 없다. 우리도 당연히 누려야 하는 기쁨이다. 적어도 빌립보서를 읽은 사람이라면 그렇다. 우리 삶 속에서 주님께서 기뻐하실 만한 일로 기뻐하는 일이 더욱 많아지기를 바라는 마음으로 이 책을 세상에 내놓는다. 출판을 허락하신 베드로서원 방주석 장로님과 베드로서원 가족들에게 고마움의 뜻을 전한다. 이 책을 읽는 모든 독자에게 빌립보서가 주는 유익이 가득하기를 간절히 간절히 간절히 소망한다.

주후 2024년 11월
하늘교회 목사 강학종

1장 바울의 마음

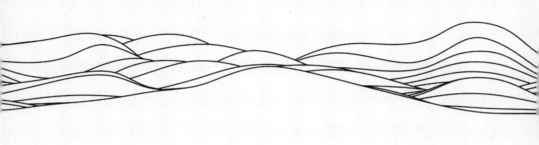

1:1〉 그리스도 예수의 종 바울과 디모데는 그리스도 예수 안에서 빌립보에 사는 모든 성도와 또한 감독들과 집사들에게 편지하노니

우리는 편지를 쓸 때 받는 사람을 먼저 쓰지만 헬라 문화에서는 보내는 사람을 먼저 쓴다. 그래서 "그리스도 예수의 종 바울과 디모데는…"으로 시작한다. 바울과 디모데가 머리를 맞대고 편지를 쓴 것이 아니다. 바울이 자기를 돕는 디모데를 같이 말한 것이다. 그러면서 자기와 디모데를 "그리스도 예수의 종"으로 소개한다.

애완견을 키우는 후배한테 자기가 개만도 못하다는 말을 들은 적이 있다. 개는 사료를 준 다음에 "기다려!"라고 하면 그대로 순종한다. "먹어!"라고 하기 전까지 절대 먹는 법이 없다. "기다려!"라고 한 다음에 일부러 "먹어!"를 안 하기도 한다. 그래도 자기를 쳐다보기만 할 뿐, 밥그릇 앞에서 얌전히 기다린다. 자기는 하나님 말씀에 늘 핑계를 대는데 개는 자기 말을 거역하는 법이 없다는 것이다. 그러면서 개가 자기 말을 듣는 것만큼 자기도 하나님 말씀에 순종하는 것이 목표라고 했다.

기독교 신앙을 고백하는 사람은 누구나 예수님의 종이다. 종한테는 발언권이 없다. 주인의 뜻을 행하면 그것으로 족하다. 주인의 뜻을 행한 대가를 바라지도 않는다. 주인의 뜻을 행하는 것이 존재 이유인데 대가를 바란다는 것은 말이 되지 않는다.

그런데 정말 그럴까? 지금까지 하나님이 자기 기도를 들어주지 않았다며 상심하는 사람을 한두 번 본 것이 아니다. 반면 자기가 하나님께 제대로 순종하지 못한다는 이유로 고민하는 사람은 보기 힘들다. 대체 왜 그럴까? 자기가 하나님 말씀을 안 들은 것은 문제를 삼지 않으면서 하나님이 자기 말을 안 들은 것은 왜 문제를 삼을까? 우리한테 혹시 문제가 있다면 하나님이 우리 기도를 들어주시지 않기 때문이 아니다. 우리가 하나님 뜻대로 살지 않기 때문이다. 하나님이 우리 종이 아니고 우리가 하나님의 종이다.

간혹 종을 잘못된 뜻으로 쓰기도 한다. 목회자를 가리키는 뜻으로 오해해서 그렇다. 그런 경우에는 종이 오히려 높임말이 되기도 한다. 심지어 '주의 종님'이라는 해괴한 표현을 들은 적도 있다. 종을 마치 특권 계층인 양 얘기하는데 절대 그럴 수 없다. 종은 다른 사람보다 높다는 뜻이 아니라 주님의 소유물이라는 뜻이다. 그리고 예수를 믿는 사람이라면 목회자나 목회자 아닌 사람이나 똑같이 주의 종이다.

빌립보서를 쓰는 사람은 그리스도 예수의 종인 바울이다. 즉 빌립보서는 바울이 그리스도 예수의 종이라는 정체성을 가지고 쓴 편지다. 그러면 그 내용도 그리스도 예수의 종이 말할 만한 내용일 것이다. 비단 빌립보서만이 아니라 모든 성경이 다 그렇다.

예전에 어떤 분한테서 성경에 부자 되는 방법은 왜 없느냐는 질문을 받은 적이 있다. 농담으로 한 질문이지만 마냥 농담 같지는 않았다. 그때는 성경에 없는 내용에 신경 쓰지 말고 성경에 있는 내용에 신경 쓰라고 답했지만 본문을 통해서 제대로 답할 수 있다. 성경은 그리스도 예수의 종이 썼기 때문이다. 그리스도 예수의 종은 주인이 관심을 갖는 분야에만 관심을 갖는다. 쓸데없는 일에 관심을 낭비하지 않는다. 일찍이 칼뱅이 한 말이 있다. "경건에 관계없는 모든 호기심은 해롭다."

이런 말을 하면 "예수 믿는 사람은 부자가 되면 안 됩니까?"라고 묻는 사람이 있다. 설마 그런 법이 있기야 할까? 살다 보면 부자가 될 수도 있다. 그러면 부자로 살아야지, 어떡한단 말인가? 하지만 부자가 되는 것을 목표로 삼으면 안 된다. 중고등부를 지도하던 시절에 가끔 하던 말이 있다. "공부 열심히 해라. 그렇다고 목숨은 걸지 마라. 목숨은 예수 믿는 데 걸고 공부는 그냥 열심히만 해라." 그 말 그대로다. 세상은 성실히 살면 그만이다. 돈은 성실히 산 대가로 버는 것이지, 돈을 버는 게 목표라서 버는 것이 아니다. 의사가 수술을 해서 돈을 받는 것은 자연스럽지만 돈을 받기 위해서 수술한다면 큰일 날 얘기인 것과 같다. 우리 목표와 관심은 늘 하나님 나라에 있다.

그런 빌립보서의 수신자는 "그리스도 예수 안에서 빌립보에 사는 모든 성도와 또한 감독들과 집사들"이다. 당시 빌립보 인구가 얼마나 되는지는 모른다. 바울이 그 모두한테 편지를 쓴 게 아니다. 빌립보에 사는 사람 중에서 그리스도 예수 안에 있는 사람들한테 편지를 썼다. 그리스도 예수 안에 있는 것이 빌립보서를 읽을 수 있는 자격이다.

한 가지 의아한 점이 있다. 이미 성도를 얘기했는데 감독과 집사를 따로 얘기할 이유가 있을까? 목사가 설교 중에 "사랑하는 교우 여러분"이라고 하면, 그 교회 교인 전부가 다 포함된다. "사랑하는 교우 여러분"이라고 했으면서 이어서 "제직 여러분, 당회원 여러분"이라고 할 이유는 없다. 바울이 쓴 다른 서신서에서는 이런 예가 없는데 유독 빌립보서만 이렇다.

당시는 지금처럼 교회 직분이 확립되기 전이었다. 감독과 집사가 꼭 지금의 장로, 집사에 해당하는 것은 아니지만 교회의 지도자인 것은 맞다. 그들을 따로 언급하는 것은 당시 빌립보교회의 상황 때문일 것이다. 4장에서 유오디아와 순두게한테 같은 마음을 가지라고 권면하는 내용이 나온다. 교회 지도자끼리 반목한 것이다. 그래서 감독과 집사들한테 교회 일치의 우선적인 책임을 상기시키는 것이 아닐까 싶다.

각설하고, 예수를 믿는다고 해서 공중에 붕 떠서 살지 않는다. 세상 사람들과 똑같이 이 땅에 발을 딛고 살아간다. 하루 세 끼 밥도 먹어야 하고, 자식도 낳아서 키워야 하고, 아프면 병원에도 가야 한다. 대학 입시에 시달리기도 해야 하고, 아등바등 애써서 취업도 해야 한다. 하지만 그게 전부일 수 없다. 우리는 그리스도 예수 안에서 살아간다. 흔히 우리한테는 두 개의 시민권이 있다고 한다. 이 세상 시민권과 천국 시민권이다. 우리는 이 세상 시민으로도 살아가고 천국 시민으로도 살아간다.

성경에 부자가 되는 방법은 왜 안 나오는지 궁금하게 여긴 이유가 여기에 있다. 자기가 이 세상 시민인 것은 아는데 천국 시민인 것은 몰라서 그렇다. 아니, 천국 시민인 것을 모르는 것이 아니라 천국 시민이 어떤 사람인지 몰라서 그렇다. 애초에 교회에 다니지 않았으면 그런 궁금증이 생기지 않았을 것이다. 그런 것을 궁금하게 여기는 것을 보면 교회에서 들은풍월이 있다는 뜻이다. 하나님이 이 세상 주인인 것도 알고 하나님은 전지전능한 것도 안다. 마음만 먹으면 못하실 것이 없는 것도 안다. 그런 능력이 왜 자기가 원하는 영역에는 나타나지 않느냐는 것이다.

혹시 빌립보서 수신자들도 그런 생각을 했을까? 만일 그렇다면 답은 뻔하다. 빌립보서를 쓴 사람은 그리스도 예수의 종인데 그 내용을 받아 보는 사람은 그리스도 예수의 종이 아닌 탓이다. 바울은 그리스도 예수 안에서 빌립보에 사는 모든 성도와 감독들과 집사들에게 편지한다고 했는데, 그리스도 예수 안에는 살지 않고 빌립보에만 살면 그렇게 된다.

빌립보 사람이 빌립보에 살기 위해서는 따로 할 일이 없다. 그냥 가만히 있으면 된다. 하지만 그리스도 예수 안에서 사는 것은 다르다. 남들과 달리 살아야 하고 이 세상 풍조를 거슬러야 한다. 시간이나 물질에 손해를 볼 수도 있고 손가락질을 받을 수도 있다. 자존심을 굽혀야 할 때도 있고 경우에 따라서 목숨을 포기해야 할 수도 있다.

빌립보서가 기록될 당시 상황으로 생각해 볼까? 빌립보 사람들은 로마에 대한 애착이 상당히 강했다. 어쩌면 바울은 "여러분은 빌립보 사람들이 로마와 어떻게 연결되어 있는지 잘 알 것입니다. 그들은 매사에 로마를 기준으로 처신합니다. 멀리 타향에서 로마의 풍습을 따르며 사는 것을 부담으로 여기지 않고 오히려 자랑스럽게 여깁니다. 그들의 머리에는 늘 로마가 있습니다. 그들이 그렇게 '로마 안에서' 사는 것처럼 우리는 '그리스도 예수 안에서' 사는 사람들입니다. 그리스도 예수가 우리 삶의 기준입니다."라는 말을 하는 것일 수 있다.

빌립보에 있는 사람이라고 해서 한 사람도 빠짐없이 로마식으로 살지는 않았을 것이다. 로마에 애착이 있는 사람이 그렇게 살았을 것이다. 당시는 신분 사회였다. 자유인만 있는 것이 아니라 종도 있었다. 설마 종도 로마에 애착이 있었을까? 마찬가지다. 아무나 성도가 되는 것이 아니다. 그리스도 예수 안에 있는 사람이라야 성도가 된다. 그리스도 예수 안에 있는 것이 성도의 자격이다.

성도는 聖徒(거룩할 성, 무리 도)다. 거룩한 사람들을 말한다. 국어사전에서 '거룩하다'를 찾으면 "뜻이 매우 높고 위대하다"라고 설명되어 있다. 세상에서는 그런 것을 거룩하다고 한다. 하지만 성경에서 말하는 거룩은 구별되었다는 뜻이다. 특정한 날을 구별하면 성일이다. 평일과 다른 일과를 보낸다. 특정한 물건을 구별하면 성물이다. 보통 물건과 쓰임새가 다르다. 이처럼 성도는 구별된 사람을 말한다. 당연히 남들과 다르게 살아야 한다.

내가 고등학생 때만 해도 주일에는 돈 쓰는 것을 금했다. 요즘 그런 말을 하면 다 웃을 것이다. 왜 웃는 것일까? 물론 성경에 주일에 돈을 쓰면 안 된다는 말씀은 없다. 하지만 예전에는 그것이 신앙을 나타내는 한 방법이었다. 적어도 주일 하루만큼은 세상 즐거움을 찾지 않는다는 것이다. 지금은 신앙을 어떻게 나타내고 있을까? 나타낼 신앙이 아예 없는 것 아니냐는 지적은 너무 심할 수 있다. 하지만 거룩에 대한 관심이 예전만 못한 것은 사실이다. 세상 사람과 달라야 한다는 개념 자체가 없다.

우리가 왜 다르게 살아야 하는가 하면, 하나님께서 "내가 거룩하니 너희도 거룩할지어다"라고 하셨기 때문이다. 우리는 하나님처럼 되어야 하는 사람들이다. 남들과 다르게 사는 것이 목표가 아니다. 하나님께 순종하는 것이 세상 사람들 보기에는 자기들과 다르게 보이는 것이다. 애굽에 있는 채로는 가나안에 갈 수 없는 것처럼 남들과 같이 살면서 하나님처럼 될 수는 없다. 홍해를 건너는 것이 가나안을 향한 출발이듯이 남들과 다르게 사는 것이 하나님을 향한 출발이다.

바울이 그런 사람한테 은혜와 평강을 기원한다.

1:2) 하나님 우리 아버지와 주 예수 그리스도로부터 은혜와 평강이 너희에게 있을지어다

아우구스티누스의 〈고백록〉에 나오는 기도가 있다. "주님을 사랑하지 않는 이들에게는 주어지지 않고 주님 자신을 위해 주님을 사랑하는 이들에게만 주어지는 기쁨이 있습니다. … 이것이 행복이며 그 외에는 없습니다. 다른 행복이 있다고 생각하는 사람들은 다른 데서 기쁨을 찾으려 하지만 그것은 참 기쁨이 아닙니다."

은혜와 평강도 그렇다. 아무한테나 주어지는 것이 아니다. 그리스도 예수 안에 있는 사람한테만 주어진다. 이스라엘은 홍해를 건넜는데 애굽 군사들은 왜 빠져 죽었을까? 하나님과 아무런 관계도 없으면서 하나님께서 예비하신 복락을 받아 누리는 법은 없기 때문이다. 하나님께서 그런 '무임승차'를 허락하신 예가 없다. 설마 하나님이 이 세상 모든 사람을 위해서 은혜와 평강을 남발하실까? 그럴 수는 없다. 하나님은 오직 성도들을 위해서만 은혜와 평강을 예비하신다. 구별된 사람들만 그 은혜와 평강을 받아 누릴 수 있다.

1:3-4) 내가 너희를 생각할 때마다 나의 하나님께 감사하며 간구할 때마다 너희 무리를 위하여 기쁨으로 항상 간구함은

빌립보교회가 어떤 교회였을까? 여러 가지 답이 나올 수 있다. 바울이 2차 전도 여행 중에 세운 교회라고 할 수도 있고, 바울이 드로아에서 환상을 보고 마게도냐 지방으로 가서 세운 교회라고 할 수도 있다. 자색 옷감 장사 루디아의 집에서 시작된 교회라고 할 수도 있다. 그러면 빌립보교회 교인들은 어떤 사람들이었을까?

바울이 빌립보교회 교인들을 생각할 때마다 하나님께 감사한다고 했다. 하나님께 감사한다는 말은 성경에 상당히 자주 나온다. 바울 서신에만 30회 이상 나온다. 그래서 으레 하는 말로 여길 수도 있다.

나는 지난 1994년과 1995년, 2년 동안 면목동에 있는 H교회에서 소년부 교육전도사로 사역했다. 1995년 마지막 주일에 사임 인사를 했다. 소년부에서 교사로 봉사하던 분들과 송별회도 했다. 한 분, 한 분 다 인사를 하고 나오는데 총무 선생님이 종종걸음으로 쫓아와서 말했다. "전도사님은 이제 가시지만 저는 내년에도 새로운 전도사님 모시고 총무로 봉사해야 합니다. 혹시 제가 총무로 봉사하는 동안에 부족한 점이 있었으면 얘기해 주세요." 그런 말을 들으면 뭐라고 해야 할까? "예, 받아 적으세요. 첫째는 뭐가 어떻고, 둘째는 뭐가 어떻고, 셋째는 뭐가 어떻고…" 하는 식으로 얘기할 수는 없다. "아뇨, 전혀 없었습니다. 그동안 참 수고 많으셨습니다."라는 하는 것이 모범 답안일 것이다. 나도 그렇게 말했다. 그런데 막무가내였다. "그렇게 말씀하시면 저한테는 아무 도움도 안 됩니다. 서운하게 여기지 않을 테니까 꼭 좀 말씀해 주십시오." 하고, 계속 보채는 바람에 한 가지를 얘기했던 기억이 있다.

바울도 그럴 수 있지 않을까? 설령 마음속에 이런저런 불만이 있다고 해도 대놓고 얘기하는 것은 쉽지 않다. "제가 여러분으로 인해서 늘 하나님께 감사하고 있습니다" 하고, 듣기 좋은 말을 하는 것으로 인사말을 삼을 수 있다. 어차피 하나님께 감사한다는 말은 교회에서 늘 쓰는 말이기도 하다.

하지만 그렇게 생각하기에는 어색한 점도 있다. 바울은 지금 감옥에 갇혀 있다. 그런 처지에서 입에 발린 감사를 할 수 있을까? 게다가 4절에서 같은 말을 한 번 더 반복한다. 3절의 "내가 너희를 생각할 때마다 나의 하나님께 감사하며"와 4절의 "간구할 때마다 너희 무리를 위하여 기쁨으로 항상 간구함은"은 같은 내용을 다른 표현으로 반복한 것이다. 반복은 일종의 강조용법인데 입에 발린 말을 강조할 이유는 없다.

"어떻게 지내십니까?"라는 얘기에 "덕분에 잘 지냅니다"라고 답할 수 있다. 하지만 병원에 입원한 사람이 "덕분에 잘 지냅니다"라고 하면 어떻게 될까? 뭔가 사연이 있을 것이다. 바울도 그렇다. 비록 옥에 갇혀 있지만 빌립보교회 교인들만 생각하면 하나님께 감사할 일이 있었다. 기도할 때마다 빌립보교회 교인들을 위해서 항상 기쁨으로 기도한다.

워렌 위어스비 목사가 한 말이 있다. "우리 모두는 목사가 자기를 생각할 때 마음속에 기쁨이 충만해지는 교인인지 생각해야 한다." 목사가 특정 교인을 생각할 때마다 마음이 흡족할 수 있다. 그것이 목사와 교인의 사적인 문제라면 별 의미가 없다. 혹은 어떤 교인을 생각할 때 한숨이 나올 수도 있다. 그 역시 목사와 교인의 사적인 문제라면 아무 의미가 없다. 하지만 그럴 수는 없다. 선생님이 특정 학생을 대견스럽게 생각한다면 그 학생이 어떤 학생일까? 포도원지기가 특별히 대견스럽게 생각하는 포도나무가 있다면 그 포도나무가 어떤 포도나무일까?

그런 점에서 빌립보교회 교인들은 상당히 바람직한 교인들이었다.

1:5〉 너희가 첫날부터 이제까지 복음을 위한 일에 참여하고 있기 때문이라

본문에서 그 이유를 밝힌다. 바울이 드로아에서 환상을 보고 마게도냐로 간다. 그때 도착한 곳이 빌립보였고, 그날이 첫날이다. 빌립보교회 교인들이 그날부터 지금까지 복음을 위한 일에 참여하고 있기 때문에 바울은 빌립보교회 교인들을 생각할 때마다 하나님께 감사하고, 기도할 때마다 기쁨으로 기도한다는 것이다.

빌립보교회 교인들이 어떻게 참여했을까? 이때의 참여는 헬라어 '코이노니아'를 번역한 말이다. 영어로 얘기하면, 빌립보교회 교인들이 바울의 파트너가 되었다고 할 수 있다. 같은 단어가 7절에도 나오고, 4장 14절, 15절에도 나온다.

빌립보교회 교인들이 바울의 파트너 역할을 어떻게 했는지 낱낱이 알지는 못한다. 그런데 4:15b에서 "내가 마게도냐를 떠날 때에 주고받는 내 일에 참여한 교회가 너희 외에 아무도 없었느니라"라고 했으니 한 가지는 알 수 있다. 그들이 참여한 방식 중의 하나가 돈을 내는 것이었다. 자고로 물질 있는 곳에 마음이 있는 법이다.

크리스마스가 지나면 해가 바뀌고 곧 졸업, 입학철이 된다. 이런저런 선물을 주기도 하고 받기도 한다. 오래전에 학생들을 대상으로 가장 받고 싶은 선물과 가장 받기 싫은 선물을 조사한 내용을 본 적이 있다. 하도 오래 되어서 일일이 기억하지는 못 한다. 가장 받고 싶은 선물로는 핸드폰이 단연 으뜸이었고 CD Player와 문화상품권도 있었던 것 같다. 그런데 가장 받기 싫은 선물은 또렷이 기억한다. 마음의 선물이었다. 말로는 선물한다는데 사실은 껌 한 통도 안 준다는 뜻이기 때문이다. 선물을 하는 쪽에서는 가장 편한 선물일 것이다. 그런 선물은 아무리 해도 부담이 안 된다. 말로만 생색내면 된다.

문득 어떤 선교사한테 들은 말이 기억났다. 선교사 사역을 시작하면서 후원 문제로 여러 사람을 만났는데, 그때 듣지 말았으면 하는 대답이 기도로 돕겠다는 말이었다고 한다. "선교헌금으로 매달 100달러씩 보내겠습니다", "다음 달부터 한 달에 10만 원씩 지원하겠습니다"라고 하는 사람은 그런 말을 하지 않는다. 지갑에서 돈을 꺼내서 후원했으면 당연히 기도도 하게 마련이다. 기도로 돕겠다고 한 사람은 다르다. 정말로 시간을 정해서 기도할 수도 있지만 말만 그렇게 하는 경우가 훨씬 많을 것이다.

빌립보교회 교인들은 바울의 복음 전파 사역에 마음으로 함께한 사람들이 아니다. 예수를 영접한 첫날부터 직접 동참한 사람들이다. 자기들이 복음을 영접한 것처럼 자기들을 통해서 누군가 다시 복음을 영접할 수 있도록 특정 역할을 감당했다. 어떻게 동참하고 어떤 역할을 감당했는지 구체적으로 알지는 못하지만 최소한 한 가지는 안다. 그것이 돈이다. 돈만 내면 된다는 뜻이 아니라 일단 돈으로 동참했다는 뜻이다.

하나님께서 이스라엘을 부르신 이유가 무엇일까? "너희는 내 백성이다. 내 백성으로 태어나느라 수고했으니 잘 먹고 잘살아라."가 아니다. 하나님은 이스라엘을 제사장 나라로 부르셨다. 열방한테 하나님을 알게 해야 한다. 그런데 이스라엘이 그 일에 실패했다. 그런 쪽으로는 도무지 마음이 없었다.

하나님이 왜 이스라엘을 편애하느냐는 질문을 받은 적이 있다. 구약성경을 읽다 보면 그런 생각이 들 수 있다. 간단하다. 구약에 나오는 이스라엘이 신약의 교회이기 때문이다. 이스라엘이 진짜가 아니라 우리가 진짜다. 이스라엘의 실패는 문제가 되지 않는다. 우리만 제대로 하면 된다. 그런 점에서 빌립보교회 교인들은 일단 합격이었다.

미국에서 한인교회를 목회하는 친구한테서 교회에 청년이 제법 많았는데다 없어졌다는 말을 들은 적이 있다. 사유가 황당했다. 청년들의 행태가 하도 마음에 안 들어서 야단을 쳤더니 대표를 뽑아서 면담을 요청하더란다. 야단맞은 다음에 자기들끼리 얘기를 나눴다는 뜻이다. 그러고는 한다는 얘기가, 자기들이 교회에 나왔으면 고마운 줄 알아야지 어떻게 야단칠 수 있느냐는 것이었다.

그 청년들이 구체적으로 어떤 잘못을 했고, 친구가 어느 만한 수위로 나무랐는지는 모른다. 청년 대표가 정확하게 어떤 표현을 써서 자기들의 뜻을 전했는지도 모른다. 그래도 알 수 있는 사실이 있다. 그들은 교회에 나와서 앉아 있는 것을 상당한 신앙 선행으로 알았다는 사실이다. 그러면 목사는 무엇을 하는 사람일까? 교회에 나온 사람들한테 오느라고 수고했다고 칭찬해주는 사람일까?

윌리엄 폴 영이 쓴 〈오두막〉이라는 소설이 있다. 유괴범한테 딸을 잃고 슬픔 속에 지내는 맥이 삼위일체 하나님을 만나서 상처를 치유받는 내용이다. 성부 하나님은 파파, 성령 하나님은 사라유라는 이름으로 나온다. 성자 하나님의 이름은 물론 예수다. 파파, 사라유와 얘기하던 맥이 결론을 내린다. "좋아요. 돌아가겠어요. 아무도 내 이야기를 믿지 않겠지만 돌아가면 아무리 사소하더라도 차이를 만들어낼 거예요."

맥이 만들겠다는 차이가 어떤 것인지 몰라도 그것은 중요하지 않다. 차이를 만들려는 사람이 되었다는 사실이 중요하다. 맥이 달라졌다는 뜻이다. 달라진 사람으로 세상을 살면 평소와 다른 모습이 나타나게 마련이다.

성경은 우리를 거듭났다고 한다. 거듭난 것을 가장 잘 보여주는 것이 병아리가 부화하는 것이다. 달걀로 한 번 태어나고 병아리로 거듭 태어난다. 그렇게 거듭난 병아리는 달걀과 모든 면에서 다르다. 빌립보교회 교인들한테 그런 일이 있었다.

밴자민 플랭클린이 번개 속에서 연을 날린 일화는 상당히 유명하다. 필라

트르 드 로지에는 수소가 폭발적으로 연소한다는 사실을 증명하기 위해서 입안 가득 머금은 수소를 불꽃 위로 뿜었다가 눈썹을 전부 태워먹기도 했다. 캐번디시는 더 이상 펜을 잡고 있을 수 없을 때까지 자신의 몸에 점점 더 많은 양의 전류를 흘려보내면서 그 느낌을 적기도 했다. 엘리샤 오티스는 엘리베이터에 설치된 안전장치의 성능을 입증하기 위해서 직접 엘리베이터에 탄 다음 조수한테 엘리베이터 연결 케이블을 끊게 했다.

과학은 하나님이 세상을 다스리는 법칙을 찾는 학문이다. 그런 과학을 연구하면서도 기꺼이 자기 몸을 실험 대상으로 삼는 사람들이 있다. 하물며 하나님을 믿는 문제라면 당연히 자기 몸을 실험 대상으로 삼아야 하지 않을까? 복음을 영접했으면 그다음에 할 일은 복음으로 사는 일이다. 자기가 직접 복음의 마루타가 되어야 한다. 주저할 이유가 없다. 그래서 빌립보교회 교인들은 첫날부터 이제까지 복음을 위한 일에 참여했다.

그런 참여가 언제까지 이어졌을까? 바울은 빌립보교회 교인들이 복음에 참여한 일로 하나님께 감사한다고 했다. 그들을 위해서 기도할 때마다 마음에 기쁨이 있다고 했다. 그런 일이 없어야 하겠지만 혹시 나중에 상황이 달라지면 어떻게 될까? 열 길 물속은 알아도 한 길 사람 속은 모르는 법이다.

히틀러가 집권할 당시 독일은 1차 대전 패전과 때마침 불어닥친 경제 공황으로 모든 게 엉망이었다. 은행과 공장은 문을 닫았고 거리에는 실업자가 넘쳐 났다. 그런 상황에서 등장한 히틀러의 인기는 하늘을 찔렀다. 가는 곳마다 국민들이 열광했다. 급기야 독일 교회에서 성명서를 발표했다. "이런 역사의 전환점에서 하나님은 아돌프 히틀러를 우리에게 보내주셨습니다. 하나님께 영광을! 하나님의 말씀에 매인 우리는 우리 시대의 위대한 사건들에서 하나님께서 그의 교회에 주신 새로운 사명이 있음을 인식합니다." 다른 선언서도 있다. "역사의 주인이신 하나님께서 우리의 지도자이며 구원자를 보내주셨습니다. 우리는 우리의 몸과 영혼이 독일 제국과 총통에게 바쳐졌음을 고백합니다. 우리 복음주의 그리스도인들은 이런 속박과 의무를 감당하는 것이 곧 하나님의 명령에 순종하는 가장 거룩한 행위임을 믿습니다."

일제강점기 때 한국 교회가 신사참배를 가결한 것처럼 강압적으로 발표된 성명서가 아니다. 그들은 정말로 그렇게 생각했다. 나중에 히틀러가 독일을 전쟁의 구렁텅이로 몰아넣을 때 얼마나 황당했을까?

빌립보교회가 그렇게 되면 어떻게 해야 할까? 그러면 나중에 빌립보후서를 써야 할까? 아마 시작이 "내가 한때는 너희를 생각할 때마다 나의 하나님께 감사하기도 했다만…"이 될 것도 같다.

하지만 그럴 염려는 없다.

1:6) 너희 안에서 착한 일을 시작하신 이가 그리스도 예수의 날까지 이루실 줄을 우리는 확신하노라

착한 일은 일차적으로 바울을 위해 물질로 도운 일을 말한다. 하지만 꼭 헌금으로 제한되는 것은 아니다. 빌립보교회 교인들이 그렇게 한 이유는 그들이 구원을 받았기 때문이다. 그들이 구원 얻은 사람으로 살아간 모든 모습을 일일이 알 수는 없다. 단지 성경에 기록된 한 가지가 요즘 말로 하면 선교 헌금이다. 그러면 착한 일은 구원이 된다.

빌립보교회 교인들 안에서 착한 일을 시작하신 이는 물론 하나님이다. 하나님께서 빌립보교회 교인들을 구원하셨다. 하나님께서는 그 구원을 그리스도 예수의 날까지 이루실 것이다. 그리스도 예수의 날은 예수님이 재림하는 날이다. 이 세상 마지막 날이고 우리 구원이 완성되는 날이다. 하나님께서 시작하신 일을 누가 방해할 수 있겠는가? 하나님께서 우리 구원을 시작하셨으니 그 구원은 반드시 이루어질 것이다. 바울한테는 그런 확신이 있었다. 빌립보교회 교인들로 인한 감사와 기쁨 역시 계속될 것이다.

예수를 믿으면 구원 얻는다. 교회에서 늘 하는 말이다. 구원을 얻으면 이다음에 천국 갈 것이다. 그럼 천국 가기 전에는 어떻게 될까? 구원 얻은 사람과 구원 얻지 못한 사람은 어떻게 다를까? 살아생전 어느 한 시점에 예수를 믿어 둔 사람은 죽어서 천국 가고 그렇지 않은 사람은 죽어서 지옥 갈까? 그러면 예수를 믿는 믿음이 천국행 입장권 같은 것일까? 그것이 있는지 없는지만 따지고 그것이 있는 사람과 없는 사람이 어떻게 다른지는 따지지 않을까?

우리한테 허락된 구원은 그렇게 어설픈 것이 아니다. 씨앗을 심으면 싹이 나서 자라고 열매가 맺는 것처럼 구원에도 시작이 있고 중간이 있고 끝이 있다. 신학 용어를 빌리면 칭의, 성화, 영화라고 한다. 이 모든 것을 이루는 분이 하나님이다.

바울이 빌립보에 가서 복음을 전했다. 그에 따라 믿는 사람이 생겨났다. 하나님께서 은혜를 베푸셨다는 뜻이다. 그것을 본문에서는 하나님께서 빌립보교회 교인들 안에서 착한 일을 시작하셨다고 한다.

빌립보교회 교인들은 꿔다 놓은 보릿자루라는 얘기가 아니다. 구원은 하나님이 우리 안에 복음에 합당한 삶을 살고 싶은 의지와 능력을 불어 넣어 주시는 사건이다. 그런 구원 얻은 모습이 빌립보교회 교인들한테는 바울의 선교 파트너가 되는 것으로 나타났다. 혹시 복음에 합당한 삶을 살려는 의지와 능력이 없다면 신자 된 증거가 없는 것이다.

예수를 믿으면 구원 얻는다는 얘기는 인생의 어느 한 시점에 예수를 믿어

두면 죽은 다음에 천국에 간다는 뜻이 아니다. 구원은 과거, 현재, 미래가 연결된 사건이다. 미래에 구원 얻을 사람은 현재 거룩하게 산다. 현재 거룩하게 사는 것이 미래에 구원 얻을 표징이다. 지금 거룩하게 살고 있지 않으면 미래에 구원 얻을 사람이라는 표징이 없는 셈이다.

우리가 신자가 맞을까? 하나님께서 우리를 구원하셨을까? 그것을 확신할 수 있는 방법은 딱 한 가지다. 지금 신자로 사는 것이다. 그래서 바울은 하나님께서 빌립보교회 교인들에게 시작하신 구원을 그리스도 예수의 날까지 이루신다고 확신했다. 남은 것은 우리다. 우리 인생이 하나님께 붙들려 있다면 하나님께 붙들린 모습으로 살게 마련이다. 우리가 신자인 명백한 증거다. 그 모든 증거들이 쌓여서 우리 구원이 완성될 것이다.

1:7〉 내가 너희 무리를 위하여 이와 같이 생각하는 것이 마땅하니 이는 너희가 내 마음에 있음이며 나의 매임과 복음을 변명함과 확정함에 너희가 다 나와 함께 은혜에 참여한 자가 됨이라

앞에서 바울은 빌립보교회 교인들을 생각할 때마다 하나님께 감사한다고 했다. 빌립보교회 교인들을 위해서 기도할 때마다 기쁨으로 기도한다고 했다. 빌립보교회 교인들이 첫날부터 이제까지 복음을 위한 일에 참여하고 있기 때문이다. 하나님께서 빌립보교회 교인들 안에서 시작하신 구원 사역을 그리스도 예수의 날까지 이루실 것을 확신한다고 했다.

그런 내용에 이어서 "내가 너희 무리를 위하여 이와 같이 생각하는 것이 마땅하니…"라고 한다. 자기가 말한 내용처럼 생각하는 것이 마땅하다는 것이다. 그 이유가 "이는 너희가 내 마음에 있음이며 나의 매임과 복음을 변명함과 확정함에 너희가 다 나와 함께 은혜에 참여한 자가 됨이라"이다.

예전에 〈파리의 연인〉이라는 드라마가 있었다. "이 안에 너 있다"라는 대사가 특히 유명했다. 바울이 같은 말을 한다. 빌립보교회 교인들이 바울 마음에 있다는 것이다. 그런 표현을 쓸 만큼 바울 마음에 빌립보교회 교인들이 가득했다.

또 "나의 매임과 복음을 변명함과 확정함에 너희가 다 나와 함께 은혜에 참여한 자가 됨이라"에서 '변명함'과 '확정함'은 둘 다 법률 용어다. 즉 재판 상황이다. 바울이 재판을 받는 이유는 복음 때문이다. 복음에 대해서 부정적으로도 변론해야 하고 긍정적으로도 변론해야 한다.

바울이 귀신 들린 여종을 온전하게 해준 일 때문에 옥고를 치른 적이 있다. 그때 여종의 주인이 "이 사람들이 유대인인데 우리 성을 심히 요란하게 하여 로마 사람인 우리가 받지도 못하고 행하지도 못할 풍속을 전한다"라고 고소했다. 바울이 그 일로 재판을 받지는 않았지만 재판을 받았다고 가정해보자. 그러면 먼저 복음을 변명해야 한다. 복음은 해로운 것도 아니고 로마 사람한테 어울리지 않는 풍속도 아니라고 밝혀야 한다.

그것으로는 부족하다. 복음이 진리인 것도 말해야 한다. 바울이 아그립바 왕 앞에서 복음을 변론한 적이 있다. 그때 바울은 자기의 무죄를 밝히는 것보다 오히려 복음을 전하는 데 더 관심이 있었다. 아그립바가 "네가 적은 말로 나를 권하여 그리스도인이 되게 하려 하는도다"라고 하자, 바울이 "말이 적으나 많으나 당신뿐만 아니라 오늘 내 말을 듣는 모든 사람도 다 이렇게 결박된 것 외에는 나와 같이 되기를 하나님께 원하나이다"라고 했다. 그렇게 하는 것이 복음을 확정하는 것이다. 한 사람한테라도 더 복음을 전해야 한다.

그 모든 일에 빌립보교회 교인들이 함께했다. 바울이 옥에 갇혔을 때나 재판을 받을 때, 빌립보교회 교인들도 바울과 함께 은혜에 참여했다는 것이다.

지난 2015년에 개봉된 〈암살〉이라는 영화가 있다. 일제강점기를 배경으로 한다. 대한민국 임시정부가 조선 주둔군 사령관 카와구치 마모루와 친일파 강인국을 암살하기로 하고 세 명을 파견한다. 독립군 저격수 안옥윤과 신흥무관학교 출신 속사포, 폭파 전문가 황덕삼이다. 그들한테 살아서 돌아온다는 보장이 없는 임무가 맡겨진 것이다. 황덕삼이 말한다. "나 뽑아주셔서 감사합네다."

대체 무엇이 감사하다는 것일까? 죽을 자리로 불러준 것이 감사할 일일까? 황덕삼의 말을 바울 식으로 바꾸면 "나한테 이런 은혜를 주셔서 감사합니다"가 될 것이다. 바울은 자기가 옥에 갇혀서 재판 자리로 불러 다니는 것을 은혜로 얘기한다. 빌립보교회 교인들이 그런 은혜에 참여했다고 한다. 이런 은혜를 받고 싶어 할 사람이 있을까?

"성경은 별 걸 다 은혜라고 하는구나"라고 하면 안 된다. 성경이 말하는 은혜와 우리가 기대하는 은혜가 다르다는 사실을 알아야 한다. 교회에서 가장 잘못 쓰이는 단어 중의 하나가 은혜다. 하나님께서 우리한테 베푸신 은혜의 핵심은 단연 성육신이다. 은혜는 언제나 구원의 완성을 지향해야 한다. 은혜를 받으면 받은 만큼 신앙 진도가 나가야 한다.

그런데 아무 데나 은혜를 갖다 붙이는 경향이 다분히 있다. 자기한테 유리한 일이 생기면 그것을 은혜라고 한다. 은혜받았다고 말은 하는데 신앙이 자극되는 것이 아니라 오히려 게으름이 합리화된다. 심지어 세속적인 욕망이 자극되기도 한다. 어떤 어려움이 있어도 기필코 말씀대로 살아 내는 것이 은혜인 줄 모르고 말씀대로 살지 않아도 벌 안 받는 것을 은혜로 아는 모양이다.

요즘 핸드폰은 기능이 참 다양하다. 인터넷도 하고 사진도 찍고 알람도 맞추고 SNS도 한다. 예전에는 그렇지 않았다. 핸드폰은 통화가 목적이었다. "시원하게 터진다", "걸면 걸린다", "때와 장소를 가리지 않는다"가 그 시절 광고 문구였다. 통화가 잘되는 핸드폰이 좋은 핸드폰이다. 고양이를 겨냥해서 던졌을 때 명중률이 얼마나 되는지는 핸드폰의 기능과 아무 상관이 없다.

은혜도 그렇다. 은혜의 핵심이 성육신인 것을 인정한다면 은혜는 언제나 주님이 이 땅에 오신 이유와 연결해서 생각해야 한다. 고양이를 잘 맞히는 것이 핸드폰 기능과 상관없는 것처럼 자기한테 얼마나 유리한 일이 생기는지는 은혜와 상관이 없다. 설마 하나님이 우리를 이 땅에서 잘 먹고 잘살게 하려고 은혜를 주실까? 하나님은 은혜를 낭비하는 분이 아니다. 은혜는 언제나 우리한테 허락된 구원의 완성을 지향해야 한다. 신앙 성장으로 환산되지 않는 은혜는 무효다.

이런 말을 하면 꼭 딴 얘기를 하는 사람이 있다. "하나님 은혜로 신앙생활도 잘하고 세상에서도 잘살면 더 좋은 것 아닙니까?" 그렇게 묻는 심리가 짐작이 된다. 하나님의 은혜를 군이 세속적인 영역에서 확인하고 싶기 때문이다. 은혜를 받은 만큼 하나님께 가까이 가는 것이 아니라 세상 중심에 가고 싶은 것이다. 그런 분한테 신앙과 세상 중에서 하나를 택하라고 하면 무엇을 택할까? 아니, 둘 중의 하나를 얻는 조건으로 다른 쪽을 포기해야 한다면 무엇을 택하고 무엇을 포기할까?

에이든 토저 목사가 그의 책 〈불타는 믿음〉에서, 이 세상일은 그 자체로도 중요하지만 그것을 어떻게 보느냐 하는 것도 그에 못지않게 중요하다고 했다. 사물을 대하는 우리의 태도가 사물 자체보다 더 중요할 수 있다는 것이다. 이 세상을 예로 들어볼까? 모두가 같은 세상을 살아간다. 세상을 열심히 사는 일은 참 중요하다. 하지만 그보다 더 중요한 것은 세상을 전쟁터로 보느냐, 놀이터로 보느냐 하는 것이다. 이 세상을 전쟁터로 보는 사람과 놀이터로 보는 사람은 매사에 다를 수밖에 없다. 이 세상을 놀이터로 보는 사람한테 감옥에 갇힌 것은 절대 은혜가 아니다. 자기가 편한 것이 중요하기 때문이다. 하나님께 저주를 받은 사람이나 옥에 갇힐 것이다. 하지만 이 세상을 전쟁터로 본다면 감옥에 갇히는 것도 얼마든지 은혜일 수 있다. 자기가 싸워야 할 싸움을 제대로 싸우는 것이 중요하다.

바울한테는 이 세상이 전쟁터였다. 그리고 빌립보교회 교인들은 그런 바울의 사역에 동참한 사람들이다.

1:8) 내가 예수 그리스도의 심장으로 너희 무리를 얼마나 사모하는지 하나님이 내 증인이시니라

심장으로 번역된 '스플랑크논'은 본래 창자를 뜻한다. 고대 사람들은 사람의 감정이 창자에 들어 있다고 생각했다.

여름이면 태풍으로 피해를 보는 사람들이 있다. 그 내용을 뉴스로 보면서 안타깝게 생각하는 사람도 불쌍히 여기는 것이고 성금을 보내는 사람도 불쌍히 여기는 것이다. 그들을 돕기 위해서 현장으로 달려가는 사람도 불쌍히 여기는 것이다. 마 9:36에 "무리를 보시고 불쌍히 여기시니 이는 그들이 목자 없는 양과 같이 고생하며 기진함이라"라고 되어 있다. 예수님은 당시 이스라엘을 얼마나 불쌍히 여기셨을까? 이때 불쌍히 여겼다고 번역된 '스플랑크니조마이'가 '스플랑크논'에서 파생되었다. 창자가 끊어진다는 뜻이다.

바울은 빌립보교회 교인들을 향한 자기의 감정이 자신의 마음이 아니라 그리스도의 마음이라고 한다. 행여 과장으로 들을까 싶었는지 하나님이 자기

증인이라고 못을 박는다. 자기가 빌립보교회 교인들을 대하는 마음이 곧 예수님이 빌립보교회 교인들을 대하는 마음이라는 것이다. 어차피 바울은 자기 인생을 사는 사람이 아니라 예수님을 대신해서 사는 사람이다. 비단 바울이 그렇다는 얘기가 아니다. 우리가 다 그렇다는 뜻이다.

1:9-11〉 내가 기도하노라 너희 사랑을 지식과 모든 총명으로 점점 더 풍성하게 하사 너희로 지극히 선한 것을 분별하며 또 진실하여 허물없이 그리스도의 날까지 이르고 예수 그리스도로 말미암아 의의 열매가 가득하여 하나님의 영광과 찬송이 되기를 원하노라

바울이 빌립보교회 교인들을 위해서 기도하는 내용이다. 까다로운 사람이라면 한마디 할 수 있다. 6절에서 "너희 안에서 착한 일을 시작하신 이가 그리스도 예수의 날까지 이루실 줄을 우리는 확신하노라"라고 했기 때문이다. "하나님께서 하신다고 하지 않았느냐? 어련히 알아서 하실 텐데 무슨 기도를 또 한다는 거냐?"라고 하면 뭐라고 해야 할까?

그것만이 아니다. 바울이 기도하는 내용에도 모순이 있어 보인다. 바울은 빌립보교회 교인들이 하나님의 영광과 찬송이 되기를 바란다고 기도하고 있다(11b절). 어떻게 해서 그렇게 되기를 바라는가 하면 "예수 그리스도로 말미암아 의의 열매가 가득하여(11a절)"라고 했다.

빌립보교회 교인들이 의의 열매를 가득하게 맺으면 하나님의 영광과 찬송이 될 것이다. 그런데 그 일은 예수 그리스도로 말미암는다고 했다. 대체 빌립보교회 교인들한테 무엇을 하라는 얘기일까? 의의 열매를 맺기 위해서 노력하라는 얘기일까, 그 일을 예수님께 부탁하라는 얘기일까? 의의 열매를 자기들이 맺어야 할까, 예수님이 맺게 해주셔야 할까?

이런 예는 많다. "너희는 그 은혜에 의하여 믿음으로 말미암아 구원을 받았으니 이것은 너희에게서 난 것이 아니요 하나님의 선물이라(엡 2:8)"라는 말씀은 어떤가? 우리가 믿음으로 말미암아 구원을 얻었다. 그런데 그 믿음은 하나님의 선물이다. 그러면 구원을 얻으려면 어떻게 해야 할까? 우리한테 믿음이 있어야 할까, 하나님이 믿음을 주셔야 할까? 예수를 믿는 사람이 구원을 얻을까, 하나님께서 예수를 믿게 해주신 사람이 구원을 얻을까?

구원은 은혜로 얻는다. 그렇다고 해서 하나님께서 가만히 있는 우리를 일방적으로 구원해주시지는 않는다. 우리로 하여금 예수를 믿게 한 다음에 구원해주신다. 하나님은 우리한테 "예수를 믿다니, 참 장하구나. 넌 당연히 구원 얻어야지."라고 하시고, 우리는 하나님께 "제가 구원 얻은 것은 전적으로 하나님 은혜입니다."라고 고백한다.

하나님께서 애굽의 노예로 신음하는 이스라엘을 구원하셨다. 친히 홍해를 가르시고 가나안까지 인도하셨다. 먹을 것이 없으면 만나를 주셨고 물이 없으면 반석에서 물이 나오게 하셨다. 하지만 가나안까지는 이스라엘이 직접 가야 했다. 하나님은 마음만 먹으면 이스라엘이 공간 이동을 하게 할 수도 있는 분이다. 구름에 태워서 가나안까지 데려갈 수도 있다. 그런데 그렇게 안 하시고 이스라엘이 직접 걸어서 가게 했다. 이스라엘이 감당해야 하는 몫을 고스란히 다 감당해야 했다.

가나안에 들어간 다음에도 마찬가지다. 가나안은 임자 없는 땅이 아니었다. 이스라엘이 가나안 땅을 얻기 위해서는 원주민을 몰아내야 했다. 물론 하나님께서 승리를 주셨지만 싸움은 이스라엘이 직접 해야 했다. 싸움도 안 했는데 가나안 원주민이 지레 물러가지는 않았다. 가나안은 하나님께서 주시는 땅인데 이스라엘은 그 땅을 전쟁을 통해서 얻었다. 분명히 하나님께서 하시는 일인데 이스라엘이 할 일은 조금도 줄어들지 않았다.

아프리카 오지에 선교사로 파송된 사람이 있다고 하자. 10년 동안 갖은 고생을 다 겪은 끝에 선교센터를 지었다. 주일이면 예배를 드리고 평일에는 어린이집으로 쓰고 신학생도 양육한다. 그동안 고생한 일을 다 풀어 놓으면 책한 권으로 모자라다. 누군가 그 선교사한테 소감을 물으면 뭐라고 할까? "하나님께서 하셨습니다. 전부 하나님께서 하신 일입니다."라는 말 말고는 할말이 없다. 괜히 겸양을 떠는 것이 아니다. 백번 지당한 말이다. 하나님께서 하시지 않으면 사람이 무엇을 할 수 있겠는가? 그렇다고 그 선교사는 마냥놀았을까? 자기 한 몸 돌보지 않고 하루 스물네 시간이 모자라게 일했을 것이다. 분명히 하나님께서 하신 일인데 우리가 할 일은 여전히 우리 몫이다. 하나님이 우리 할 일을 대신해주시지는 않는다. 하나님의 은혜는 우리 할 일을 면제해주는 쪽으로 나타나지 않고 우리 할 일을 감당하게 하는 쪽으로 나타난다.

그래서 바울이 빌립보교회 교인들을 위해서 기도한다. 우선 9-10a절에서는 "내가 기도하노라 너희 사랑을 지식과 모든 총명으로 점점 더 풍성하게 하사 너희로 지극히 선한 것을 분별하며"라고 했다.

사랑은 교회에서 늘 강조하는 덕목이다. 우리는 할 수만 있으면 지금보다 더 사랑해야 한다. 우리 안에 있는 사랑이 점점 더 커져야 한다. 그런데 사랑이 사랑 자체로 커지는 것이 아닌 모양이다. 지식과 총명으로 사랑이 점점 풍성하게 되기를 바란다고 했다.

지식이 무엇이고 총명이 무엇인지 굳이 구별할 필요는 없다. 요컨대 분별력을 말하고 있다. 무작정 사랑할 것이 아니라 바르게 사랑해야 한다. 사랑은 감정 분출이 아니다. 어떻게 사랑해야 하는지 제대로 알아야 한다. 어느 만큼 알아야 하는가 하면, 지극히 선한 것을 분별할 수 있을 만큼 알아야 한다.

지극히 선한 것이 무엇일까? 코카콜라 사장 로버트 우드러프는 자기 혈관에 코카콜라가 흐른다고 했다. 코카콜라가 삶의 목적이고 이유였다. 그한테 지극히 선한 것은 누가 뭐라고 해도 코카콜라다. 코카콜라보다 더 중요한 것이 있을 수 없다. 우리한테는 무엇일까? 그것 하나만 되면 다른 것은 어떻게 되든지 상관없는 것이 어떤 것일까? 사람의 목적은 하나님의 영광이다. 우리는 하나님의 영광을 위해서 살아간다. 그것이 우리 존재 이유다.

흔히 사랑은 맹목적이라고 한다. 세상에서는 목적이 있는 사랑을 사랑으로 인정하지 않는다. 우리는 다르다. 우리한테 사랑이 있으면 그 사랑은 하나님의 영광을 위한 것이어야 한다. 사랑이라는 이름으로 모든 것을 다 덮어주는 것이 아니라 하나님의 영광으로 귀결되어야 한다.

언제까지 그렇게 살아야 할까? 10b절에서 "또 진실하여 허물없이 그리스도의 날까지 이르고"라고 했다. '진실하여'로 번역된 '에일리크리네이스'는 '헬리오스(태양)'와 '크리노(판단하다)'의 합성어다. 태양에 의해 판단된 것이 진실한 것이다.

도자기를 만들 때 금이 가는 수가 있다. 폐기하면 간단하지만 밀랍으로 보수를 하는 수도 있다. 그래서 도자기를 확인할 때는 햇빛에 비추어 봐야 했다. 밀랍으로 보수한 부분이 육안으로는 식별이 안 되어도 햇빛에 비추면 드러나기 때문이다. 제대로 만들어진 도자기에는 sine cera라고 쓰곤 했다. 밀랍으로 보수하지 않았다는 뜻이다. sincere(진실한)의 어원이기도 하다. 바울은 빌립보교회 교인들이 하나님의 영광을 위하는 마음에 밀랍으로 눈가림한 부분이 없기를 바랐다. 그런 모습으로 주님 오실 날을 맞기를 바란다는 것이다.

앞에서 "너희 안에서 착한 일을 시작하신 이가 그리스도 예수의 날까지 이루실 줄을 우리는 확신하노라"라고 했다. 그런데 10b절에서는 "또 진실하여 허물없이 그리스도의 날까지 이르고"라고 한다. 하나님께서 하실 일과 빌립보교회 교인들이 하는 일 사이에 경계가 없다. 하나님께서 하시는 일이지만 빌립보교회 교인들을 통해서 이루어지기 때문이다.

11절 "예수 그리스도로 말미암아 의의 열매가 가득하여 하나님의 영광과 찬송이 되기를 원하노라"도 마찬가지다. 지금까지 바울이 기도한 내용이 빌립보교회 교인들한테 이루어지면 의의 열매가 가득해서 하나님께서 영광과 찬송을 받으실 것이다. 그런데 그 모든 일이 예수 그리스도로 말미암아 이루어지기를 바란다고 한다.

성경은 우리를 주님의 동역자라고 한다(고전 3:9). 참으로 과분한 영광이다. 우리가 주님과 동역해서 할 수 있는 일이 무엇이 있을까? 주님과 동역해서 교회가 없는 마을에 교회를 세울 수 있다. 고아원을 지을 수도 있고 노숙자를 돌볼 수도 있다. 하지만 우리가 동역해야 하는 가장 중요한 과제는 우리 자신을 세우는 일이다. 우리가 하나님의 사람으로 완성되어야 한다.

우리 힘으로는 할 수 없다. 그렇다고 주님께서 대신 해주시지도 않는다. 그래서 동역해야 한다. 우리는 예수 그리스도로 말미암아 하나님의 영광과 찬송이 되어야 하는 사람들이다. 우리가 하나님의 영광과 찬송이 되는 것이 예수님의 소원이다. 남은 것은 우리가 소원하는 일이다. 우리가 소원하는 만큼 그렇게 될 수 있다. 하나님께서 우리를 통해서 받으시는 영광의 분량이 곧 우리가 소원하는 분량이다.

1:12〉 형제들아 내가 당한 일이 도리어 복음 전파에 진전이 된 줄을 너희가 알기를 원하노라

바울이 빌립보교회에 편지를 쓴다. 당시 빌립보교회의 상황이 어땠을까? 바울이 옥에 갇힌 일 때문에 근심할 것이 당연하지만 그게 전부가 아니다. 빌립보교회 교인들은 바울이 귀신 들린 여종을 고친 것을 알고 있다. 그 일 때문에 옥에 갇혔지만 지진이 나서 옥문이 열린 것도 알고 있다. 그런데 지금은 왜 그런 일이 안 일어날까? 복음의 능력이 소멸되기라도 했을까?

어렸을 적에 동네 아주머니가 누군가를 흉보는 얘기를 들은 적이 있다. 무슨 흉을 어떻게 보았는지 모르지만 한마디는 기억한다. "내가 꼭 인사를 받아야만 하겠다는 것이 아니라 경우가 그런 게 아니잖아요."라고 했다. 옆에서 들으면서 뭔가 이상하다는 생각을 했다. 말로는 인사를 받지 못해서 그러는 게 아니라고 했지만 아무래도 그런 것 같았기 때문이다. 인사를 받는 것 말고는 달리 마음이 풀릴 길도 없다. 빌립보교회 교인들도 같은 말을 할 수 있지 않을까? "꼭 바울 선생님 때문에 하는 얘기가 아니다. 당장 복음이 막혔는데 하나님은 대체 무엇을 하는 분이란 말인가?"

바울은 전혀 다른 말을 한다. 자기가 당한 일이 도리어 복음 전파에 진전이 된 것을 알기를 바란다는 것이다. '진전'은 '프로코페'를 번역한 말인데 '앞으로'라는 '프로'와 '자르다', '꺾다'라는 '코프토'의 합성어다. 장애물을 치우면서 나아간다는 뜻으로 본래 군대 용어다.

모든 길은 로마로 통한다는 말이 있다. 로마는 가는 곳마다 길을 만든 것으로 유명하다. 지금도 차량 통행이 가능한 도로가 있을 정도다. 로마제국은 지중해를 내해로 삼을 만큼 영토가 넓었다. 그 모든 곳에 충분한 군대가 상

주하지는 않았지만 통치에는 염려가 없었다. 반란 소식이 들리면 잘 닦인 길을 이용해서 금방 군대를 보낼 수 있었다. 특히 로마는 모든 길이 수평이어야 한다는 고집이 있었다. 그래야 공성 장비를 옮기기 편하다. 그런 길을 만들려면 골짜기는 메우고 언덕은 깎고 산은 뚫어야 한다. 그렇게 하는 것이 프로코페다.

미국 37대 대통령 닉슨한테 찰스 콜슨이라는 참모가 있었다. 닉슨을 위해서라면 할머니라도 밟고 가겠다고 할 만큼 철저하게 권력 지향적인 사람이었다. 그런데 워터게이트사건에 연루되어 죄수의 몸이 되었고 감옥에서 예수를 영접한다. 권력 지향적이던 사람이 예수 지향적인 사람으로 변했다. 나중에는 교도소 선교회를 설립하기도 했다. 그가 모 대학교 졸업식에서 다음과 같은 말을 했다. "하나님께서 사용하신 것은 저의 성공이나 성취, 학위, 명예가 아니었습니다. 하나님은 제 삶 속에서 그런 것을 사용하고 계시지 않았습니다. 하나님께서 수천 명의 삶을 변화시키기 위해서 사용하신 것은 제가 유죄 판결을 받고 감옥에 들어갔다는 사실입니다. 그것은 저의 가장 큰 실패요, 제가 성공하지 못한 유일한 것입니다."

찰스 콜슨이 옥에 갇혔을 때 이런 말을 한 것이 아니다. 감옥 생활의 경험을 토대로 교도소 선교회를 만든 다음에 "하나님이 쓰신 것은 나의 성공이 아니라 실패였습니다"라고 했다. 바울은 다르다. 옥에 갇힌 상태에서 이런 말을 했다. 자기가 당한 일이 복음 전파에 진전이 되었다는 것이다. 자기가 무슨 일을 당했는지가 문제가 아니다. 그 일을 통해서 복음이 어떻게 되었는지가 중요하다. 관심이 오직 복음에 있었다. 찰스 콜슨이 말한 성공, 실패의 개념이 아예 없었다.

1:13) 이러므로 나의 매임이 그리스도 안에서 모든 시위대 안과 그 밖의 모든 사람에게 나타났으니

당시 로마 감옥에 갇힌 죄수는 네 명의 간수가 4교대로 지켰다. 바울이 하루에 열여섯 명의 간수를 만나는 셈이다. 바울과 간수 사이에 무슨 일이 있었을까?

〈고구마 전도 왕〉이라는 책이 있다. 그 책을 쓴 김기동 집사는 만나는 사람을 전부 고구마로 간주한다고 한다. 고구마를 삶을 때 제대로 익었는지 확인하기 위해서 젓가락으로 찔러보는 것처럼 사람들을 만날 때마다 "예수 믿으십니까?" 하고 묻는다. 안 믿는다고 하면 "꼭 믿으셔야 합니다"라고 하는 것이 젓가락으로 한 번 찌르는 것이다. 그렇게 계속 찌르다 보면 예수를 믿겠다는 사람이 나온다고 했다. 하루는 세탁소에 옷을 맡겼다. 옷을 맡기면서도 "예수 믿으십니까?", "꼭 믿으셔야 합니다." 하고 찔러보았다고 한다. 세탁소에서는 옷이 다 되면 배달을 해준다. 김기동 집사가 그 사실을 재미있게 표현했다. "그 고구마 특이하데요. 찔러달라고 자기 발로 찾아오데요."

바울한테 시위대 간수들이 그런 격이다. 바울은 아그립바왕한테 재판을 받는 자리에서도 복음을 전했던 사람이다. 간수들이 하루 스물네 시간 자기와 함께 있게 되었으니 더없이 고마운 일이다. 간수들은 꼼짝없이 바울이 전하는 복음을 들어야 했다.

시위대는 로마 황제를 지근거리에서 보좌하는 군대다. 바울이 로마제국의 중심에 들어가 있는 셈이다. 본래 바울과 시위대 사이에는 엄청난 장애물이 있었는데 그것이 극복되었다. 마치 로마 군대가 언덕을 깎고 골짜기를 메워서 길을 만드는 것처럼 '프로코페'되었다. 바울이 죄수의 몸이 되지 않았으면 꿈도 못 꿀 일이다.

시위대가 보기에 바울은 무척 특이한 사람이었을 것이다. 죄인은 죄인인데 예사 죄인이 아니었다. 〈메시지성경〉에는 "내가 메시야 때문에 감옥에 갇혔다는 사실은 이곳의 모든 병사와 그 밖의 모든 사람이 알게 되었습니다. 그 사실이 저들의 호기심을 자극해서 이제는 저들도 그분을 많이 알게 되었습니다."라고 번역되어 있다. 당시 바울은 시위대는 물론이고 그 주변 사람들한테 상당히 유명했을 것이다. 바울이 옥에 갇히는 바람에 복음도 같이 갇힌 것이 아니라 오히려 복음이 로마 심장부에 직접 전파되었다. 바울을 통해서 복음을 영접한 시위대 군사는 다시 자기 주변에 복음을 전했을 것이다.

1:14-18〉 형제 중 다수가 나의 매임으로 말미암아 주 안에서 신뢰함으로 겁 없이 하나님의 말씀을 더욱 담대히 전하게 되었느니라 어떤 이들은 투기와 분쟁으로, 어떤 이들은 착한 뜻으로 그리스도를 전파하나니 이들은 내가 복음을 변증하기 위하여 세우심을 받은 줄 알고 사랑으로 하나 그들은 나의 매임에 괴로움을 더하게 할 줄로 생각하여 순수하지 못하게 다툼으로 그리스도를 전파하느니라 그러면 무엇이냐 겉치레로 하나 참으로 하나 무슨 방도로 하든지 전파되는 것은 그리스도니 이로써 나는 기뻐하고 또한 기뻐하리라

어떤 회사에서 팀장이 교통사고로 석 달 동안 입원하게 되었다. 그 팀에 비상이 걸렸다. 팀원들 모두 위기의식을 느꼈다. 근무 자세가 확 달라졌다. 그런데 모두 같은 마음은 아니었다. "잘됐다. 이럴 때 실적을 더 올려서 팀장의 공백이 나타나지 않게 하자. 그러면 회사에서도 팀장의 무능을 알게 될 것이다."라는 생각을 하는 사람도 있었다. 어쨌든 팀 실적은 더 좋아졌다.

바울이 옥에 갇혔을 때도 그런 일이 있었다. 바울의 매임으로 형제 중 다수가 하나님의 말씀을 더욱 담대히 전했는데, 둘로 갈라졌다. 투기와 분쟁으로 그리스도를 전파하는 사람도 있었고 착한 뜻으로 그리스도를 전파하는 사람도 있었다.

당시 로마교회 지도자 중에 바울을 싫어하는 사람이 있었다. 바울을 경쟁자로 여긴 것이다. "이 기회에 복음 전파의 헤게모니를 차지하자"라는 생각으로 평소에 없던 열심을 부렸다. 물론 바울을 따르는 사람들도 있었다. 그들은 바울의 공백을 감당하기 위해서 복음을 전했다. 복음을 전하지 못하는 바울의 마음의 짐을 조금이라도 덜어주려고 애썼다.

이런 경우에 바울이 뭐라고 해야 할까? "내 몫을 감당하기 위해서 수고하는 사람들은 정말 고마운 사람들이다. 그들 사역에 많은 열매가 있기를 바란다. 하지만 못된 마음으로 복음을 전하는 사람들은 반드시 두고 보겠다. 하나님은 중심을 보시는 분인데 과연 그들의 사역이 온전히 진행될지 모르겠다."라고 할 만하다. 그런데 전혀 다른 반응을 보인다. "그러면 무엇이냐 겉치레로 하나 참으로 하나 무슨 방도로 하든지 전파되는 것은 그리스도니 이로써 나는 기뻐하고 또한 기뻐하리라"라는 것이 바울의 말이었다.

"와! 역시 바울은 다르구나."라고 하면 안 된다. "맞다. 믿는 사람은 그렇게 해야지."라고 해야 한다. "당연하지. 나 같아도 그렇게 하겠다."라고 할 수도 있다. 관심이 자기한테 있는 사람은 그렇게 못하지만 관심이 복음에 있는 사람이라면 누구나 그렇게 할 것이다.

사람의 제일 된 목적은 하나님의 영광이다. 그런데 모두가 그렇게 살지는 않는다. 그런 사람을 사람이 아니라고 하는 것은 너무 가혹하고, 신자가 아니라고 하면 어떨까? 아마 동의하지 않는 사람이 있을 것이다. 하나님의 영광을 위해서 사는 것이 몇몇 제한된 신자한테만 해당되는 것으로 착각하기 때문이다. 특별한 신자가 그렇게 유난을 떠는 것이지, 원래 그렇게까지 할 필요는 없다고 생각한다. 자기가 세상의 벗으로 사는 것을 자연스럽게 여긴다. 예수 이름으로 간절히 세상 욕심을 구한다. 신자로 살 마음도 없으면서 스스로 신자라고 생각한다. 심지어 자기가 신자로 살고 있지 않다는 사실도 모른다. 실제로 바른 신앙을 권면했다가 "제가 목사도 아닌데 꼭 그렇게까지 해야 합니까?"라는 말을 들은 것이 한두 번이 아니다. 관심이 복음에 있지 않고 자기한테 있다는 뜻이다.

바울은 자기한테 관심을 두고 사는 사람이 아니다. 복음에만 관심이 있다. "왜 나한테 이런 일이 생겼을까?"에는 관심이 없고 "이 일이 복음 전파에 어떤 영향을 미칠까?"에만 관심이 있었다. 자기 삶의 의미와 목적이 거기에 있기 때문이다.

욥이 어떤 사람일까? 욥을 상당한 신앙 위인으로 여기는 사람이 참 많다. 등장하는 모습이 너무 멋있기 때문이다. 그런 욥이 나중에는 회개를 한다. 욥기에 가득한 내용은 욥이 회개해야 할 죄를 범하는 내용이다.

욥한테 까닭 모를 고난이 임한다. 하루아침에 전 재산을 잃고 자식들도 다 잃었다. 그런데도 "내가 모태에서 알몸으로 나왔사온즉 또한 알몸이 그리로 돌아가올지라 주신 이도 여호와시요 거두신 이도 여호와시오니 여호와의 이름이 찬송을 받으실지니이다(욥 1:21)"라고 한다. 누구나 감탄할 만하다. "봐라, 욥은 고난 중에 있으면서도 하나님을 원망하지 않고 도리어 찬양했다. 우리도 이런 욥을 본받아야 한다."라고 하면 전부 고개를 끄덕인다.

욥기는 42장까지 있다. 욥은 1장에서 멋있게 등장하고는 그다음부터 계속 불만을 늘어놓는다. 자기한테 왜 이런 일이 있어야 하느냐는 것이다. 하나님이 하나님 노릇 제대로 하면 이런 일이 일어날 수 없다는 것이 욥의 불만이었다. 그리고 하나님을 만난 다음에 그 사실을 회개한다.

세상을 살다 시련을 만나면 갈등에 빠지는 사람이 있다. 시련의 무게보다 자기한테 시련이 닥쳤다는 사실을 더 충격으로 받아들인다. 자기한테 무슨 죄가 있어서 이런 일을 당해야 하느냐는 것이다. 불신자가 그런 생각을 하는 것에 대해서는 할 말이 없다. 간혹 신자 중에도 그런 생각을 하는 사람이 있다.

우선 "인생의 고난은 죄 때문이다"라는 생각이 잘못되었다. 예수님도 고난을 받으셨다는 사실을 설마 모르는 것일까? 그것만 잘못이 아니다. 자기는 고난을 받지 않을 만큼 의롭다는 자신감은 어디에서 온 것일까? 자기 스스로 자기를 의롭다고 여기면 하나님도 의롭다고 인정해야 할까? 또 있다. 자기가 이 세상에 왜 존재하는지 몰라서 그렇다. 하나님의 영광이 아닌 것에 인생을 팔아 버린 탓이다. 자기한테 유리한 일이 생기면 하나님께 영광 돌린다고 하면서 불리한 일을 통해서 영광 돌리는 법은 모른다. 자기의 존재 이유가 하나님의 영광이라는 사실에는 관심이 없고 자기한테 유리한지, 불리한지만 따지기 때문이다.

주후 648년, 김춘추가 군사 원조를 요청하러 당나라에 갔다가 신라로 돌아오는데 고구려가 그 정보를 입수하고는 해상을 통제한다. 김춘추를 태운 배가 그만 붙들렸다. 김춘추를 수행하던 온군해가 얼른 관복을 입고 김춘추 행세를 했다. 그렇게 해서 온군해가 고구려 군사한테 죽임을 당하고 그 덕에 김춘추는 무사히 신라로 돌아갔다.

고려를 세운 왕건이 공산전투에서 후백제 견훤한테 크게 패한 적이 있다. 고려 군사가 몰살당하는 것은 물론이고 왕건마저 죽을 위기였다. 그때 신승겸이 왕건의 복장을 하고 전투에 나선다. 왕건 대신 죽기로 작정한 것이다.

백제 군사가 신숭겸한테 주목하는 사이에 왕건은 구사일생으로 도망칠 수 있었다.

이런 일이 우리나라에만 있었을까? 제3차 십자군 전쟁 때의 일이다. 사자왕으로 유명한 리처드가 이때 참전했다. 욥바를 수복한 리처드가 산책을 나갔다가 나무 밑에서 잠깐 잠을 청했다. 얼마나 시간이 지났는지 모른다. 이상한 기척을 느낀 수행자 한 사람이 리처드를 깨웠을 때는 이미 늦었다. 이슬람 군대에 포위된 것이다. 맞서 싸우기에는 이슬람 군대의 수가 너무 많았다. 윌리엄 데 프레오가 갑자기 말을 앞으로 몰아 나가면서 외쳤다. "내가 리처드왕이다!"

당시는 TV가 없었다. 리처드라는 이름도 들어보았고 사자왕이라는 별명도 들어보았지만 얼굴은 알 수가 없다. 이슬람 병사들은 생각지도 못한 대어를 잡게 되었다며 전부 흥분했다. 일제히 윌리엄 데 프레오에게 달려들었고, 리처드는 그 틈을 타서 목숨을 건질 수 있었다.

온군해나 신숭겸, 윌리엄 데 프레오가 어떤 마음으로 그렇게 했을까? 제비를 뽑는데 하필 재수가 없어서 걸린 것이 아니다. 스스로 나서서 그렇게 했다. 자기 안위보다 주군의 안위가 더 중요하기 때문이다. 기왕이면 자기도 살고 주군도 살면 좋겠는데 그것이 안 되는 것을 어떻게 한단 말인가? 더 중요한 것을 위해서 덜 중요한 것은 포기할 수밖에 없다.

바울은 그런 경우가 아니다. 애초에 자기가 당한 일이 복음 전파에 진전이 되었다고 했다. 자신의 안위보다 복음 전파를 더 중요하게 여긴 것이 아니라 자기 안위에는 아예 관심이 없었다. 마음속에 가득한 것이 온통 복음이었다. 자신을 괴롭힐 마음으로 그리스도를 전하든지, 자신을 도울 마음으로 그리스도를 전하든지 그리스도만 전파되면 그것으로 족했다. 자기는 없고 오직 그리스도만 있었다. 이런 일이 어떻게 가능할까?

사실 이 질문은 말이 안 된다. 예수를 믿는 사람이라면 누구나 그렇게 하는 것이 정상이다. 온군해나 신승겸, 윌리엄 데 프레오가 왜 그렇게 했는지 그들 동료는 다 알 것이다. 자기가 그렇게 하려고 했는데 선수를 놓친 사람도 있었을 수 있다. 마찬가지다. 우리도 바울이 어떻게 해서 그럴 수 있었는지 수긍이 되어야 한다. 마치 바울만 별난 사람인 양 감탄하면 안 된다.

학교 다닐 때 이이는 주기론을 주장했고 이황은 주리론을 주장했다는 내용을 들은 기억이 있다. 이이와 이황은 조선시대 인문학의 양대 산맥이다. 이이는 살림이 그다지 넉넉하지 못했다. 그가 죽었을 때 장례를 치를 돈조차 없었다. 반면 이황은 엄청난 거부였다. 장남한테 물려준 재산이 노비 367명과 전답 3,100마지기(약 34만 평)였다. 이런 차이가 두 사람한테 무슨 상관이 있을까? 이이나 이황을 평하면서 재산 얘기를 하는 것은 들어보지 못했다. 이황과 이이 역시 신경 쓰지 않았을 것이다.

우리가 정말로 예수를 믿는가? 우리가 정말로 그리스도의 종일까? 그러면 "그리스도가 전파되는 것도 중요하지만 나도 살아야 할 것 아닙니까?"라고 하면 안 된다. 예수를 믿는 사람이라면 누구나 마음을 다하여 하나님을 사랑해야 한다는 사실에 동의한다. 5만 원이 있는 사람이 슈퍼에 가서 5만 원어치 물건을 사면 얼마가 남을까? 10만 원이 있는 사람이 슈퍼에 가서 10만 원어치 물건을 사면 얼마가 남을까? 우리가 그렇다. 우리한테는 남아 있는 다른 마음이 없다. 이미 하나님께 다 썼다. 그런 사람을 신자라고 한다.

1:19〉 이것이 너희의 간구와 예수 그리스도의 성령의 도우심으로 나를 구원에 이르게 할 줄 아는 고로

바울이 옥에 갇혔다. 로마교회 교인들이 이 일을 계기로 복음 전파에 더 열심을 낸다. 바울한테 우호적인 사람은 바울의 공백을 메우기 위해서 열심을 내고, 적대적인 사람은 존재감을 과시하기 위해서 열심을 낸다. 바울한테는 전혀 다른 사람들이다. 그런데 아무렇지도 않게 말한다. "그러면 무엇이냐 겉치레로 하나 참으로 하나 무슨 방도로 하든지 전파되는 것은 그리스도니 이로써 나는 기뻐하고 또한 기뻐하리라" 바울의 관심은 온통 그리스도에게 만 있다. 누군가 자기를 싫어하거나 말거나 상관이 없다.

그런 내용에 이어서 본문이 시작된다. 바울이 그리스도가 전파되는 것만으로 기뻐하고 또 기뻐한 이유가 있다. 바울은 그 모든 일이 하나님께서 자기를 완성시키는 과정인 것을 알았다.

〈사나이 한목숨〉이라는 군가가 있다. 군 생활하면서 자주 불렀던 군가를 꼽으면 열 손가락 안에 들어갈 것이다. "전우여 이 몸 바쳐 통일이 된다면 사나이 한목숨 무엇이 두려우랴"로 끝난다. 조국이 분단된 우리한테는 통일이 지고지순한 가치를 갖는다. 통일을 위해서라면 자기 목숨이라도 기꺼이 바칠 수 있다. 모름지기 군인이라면 그 정도 정신 자세가 되어 있어야 한다.

바울은 다르다. 그리스도를 전하는 것이 워낙 중하기 때문에 그 일을 위해서라면 자기 한 몸은 어떻게 되든지 상관 않는다는 것이 아니다. 그 일을 통해서 자기가 완성된다는 것이다. 옥에 갇힌 일을 통해서, 그리고 다른 사람들이 어떤 마음으로든지 그리스도를 전파하는 것을 기뻐하는 과정 속에서 자기가 조금씩 더 만들어지고 있다.

우리가 아는 바울은 상당한 신앙 위인이다. 예수에 의해 창시된 기독교가 바울에 의해 세계적인 종교가 되었다는 말도 들은 적이 있다. 물론 기독교 역사가가 아니라 세속 역사가의 평이다. 우리는 그런 평가에 동의하지 않더라도 바울이라는 이름을 들으면 껌뻑 죽는 것이 사실이다. 바울은 그렇게 말하지 않는다. 자기 신앙이 '완료형'이 아니라 '진행형'이라고 한다.

예수를 믿는 사람은 하나님의 영광을 위해서 산다. 하나님을 위해서 일방적으로 희생하고 손해보고 인내하고 헌신해야 한다는 말이 아니다. 하나님이 우리 등을 밟고 일어서야만 높아질 수 있을 만큼 옹색한 분도 아니고, 그런 것을 즐길 만큼 가학적인 분도 아니다. 하나님의 영광을 위한다는 말은 우리의 본래 목적에 맞게 산다는 뜻이다. 그런 삶을 살면 살수록 우리 영혼이 점점 더 부요하게 된다. 하나님 좋은 일을 하는 것이 아니라 우리 좋은 일을 하는 것이다. 그런데 왜 하나님의 영광을 위한다는 말만 하면 희생이나 손해, 인내, 헌신을 떠올리는가 하면, 우리가 그만큼 세속적이기 때문이다. 마치 아이들이 공부 얘기만 나오면 컴퓨터 게임할 수 있는 권리를 포기해서 어머니 좋아하는 일을 하라는 말로 알아듣는 것과 같다.

바울은 신자가 살아야 할 본연의 삶을 살고 있다. 하나님께서 자기를 빚어 만드시는 손길도 느끼고 있다. 물론 쉽지 않다. 그래서 "걱정 마라. 나는 기필코 이 길을 가고야 만다."라고 하지 않고 빌립보교회 교인들의 기도와 성령님의 도우심으로 그렇게 될 것이라고 한다.

흔히 예수를 믿으면 구원 얻는다고 한다. 정말로 그럴까? 구원은 천국과 지옥, 영생과 영벌이 좌우되는 엄청난 사건이다. 예수를 믿는 것이 무엇이기에 거기에 영원한 운명이 달려 있을까? 예수를 믿는 사람과 예수를 믿지 않는 사람은 어떤 차이가 있을까? 설마 별 차이가 없는데 천국과 지옥이 갈리지는 않을 것이다. 뭔가 굉장하고도 엄청난 차이가 있어야 한다.

찬송가 305장 〈나 같은 죄인 살리신〉은 세계적으로 유명한 찬송가다. 1절 가사가 "나 같은 죄인 살리신 주 은혜 놀라워 잃었던 생명 찾았고 광명을 얻었네"인데 "잃었던 생명 찾았고"로 번역된 부분이 영어로는 I once was lost but now am found라고 되어 있다. 내가 전에는 잃어버린 존재였는데 지금은 발견되었다. 또 "광명을 얻었네"는 Was blind, but now I see다. 전에는 앞을 보지 못했는데 지금은 본다. 신자가 그런 사람이다.

이스라엘의 출애굽에 나타난 것처럼 구원은 일회적인 경험의 문제가 아니다. 홍해를 건너는 체험을 했는지, 말았는지는 아무도 안 따진다. 하나님에 의해 발견된 사람으로 살아야 하고, 전에는 맹인이었다가 이제는 눈을 뜬 사람으로 살아야 한다. 그런데 그들은 광야 생활 내내 불평만 하다가 전부 죽고 말았다.

설마 구원이 살아생전 어느 한 시점에 예수를 믿어 둔 사람한테 보장된 행운일까? 구원은 그런 하찮은 것이 아니다. 우리가 어떻게 살아가는지를 좌우하는 문제다. "무슨 말입니까? 구원은 행위로 얻는 것이 아니라 믿음으로 얻는 것 아닙니까?"라고 할 것 없다. 믿음이 있는 사람은 믿음으로 살게 마련이다. 믿는다고 말하는 사람이 믿음 있는 사람이 아니라 믿음으로 사는 사람이 믿음 있는 사람이다. 요컨대 구원은 일회적인 경험의 문제가 아니라 우리 인생 여정 전반에 대한 문제다. 그래서 "이것이 너희의 간구와 예수 그리스도의 성령의 도우심으로 나를 구원에 이르게 할 줄 아는 고로"라고 한다. 자기는 지금도 구원 얻는 중이다. 언젠가 그 구원의 완성에 이를 것이다.

1:20〉 나의 간절한 기대와 소망을 따라 아무 일에든지 부끄러워하지 아니하고 지금도 전과 같이 온전히 담대하여 살든지 죽든지 내 몸에서 그리스도가 존귀하게 되게 하려 하나니

구원의 완성에 이를 때까지 할 일이 있다. 바울은 그것을 자기가 살든지 죽든지 자기를 통해서 그리스도가 존귀하게 되는 것으로 얘기한다. 전에 그렇게 산 것처럼 지금도 그렇게 살고 싶다. 복음성가 가사로 특히 유명한 구절이다.

방금 〈사나이 한목숨〉 군가 얘기를 했다. 그 군가를 부르는 군인들 마음이 어땠을까? 나는 별다른 감정 없이 불렀던 것 같다. 그 군가를 부르기만 하면 누구나 자기 한목숨을 바쳐서라도 통일을 이루어내겠다는 결연한 의지가 생기는 것은 아니다.

본문은 어떨까? 많은 사람이 복음성가로 부르는 말씀이다. 하지만 바울은 악보를 보면서 찬양을 하는 것이 아니다. 정말로 죽을지 살지 모르는 상황이다. 재판에서 무죄 판결이 나오면 풀려날 수 있지만 사형 판결이 나오면 그것으로 끝이다. 23절에서 바울은 사는 것과 죽는 것 사이에 끼어 있다고 한다. 어떻게 될지 아무도 모른다. 오늘 풀려나지 못하면 내일은 죽을 수도 있다.

그런 상황에서 무슨 말을 해야 할까? "하나님께 기도해 주십시오. 가이사의 마음을 어루만지셔서 그로 하여금 의로운 판결을 내리게 해달라고 말입니다. 세상을 더 살고 싶은 욕심 때문이 아닙니다. 그렇게 되어야 계속 복음을 전할 수 있지 않겠습니까?"라고 할 만하다. 자기가 풀려나는 것보다 더 다급한 일이 무엇이 있겠는가? 그런데 전혀 다른 말을 한다. 자기가 간절히 바라는 것은 살든지, 죽든지 자기 몸에서 그리스도가 존귀하게 되는 것이라고 한다. 자기가 죽게 되면 죽음을 통해서 그리스도가 존귀하게 되고, 살게 되면 삶을 통해서 그리스도가 존귀하게 되면 그것으로 만족한다. 그것 말고는 바라는 게 없다.

예수님의 제자 중에 가장 먼저 죽은 사람이 야고보다. 헤롯이 야고보를 죽였다는 얘기가 사도행전 12장에 나온다. 가장 오래 산 사람은 요한이다. 다른 제자들은 다 순교했는데 요한은 아흔 넘게 살다가 자연사했다. 요한은 야고보가 죽은 다음에 50년 정도 더 살았다. 그렇다고 해서 야고보보다 요한을 더 부러워하는 사람이 있을까? "역시 인생은 요한처럼 풀려야지!"라는 말은 들어본 적이 없다.

이때 바울이 몇 살이었는지 모른다. 당시 평균 수명도 모른다. 혹시 바울이 풀려날 경우 기대 수명이 20년쯤 된다고 하자. 그러면 바울은 20년을 더 살 수도 있고 지금 죽을 수도 있는 사람이다. 그게 무슨 차이가 있을까? 햄릿은 "죽느냐, 사느냐 그것이 문제로다."라고 했는데 우리한테 그런 것은 전혀 문제가 안 된다. 죽게 되면 죽고, 살게 되면 살면 그만이다. 그런 하찮은 문제에 신경 쓰지 말고 과연 우리를 통해서 그리스도가 존귀하게 되는지 신경 써야 한다.

죽고 사는 것이 어떻게 해서 하찮은 문제일까? 하지만 그리스도가 존귀하게 되는 것에 비하면 하찮은 문제가 맞다. 그리스도가 존귀하게 되는 것에 비하면 모든 것이 다 그렇다. 죽고 사는 문제라고 해서 예외가 아니다. 우리한테 영원이 약속되어 있다면 분명히 그렇다.

예수를 믿으면 구원 얻는다. 예수를 믿는 사람과 예수를 믿지 않는 사람의 간격이 천국과 지옥만큼 엄청나다. 왜 그럴까? 예수를 믿는 사람은 그리스도가 그의 삶이기 때문이다. 그것이 신자와 불신자의 차이다. 신자와 불신자의 삶에는 그리스도라는 차이가 있지만 오래 산 신자와 일찍 죽은 신자의 삶에는 아무 차이가 없다. 그리스도로 채워진 삶을 살면 그것으로 충분하다.

찬송가 586장 〈어느 민족 누구게나〉의 3절 가사가 "순교자의 빛을 따라 주의 뒤를 좇아서"로 시작한다. 순교자의 빛을 따라 주의 뒤를 좇는 것이 어떻게 하는 것일까? 순교자들이 주의 뒤를 따르는 빛 된 삶을 살았던 것처럼 우리도 그렇게 살자는 뜻인 것 같기도 하다. 그런데 영어로는 "By the light of burning martyrs, Jesus' bleeding feet I track(불타고 있는 순교자들의 빛을 따라, 예수님의 피 흘리시는 발이 내가 따라야 할 길입니다)"이다.

예수님께서 십자가를 지고 가셨다. 피 흘리는 발로 그 길을 걸으셨다. 그 길이 우리가 따라야 할 길인데 어두워서 분간이 안 된다. 그때 화형당하는 순교자들의 몸이 횃불처럼 길을 밝혀준다. 그 빛에 의지해서 우리가 예수님의 피가 묻어 있는 길을 따라갈 수 있다.

기독교가 박해를 받던 시기에는 예수를 믿는다는 이유로 사자 밥이 되곤 했다는 얘기는 상당히 유명하다. 그것만이 아니다. 나무 기둥에 묶어서 기름을 끼얹어 불을 붙이기도 했다. 예수 믿는 사람을 가로등으로 쓴 것이다. 대체 어떻게 하면 그런 죽음의 위협 앞에서 신앙을 고백할 수 있을까? 아니, 그 사람들이 어떤 사람들일까? 당시 기독교인 중에 상위 1%에 속하는 열혈 신자일까, 그냥 평범한 신자일까? 조금 더 따져보자. 그 사람들이 신앙생활을 한 연수가 얼마나 될까? 10년 넘은 사람도 있을 수 있지만 1-2년이 대부분 아닐까? 그러면 대체 우리는 예수를 어떻게 믿고 있을까?

본문을 생각해 보자. 살든지 죽든지 자기를 통해서 그리스도가 존귀하게 되기를 진심으로 바라는 사람이 예수를 믿는 사람이면, 그럴 마음 없이 그냥 감정을 실어서 복음성가만 부르는 것으로 그치는 사람은 어떤 사람일까? 그 사람도 예수 믿는 사람일까?

군인 중에는 정말로 자기 한목숨을 바쳐서 통일이 되기를 바라는 군인도 있고, 군가만 그렇게 부르는 군인도 있는지 모르겠다. 하지만 그리스도가 존귀하게 되기를 바라는 것은 다르다. 바울처럼 특별한 신자는 살든지 죽든지 그리스도가 존귀하게 되기를 바라야 하지만 대부분 신자는 그렇게까지 안 해도 괜찮은 것이 아니다. 바울이 믿는 예수와 우리가 믿는 예수가 같은 분이면 예수를 믿는 마음 자세도 같아야 한다. 신자가 어떤 사람인가 하면, 살든지 죽든지 그리스도가 존귀하게 되는 것을 바라는 사람이다. 그리스도가 존귀하게 되는 것을 열망하지 않으면 신자가 아니다.

불가에서는 "심불시불(心不是佛) 지불시도(智不是道)"라고 한다. 마음이 곧 부처가 아니고 아는 것이 곧 도가 아니다. 이 말을 빌려볼까? 각오가 곧 신앙이 아니고 동의가 곧 수준이 아니다. 신앙은 각오나 결심으로 때우는 것이 아니다. 고개를 끄덕여 동의했다고 해서 그것이 그 사람의 수준을 대변하는 것도 아니다. 우리가 어떤 사람인지 보여주는 것은 우리가 가끔 행하는 일이 아니라 규칙적으로 행하는 일이다. 어떤 일을 가끔 행한다는 얘기는 대부분의 시간에는 그 일을 하지 않는다는 뜻이기 때문이다.

바울이 빌립보교회에 혈서를 쓴 것이 아니다. 자기 안위를 걱정하는 교우들한테 일상적인 안부 편지를 썼다. 살든지 죽든지 그리스도가 존귀하게 되기를 바란다는 말도 그렇다. 비장한 각오로 어금니를 앙다물며 하는 말이 아니라 자기 마음을 있는 그대로 전한 것이다. 어제도 그렇게 살았고 오늘도 그렇게 산 것처럼 내일도 그렇게 살 것이다. 특별히 마음을 새롭게 다잡을 것이 없다.

1:21〉 이는 내게 사는 것이 그리스도니 죽는 것도 유익함이라

바울이 그처럼 살든지 죽든지 그리스도가 존귀하게 되기를 바라는 이유가 본문에 나온다. 바울은 그리스도 때문에 사는 사람이다. 삶의 이유가 그리스도에 있다. 비단 바울이 그렇다는 얘기가 아니라 신자가 그런 사람이라는 뜻이다. 그러면 죽는 것은 어떻게 될까? 예수 때문에 살던 사람이 죽는다는 얘기는 할 일을 다 마쳤다는 뜻이다. 마치 군인이 복무연한을 채우고 제대를 하는 것과 같다. 당연히 유익이다.

이중표 목사가 암 투병 중에 쓴 〈나는 죽어도 행복합니다〉라는 책이 있다. 그 책에서 하나님께서 생명을 연장해 주시면 목회를 더 할 수 있어서 좋고, 그만 데려가시면 주님을 뵐 수 있어서 좋다고 했다. 사는 것이 그리스도니 죽는 것도 유익하다는 말 그대로다. 이 세상 삶이 자신을 위한 것이 아니라 주님을 위한 것이면 사나 죽으나 관계가 없다.

새삼스러운 얘기가 아니다. 예수를 믿는 것이 원래 그렇다. 일주일에 한 번 주일예배 드리고 십일조 헌금하는 것이 신앙일 수 없다. 예수를 믿는 사람이라면 누구든지 "이는 내게 사는 것이 그리스도니 죽는 것도 유익함이라"라고 고백하는 것이 정상이다.

예수를 믿으면 세례를 받는다. 죄에 대해서 죽었다는 선언이다. 세례를 받은 사람은 더 이상 자기 자신으로 살지 않는다. 그리스도와 연합한 새로운 인생을 살아간다.

이스라엘의 출애굽으로 생각해볼까? 이스라엘이 홍해를 건넌 것이 우리가 받는 세례를 보여준다. 그때 그들은 홍해를 건넜다. 하지만 신령한 의미로는 전부 홍해에 빠져 죽은 것이다. 사람이 어떻게 홍해에서 살아 나올 수 있단 말인가? 강 건너편에서 보면 지금까지 이 세상에 존재하지 않던 새로운 인류가 나타난 격이다.

예전에 어떤 분의 푸념을 들은 적이 있다. 하나님이 자기 기도를 들어준 적이 없다는 것이다. 예수를 믿어서 덕을 본 것이 아무것도 없는데 왜 아직도 예수를 믿고 있는지 모르겠다는 말도 했다. 그 말을 하나님이 하시면 어떻게 될까? "넌 어떻게 단 한 번도 순종하지 않는 거냐? 지금까지 내 뜻대로 산 적이 도무지 없는데, 그런 너를 계속 내 백성으로 인정해야 하는지 모르겠다." 라고 하시면 그야말로 큰일이다.

〈이방인〉으로 유명한 알베르 카뮈가 "당신은 왜 자살하지 않습니까?"라는 화두를 던졌다. 누군가 면전에서 이런 질문을 하면 당장 싸움이라도 날 것이다. 카뮈의 질문은 그런 뜻이 아니다. 그냥 살기만 할 것이 아니라 사는 이유를 찾으라는 뜻이다. 아무 생각 없이 살면 안 된다. 자기의 삶을 진지하게 성찰해서 의미 있는 인생을 살아야 한다. 하지만 카뮈도 생각하지 못한 사실이 있다. 우리가 사는 것이 우리한테 의미가 있는 것으로는 모자라다. 하나님께 의미가 있어야 한다. 하루하루를 하나님께 의미 있는 시간으로 채워야 한다. 그것이 신자의 본분이다.

1:22〉 그러나 만일 육신으로 사는 이것이 내 일의 열매일진대 무엇을 택해야 할는지 나는 알지 못하노라

바울이 옥에 갇힌 채 재판을 앞두고 있다. 어떻게 될지 아무도 모른다. 풀려날 수도 있지만 죽을 수도 있다. 그런 상황에서 담담하게 "이는 내게 사는 것이 그리스도니 죽는 것도 유익함이라"라고 말한다. 무죄로 풀려나면 어떻고 사형 판결을 받으면 어떻단 말인가? 살아 있는 동안 그리스도를 전하다가 죽어서 그리스도에게 가면 그만이다.

이런 사실을 감안하면 기복신앙이 얼마나 천박한지 알 수 있다. 예수를 믿는 사람은 그리스도로 가득 찬 법이다. 죽고 사는 문제에 연연하지 않는다.

이 세상 사는 동안에 주님을 위해 살다가 죽어서 주님께 가면 그것으로 족하다. 하물며 이 세상 욕심에 신앙을 갖다 붙이는 것은 말이 되지 않는다. 걸핏하면 '복', '복' 하는데, 무슨 복을 그리 받고 싶은 것일까? 죽고 사는 문제는 관계없어도 복은 받아야 할까?

바울의 얘기를 들어보자. "그러나 만일 육신으로 사는 이것이 내 일의 열매일진대 무엇을 택해야 할는지 나는 알지 못하노라"라고 했다. 바울은 방금 "이는 내게 사는 것이 그리스도니 죽는 것도 유익함이라"라고 한 사람이다. 죽고 사는 것은 관계가 없다. 하지만 혹시 육신으로 계속 살게 된다면 그것은 자기로 하여금 더 많은 열매를 맺도록 하기 위한 것이다.

그러면 뭐라고 해야 할까? 앞으로 더 열심히 복음을 전할 테니 그럴 기회를 달라고 할 만하다. 그런데 다른 말을 한다. 자기가 어느 쪽을 택해야 할지 모르겠다는 것이다. 물론 바울이 사형 판결이나 무죄 방면을 마음대로 선택할 수 있는 것은 아니다. 하지만 더 살고 싶은 욕심이 없는 것은 분명하다.

사업을 하는 사람은 물질로 하나님께 영광 돌리고 싶다는 말을 종종 한다. 무슨 뜻일까? 정말로 하나님께 많이 드리고 싶은 것일까, 자기가 풍족하게 살고 싶은 것일까? 돈에 대한 욕심은 전혀 없이 오로지 하나님께 많이 드리고 싶은 마음으로 그런 말을 하는 사람이 있을까? "벌면 버는 대로 다 하나님께 드리겠습니다. 저는 한 푼도 쓰지 않겠습니다."가 가능할까?

감리교를 창설한 웨슬리는 연간 소득이 30파운드였을 적에 28파운드는 자기가 쓰고 2파운드는 구제에 썼다. 이듬해에는 소득이 두 배가 되었다. 그래도 자기 생활비로 28파운드를 쓰고 32파운드는 구제에 썼다. 다음 해에는 소득이 90파운드로 뛰었다. 생활비는 여전히 28파운드였고 나머지는 전부 구제에 썼다. 인세 수입이 늘어서 나중에는 소득이 1,400파운드가 되었다. 그래도 30파운드 남짓만 생활비로 쓰고 늘어난 수입은 전부 구제에 썼다. 소득이 아무리 늘어도 생활비는 그대로였다.

웨슬리 같은 사람이 아니라면 "물질로 하나님께 영광 돌리고 싶습니다"라는 얘기에는 은근슬쩍 자기 욕심이 끼어들게 마련이다. 그런 식이라면 옥에 갇힌 사람이 "하나님, 저로 하여금 더 열심히 복음을 전할 수 있게 하옵소서."라고 하는 말도 마찬가지다. 풀려나고 싶은 마음이 있는 것이다. 그런데 바울은 다르다. "무엇을 택해야 할는지 나는 알지 못하노라"라는 말처럼 조금도 욕심이나 미련이 없다. "이는 내게 사는 것이 그리스도니 죽는 것도 유익함이라"라는 말이 액면 그대로 진심이다.

1:23〉 내가 그 둘 사이에 끼었으니 차라리 세상을 떠나서 그리스도와 함께 있는 것이 훨씬 더 좋은 일이라 그렇게 하고 싶으나

'끼어 있다'는 '쉬네코'를 번역한 말인데 '쉰'과 '에코'의 합성어다. '쉰'은 '함께'라는 뜻이고 '에코'는 '가지다', '차지하다'라는 뜻이다. 함께 차지하는 것이 끼어 있는 것이다.

양손에 떡을 쥐었다는 말이 있다. 어느 쪽을 택할지 고민하는 행복한 상황을 비유한 말이다. 그 반대의 경우라면 어떻게 될까? 양손에 떡을 쥐고 어느 쪽을 먹을지 고민하는 것이 아니라 양쪽에 있는 떡이 호시탐탐 사람을 노리고 있으면 등에서 식은땀이 절로 흐를 것이다. 말도 안 되는 비유지만 바울이 그런 신세다. 자기는 삶과 죽음 사이에 샌드위치처럼 끼어 있다. 어느 쪽이 자기를 차지할지 모른다.

그런 형편이면 죽는 게 나은지, 사는 게 나은지 생각할 것이다. 바울도 그랬다. 그런데 결론이 특이하다. 자기만 생각하면 죽는 게 낫다. 그리스도와 함께 있을 수 있기 때문이다. 그런데 사람이 어떻게 자기 일만 생각할까? 빌립보교회 교인들을 생각하면 사는 게 낫다.

극심한 빈곤과 가정 폭력으로 하루하루를 힘겹게 사는 여인이 있다. 집에는 쌀 한 톨 없는데 남편은 허구한 날 술과 노름에 찌들어 살다가 집에만 들어오면 노름 밑천 달라고 행패를 부린다. 그런 여인이 무슨 낙으로 살까? 하루에도 몇 번씩 차라리 죽고 싶다는 생각을 한다. 하지만 그럴 수 없다. 자식 때문이다. 자기 처지를 생각하면 당장 죽고 싶지만 자기 목숨은 자기 것이 아니다. 모진 운명을 견딜 수밖에 없다.

바울은 그런 경우가 아니다. 감옥 생활이 어느 만큼 힘든지에 대한 얘기는 나오지도 않았다. 바울한테 죽음은 "세상을 떠나서 그리스도와 함께 있는 것"이다. 고통을 끝내고 싶은 마음은 없고 그리스도와 함께 있고 싶은 마음만 있다.

'떠나다'는 '아날뤼오'를 번역한 말인데 '위로'라는 '아나'와 '풀다'라는 '뤼오'의 합성어다. 묶여 있는 것을 푸는데 그냥 풀지 않고 위로 푸는 것이 '아날뤼오'다. 주로 두 가지 경우에 이 말을 썼다. 하나는 천막을 걷을 때이다. 군인들이 훈련 중에는 천막을 치고 지내다가 훈련이 끝나면 천막을 걷는다. 그렇게 하는 것이 '아날뤼오'다. 천막을 치고 생활하는 것은 그곳이 자기들의 집이 아니기 때문이다. 천막은 모든 면에서 불편하다. 집이 훨씬 좋다. 이스라엘은 초막절을 지킬 때마다 멀쩡한 집을 놔두고 초막에서 지내곤 한다. 자기들한테는 본향이 따로 있고 이 땅에서는 나그네로 산다는 고백이다. 또 배에 닻을 올릴 때도 이 말을 썼다. 정박 중에는 닻을 내리게 된다. 하지만 배는 정박해 두려고 만든 것이 아니다. 배가 제구실을 하려면 바다를 항해해야 한다. 닻을 올려서 출항해야 한다. 일단 '아날뤼오'해야 한다.

이 세상은 우리의 영원한 터전이 아니다. 언젠가 떠나야 한다. 그 사실을 모르는 사람은 없다. 그런데 정말 그럴까? 사람들은 이 세상에서 영원히 살 것처럼 살다가 죽을 때가 되어서야 마지못해서 그 사실을 받아들인다. 할 수 만 있으면 이 세상에서 영원히 살고 싶은데 그것이 안 되니까 별수 없이 떠나는 것이다. 하나님이 그런 사람을 위해서도 천국을 예비하셔야 할까?

바울은 그렇게 말하지 않는다. 마치 천막을 걷는 것처럼, 배가 닻을 올리는 것처럼 세상을 떠난다고 한다. 떠날 준비가 늘 되어 있다. 항상 그날을 기다리며 살아간다. 떠나서 도착하는 곳이 진짜 자기 인생을 살아갈 곳이다.

세상 사람들이 가장 겁내는 것이 죽음이다. 죽을병에 걸린 재벌이 의사를 붙들고 돈은 얼마든지 줄 테니 제발 살려달라고 했다는 얘기가 전혀 어색하게 들리지 않는다. 사람들이 왜 그렇게 죽음을 두려워할까? 에피쿠로스는 죽음을 두려워할 이유가 없다며 이렇게 말했다. "당신이 살아 있다면 죽음은 다른 곳에 있다. 당신이 죽었다면 이곳에 없으니 그 사실을 모른다. 당신의 존재는 죽는 순간 끝나므로 고난도 없고 아무것도 없다. 죽음을 걱정할 이유가 없다."

설득력 있는 조언이라기보다 말장난처럼 들린다. 사람들이 죽음을 두려워하는 이유는 존재가 소멸된다고 생각하기 때문일 것이다. 에피쿠로스가 그런 생각을 정면으로 맞받아쳤다. 살아 있는 동안에는 죽지 않았으니까 죽음과 상관없고, 죽은 다음에는 존재가 소멸되어서 아무것도 모르기 때문에 죽음을 두려워할 필요가 없다는 것이다. 사람들이 죽음을 두려워하는 이유와 에피쿠로스가 죽음을 두려워할 필요가 없다고 한 이유가 동일하다.

얼마 전에 어떤 책에서 다른 내용을 읽었다. 사람들이 죽음을 두려워하는 진짜 이유는 죽음이 끝이 아니기 때문이라는 것이다. 일리 있게 들렸다. 이 세상을 살다 죽는 것으로 존재가 소멸되어 정말로 모든 것이 끝난다면 죽음을 두려워할 이유가 없는 것 아닐까? 스티브 잡스가 죽음을 앞두고 한 말이 있다. "평생 축적된 이 모든 경험이 그냥 없어져 버린다고 생각하는 것은 이상하다. 그래서 나는 뭔가 살아남는 게 있다고, 어쩌면 우리 의식이 지속될 것이라고 정말 믿고 싶다." 스티브 잡스는 죽음을 마치 스위치를 끄면 불이 나가는 것처럼 생각할 수 없었던 모양이다.

죽음으로 존재가 소멸되지 않고 죽음 이후가 있다면 그것이야말로 정말 무서운 일일 수 있다. 하지만 우리와는 상관없다. 우리는 세상을 떠나면 어떻게 될지 모르는 사람들이 아니라 세상을 떠나면 그리스도와 함께 있게 될 사람들이다.

맞는 말 같은데 뭔가 이상하기도 하다. 세상을 떠나지 않으면 어떻게 될까? 세상을 떠나지 않으면 그리스도와 함께 있을 수 없고, 꼭 세상을 떠나야만 그리스도와 함께 있을 수 있을까?

"볼지어다 내가 세상 끝 날까지 너희와 항상 함께 있으리라"라는 말로 마태복음이 끝난다. 기독교 신앙을 고백하는 사람은 누구나 그리스도와 함께 있는 사람이다. 예수를 믿는 사람은 자기가 그리스도와 함께 장사되었다가 그리스도와 연합해서 다시 살게 된 것을 믿는다.

이것을 극화한 것이 세례다. 세례는 본래 침례였다. 우리는 예수님이 세례 요한한테 세례를 받았다고 하지만 엄밀히 얘기하면 침례를 받았다. 초대교회 때의 세례 형태도 침례였다. 물에 잠기는 것으로 죽어 장사됨을 극화하고 씻겨서 일어나는 것으로 다시 살아남을 극화하는 것이다. 세례든, 침례든 의미는 동일하다. 우리는 그리스도와 합하여 세례를 받는다. 죄인인 우리는 그리스도와 함께 죽어 장사 지낸 바 되었고 이제는 의인으로 그리스도와 함께 산다.

그러면 바울의 말은 어떻게 된 영문일까? 꼭 죽어야만 그리스도와 함께 있게 되는 것이 아니다. 단, 죽음을 통과하면 이 세상에서와 다른 차원으로 그리스도와 함께 있게 된다. 그것이 어떤 것인지 알 수는 없다. 어쨌든 그리스도와 함께 있는 상태를 지금보다 훨씬 더 잘 누리게 된다. 그렇다고 해서 그것이 구원의 완성은 아니다. 구원은 주님이 다시 오셔서 세상을 심판하실 때 완성된다. 하나님의 통치 개념을 빌리면, 우리는 지금도 하나님의 통치 아래 있지만 죽음으로 인해 그 통치를 더욱 농밀하게 받게 될 것이고, 그리스도가 재림하시면 그때는 완벽하게 받게 될 것이다.

우리가 지금은 그리스도와 함께 세상을 살고 있다. 이다음에 구원이 완성되면 그때는 그리스도와 함께 있는 정도가 아니라 그리스도처럼 된다. 그리스도와 같은 영광을 누린다. 그 중간 단계가 어떤 것일까? 그 중간 단계는 이 세상을 떠나서 그리스도와 함께 있는 것이다. 이 세상의 모든 수고를 쉬게 된다. 이 세상을 떠난 만큼 그리스도와 더 많이, 더 강하게, 더 밀접하게 함께 있게 될 것이다. 이 세상에서 누리던 구원보다 더 복된 구원의 상태에서 구원의 완성을 기다리게 된다. 바울이 "차라리 세상을 떠나서 그리스도와 함께 있는 것이 훨씬 더 좋은 일이라"라고 할 만하다.

하지만 빌립보교회 교인들을 생각하면 그렇지 않다.

1:24-25〉 내가 육신으로 있는 것이 너희를 위하여 더 유익하리라 내가 살 것과 너희 믿음의 진보와 기쁨을 위하여 너희 무리와 함께 거할 이것을 확실히 아노니

'유익하리라'로 번역된 '아낭카이오스'는 본래 '필요하다'라는 뜻이다. 자기가 살아 있는 것이 빌립보교회 교인들한테 필요하다는 것이다.

언젠가부터 운전 중에 해가 비치면 선글라스를 끼고 있다. 예전에는 눈을 살짝 찡그리면 되었는데 이제는 눈이 부셔서 감당이 안 된다. 아마 나이를 먹어서 그런 모양이다. 친구 중에는 하늘에 해가 있으면 선글라스를 껴야 하는 친구가 있다. 눈에 무슨 이상이 있는지, 선글라스를 안 끼면 눈을 뜰 수가 없다고 한다. 나도 선글라스가 필요하고 그 친구도 선글라스가 필요하지만 필요한 정도가 다르다.

빌립보교회 교인들한테 바울이 살아 있는 것이 어느 만큼 필요했을까? 바울이 살아 있는 것이 빌립보교회 교인들한테 어느 만큼 '아낭카이오스'했을까? '아낭카이오스'는 '아낭케'에서 유래한 말이다. 숙명이라는 뜻이다. 빌립보교회 교인들한테 바울이 그 정도로 필요했다.

지금 세상을 떠나서 그리스도와 함께 있는 것이 바울한테는 유익이다. 반면 육신으로 있는 것이 빌립보교회 교인들한테 필요하다. 자기한테 유익한 것과 자기한테 필요한 것 중에서 하나를 택하라고 하면 고민될 수 있다. 가령 여윳돈 100만 원이 있을 때 헬스장 연간 회원권을 끊을지 노트북을 살지, 자기의 유익과 필요 사이에서 고민해야 한다. 하지만 자기한테 유익한 것과 남한테 필요한 것 중에서 하나를 선택하는 문제라면 그리 어려울 것이 없지 않을까?

바울도 별로 어렵지 않았던 모양이다. 조금도 망설이지 않고 빌립보교회 교인들의 필요에 손을 들었다. "와! 역시 바울은 다르구나."가 아니다. 그것이 우리가 믿는 기독교의 원칙이다. 예수님이 왜 이 세상에 오셨나? 예수님한테는 하나님 보좌 우편에 가만히 계시는 것이 유익이다. 예수님께 우리를 구원하셔야 할 의무나 책임이 있는 것이 아니다. 그런데 기꺼이 이 세상에 오셨다. 그것이 우리한테 필요하기 때문이다.

바울은 자기가 빌립보교회 교인들한테 운명적으로 필요하다는 사실을 확신한다. 그러면 사형당하면 안 된다. 풀려나야 한다. 자기가 빌립보교회 교인들과 함께 있어야 그들의 믿음의 진보와 기쁨을 이룰 수 있다.

1:26) 내가 다시 너희와 같이 있음으로 그리스도 예수 안에서 너희 자랑이 나로 말미암아 풍성하게 하려 함이라

그리스도 예수 안에서 자랑한다는 말이 어색하게 들린다. 그리스도 예수를 자랑한다고 하는 것이 훨씬 알기 쉽다. 〈공동번역성경〉에는 "여러분은 나로 말미암아 그리스도 예수를 더욱 자랑할 수 있게 될 것입니다"라고 되어 있다.

교회에서는 늘 하나님께 영광 돌린다는 말을 한다. 하나님을 높이는 것이 하나님께 영광 돌리는 것이다. "와! 하나님 최고입니다. 과연 하나님이십니다."라고 하는 것이 하나님께 영광 돌리는 것이다. 그리스도를 자랑하는 것도 마찬가지다. 그리스도를 자랑하는 것이 곧 그리스도를 높이는 것이고, 그것이 하나님께 영광 돌리는 것이다. 결국 빌립보교회 교인들이 자기를 통해서 더 하나님께 영광 돌리게 된다는 것이 바울의 말이다. 그 일을 위해서 빌립보교회 교인들에게 자기가 필요하다.

죠이선교회 모토가 Jesus first Others second You third이다. 가장 먼저 주님을 생각하고, 그다음에 이웃을 생각하고, 자기는 가장 나중에 생각하라는 것이다. 본문에 그대로 나타나 있다. 옥에 갇혀서 삶과 죽음의 경계선에 있는 바울이 가장 먼저 그리스도를 생각한다. 그다음은 교회의 필요이고, 그다음이 자신의 유익이다.

　물론 사형 판결이 내려지면 바울의 이런 생각이 죄다 부질없게 된다. 하지만 바울은 그런 쪽으로는 관심이 없다. 자기가 죽느냐 사느냐가 문제가 아니라 어떻게 해야 그리스도가 높임을 받고, 어떻게 해야 교회의 필요가 채워지는지가 문제다. "살고 싶다"가 아니라 "살게 되겠구나"이다. 살게 되면 사는 동안 그리스도를 높이고 교회를 섬기는 것으로 만족한다.

　"사람이 어떻게 그럴 수 있느냐?"라고 하면 안 된다. 그러면 바울만 이상한 사람이 된다. 우리가 그리스도의 노예일까, 아닐까? 우리가 하나님의 종일까, 아닐까? 노예나 종한테는 발언권이 없다. 주인의 만족이 곧 종의 본분이다. 그런 사람은 "이는 내게 사는 것이 그리스도니 죽는 것도 유익함이라"라고 할 수 있다. 말을 멋있게 할 수 있는 것이 아니라 멋있는 인생을 살 수 있다. 하나님께서 우리한테 살라고 하신 인생이고 우리가 마땅히 살아야 하는 인생이다. 그런 인생을 사는 사람을 신자라고 한다.

1:27〉 오직 너희는 그리스도의 복음에 합당하게 생활하라 이는 내가 너희에게 가 보나 떠나 있으나 너희가 한마음으로 서서 한뜻으로 복음의 신앙을 위하여 협력하는 것과

　바울이 옥에 갇혔다. 어떻게 될지 아무도 모른다. 하지만 상관없다. 어차피 바울은 "내게 사는 것이 그리스도니 죽는 것도 유익함이라"라고 고백한 사람이다. 그 정도로 대단한 사람이라는 뜻이 아니다. 신자가 본래 그런 사람이다. 예수를 믿는 사람이라면 누구나 그렇게 살아간다.

　바울한테 죽는 것과 사는 것 중에서 하나를 택하라고 하면 무엇을 택할까?

바울이 처음에는 알지 못하겠다고 했다. 삶과 죽음을 양팔저울에 올려놓으면 어느 한쪽으로도 쏠리지 않고 수평을 이룬다. 굳이 택해야 한다면 세상을 떠나서 그리스도와 함께 있는 것이 더 좋기는 하다. 하지만 빌립보교회 교인들을 생각하면 그렇지 않다. 그들이 복음을 더 잘 이해하도록 도와줘야 한다. 그래서 "내가 다시 너희와 같이 있음으로 그리스도 예수 안에서 너희 자랑이 나로 말미암아 풍성하게 하려 함이라"라고 했다.

그런 내용이 본문으로 이어진다. 결국 바울은 "내가 세상을 떠나느냐, 다시 너희와 함께 있게 되느냐 하는 것은 중요하지 않다. 중요한 것은 딱 한 가지, 그리스도의 복음에 합당하게 생활하는 것이다. 어떤 일이 있어도 그리스도의 복음에 합당하게 생활하는 문제만큼은 절대 놓쳐서는 안 된다."라는 내용을 말하고 싶은 것이다.

왜 '그리스도의 복음'이라고 할까? 그냥 "오직 너희는 복음에 합당하게 생활하라"라고 하면 안 될까? 복음이면 복음이지, 그리스도의 복음이 따로 있을까?

복음을 헬라어로 '유앙겔리온'이라고 한다. 예수님이 이 땅에 오신 다음에 만들어진 말이 아니라 전부터 쓰이던 말이다. 지금은 기독교 용어지만 처음에는 일상 용어였다는 뜻이다. 당시 사람들은 '복음'이라는 말을 들으면 '로마제국의 복음'을 떠올렸을 것이다. 주전 9년, 튀르키예의 프리에네에 세워진 아우구스투스 황제 비문에는 "아우구스투스의 탄생일이 이 세상에는 그분으로 인해 퍼져 나가게 된 복음의 시작이다"라는 구절이 있다. 다분히 로마 중심의 세계관과 가치관이 함축된 용어다. 그런 복음에는 일단 힘과 능력이 전제되어 있다. 요즘말로 바꾸면 힘이 복음이고 돈이 복음인 셈이다. 세상에서 성공하고 출세하는 것이 중요하다.

그리스도의 복음은 그렇지 않다. 예수님은 세상을 지배하러 오신 것이 아니라 십자가를 지러 오셨다. 우리의 당면 과제가 죄이기 때문이다. 그리스도의 복음에 합당하게 생활하라는 얘기는 이 세상 사람들과 다른 원리로 살라는 뜻이다.

빌립보는 특히 로마를 동경하는 도시였다. 빌립보 시민들한테 로마의 복음은 말 그대로 절대적이었다. 그들은 전부 로마의 복음에 합당하게 생활했다. 결국 본문은 "빌립보 시민들이 로마의 복음에 합당하게 생활하는 것을 잘 알지 않느냐? 바로 그런 것처럼 너희는 오직 그리스도의 복음에 합당하게 생활하라"라는 뜻이다.

'생활하라'는 '폴리튜오'를 번역한 말이다. 3:20에 '시민권'이라는 말이 나오는데 '시민권'이 '폴리튜마'다. 고대 그리스의 도시 국가를 폴리스라고 했다. 폴리스 시민의 의무를 다하는 것이 폴리튜오다. 우리가 보는 성경에는 '생활'에 2)가 있고, 관주에는 '시민 노릇'이라고 되어 있다. 빌립보에 사는 로마인들이 로마 시민인 것처럼 빌립보교회 교인들은 천국 시민이다. 천국 시민 노릇을 제대로 해야 한다.

바울이 빌립보의 특성 때문에 일부러 이 단어를 썼을 것이다. 빌립보는 로마의 전역 군인들을 정착시킨 군사 도시다. 주변에는 트라키아인들이 살고 있었다. 빌립보 사람들한테는 로마 시민이라는 자부심이 있었다. 트라키아인들하고 똑같이 살 수는 없다. 바울이 이 사실을 빌려서 교회가 이 세상에서 어떻게 처신해야 하는지 설명한다. 교회는 이 세상에 있지만 이 세상에 속하지는 않았다. 이 세상을 살아가되, 오직 하나님 나라 백성으로 살아야 한다.

'오직'은 상당히 배타적인 단어다. 오직이라는 말이 나오면 그 뒤에 오는 것을 제외한 다른 것은 용납이 안 된다. 어떤 경우에도 예외가 없다. "누에는 오직 뽕잎만 먹는다"라고 하면, 누에는 뽕잎을 먹는 게 원칙이라서 어지간히 굶주리기 전에는 다른 것을 먹지 않는다는 뜻이 아니다. 뽕잎이 없으면 굶어 죽고 만다는 뜻이다. 오직 그리스도의 복음에 합당하게 생활하라는 말이 그런 뜻이다. 20세기 대표적인 신학자인 칼 바르트는 이 '오직'을 just one thing 이라고 번역했다. 우리가 이 세상을 살면서 수행해야 할 단 한 가지 과제가 있다면, 그리스도의 복음에 합당하게 생활하는 것이다. 다른 것은 몰라도 이것만큼은 반드시 해내야 한다.

그렇게 하려면 어떻게 해야 하는가 하면, 우선 한마음으로 서서 한뜻으로 복음의 신앙을 위하여 협력해야 한다. "한마음으로 서서"라고 할 때 쓰인 '서다'는 '스테코'를 번역한 말인데 단지 서 있는 것을 말하지 않는다. 군인들이 어깨와 어깨를 맞대고 다가오는 적을 맞이하기 위해서 방패를 들고 굳건히 서 있는 자세를 연상시키는 말이다.

'팔랑크스(밀집 장창 보병대)'라고 하는 대형이 있다. 영화 〈300〉에 나온다. 왼팔에는 방패를 들고 오른팔에는 긴 창을 들어서 밀집 대형을 이룬다. 방패로 자기 몸 왼쪽 절반과 왼쪽에 있는 동료 오른쪽 절반을 가린다. 방패로 몸은 가리고 창만 밖으로 나온 상태가 되기 때문에 공격해 들어갈 틈이 없게 된다. 이때 가장 중요한 것이 자기 자리를 지키는 것이다. 전체가 한 몸처럼 유기적으로 싸우기만 하면 아주 막강한 진법이다. 한마음으로 서는 것이 그렇게 한다는 뜻이다.

또 한뜻으로 복음의 신앙을 위하여 협력해야 한다고 했다. '협력하다'는 '쉬나틀레오'를 번역한 말인데 '쉰(함께)'과 '아틀레오(싸우다)'의 합성어다. '스테코'라는 단어에서 밀집 대형을 이뤄서 전쟁에 임하는 군인이 연상되는 것처럼

'쉬나틀레오'에서는 경기에 나선 운동선수가 연상된다. 운동선수한테 팀워크가 중요한 것처럼 복음의 신앙을 위해서도 협력하는 것이 중요하다.

미야모토 무사시라는 일본의 전설적인 무사가 있다. 에도 시대 인물로 일본 전국을 돌아다니면서 유명한 고수들과 60회가 넘는 진검 승부를 벌여서 단 한 번도 진 적이 없다. 그런 무사시가 실제로 전쟁에 참여한 적이 있다. 그러면 엄청난 전공을 세웠을 것 같은데 그렇지 않다. 전쟁은 일대일 승부가 아니라 많은 사람이 어우러지는 혼전이기 때문에 개인의 무용이 그리 두각을 나타내지 못했다.

빌립보교회 교인들이 오직 그리스도의 복음에 합당하게 시민 노릇하기 위해서 당장 필요한 것은 한마음, 한뜻이 되어 복음의 신앙을 위하여 서로 협력하는 것이었다. 요컨대 혼자 잘난 것은 무효다.

1:28) 무슨 일에든지 대적하는 자들 때문에 두려워하지 아니하는 이 일을 듣고자 함이라 이것이 그들에게는 멸망의 증거요 너희에게는 구원의 증거니 이는 하나님께로부터 난 것이라

'두려워하다'로 번역된 '프퉤로마이'는 본래 군사 용어로 달리는 말이 장애물을 만나서 움찔거리는 것을 뜻한다. 운동장을 달리는 경주마한테는 장애물이 없다. 달리기만 하면 된다. 싸움에 참여한 군마는 다르다. 사방에 있는 것이 장애물이다. 어디선가 불쑥 창날이 튀어나올 수도 있다. 그렇다고 해서 움찔거리면 안 된다.

우리한테 적용하면 어떻게 될까? 어차피 이 세상은 우리와 같은 편이 아니다. 신앙을 방해하는 요소가 사방에 있다. 언제 어떻게 방해할지 모른다. 그런 것에 개의치 말라는 것이다. 신앙생활을 제대로 하려면 방해가 없어야 하는 것이 아니라 방해를 이길 힘이 있어야 한다. 지난 2011년에 상영한 〈최종병기 활〉에 나오는 명대사 그대로다. "바람은 계산하는 것이 아니라 극복하는 것이다."

본문에는 무슨 일에든지 대적하는 자들 때문에 두려워하지 말라고 했다. 우리를 방해하는 것이 장애물이 아니고 사람이다. 우리는 그들을 방해하지 않는데 그들은 우리를 방해한다. 그들과 우리 사이에 무슨 차이가 있을까?

"…이것이 그들에게는 멸망의 증거요 너희에게는 구원의 증거니 이는 하나님께로부터 난 것이라"라고 한 그대로다. 무슨 일에든지 우리를 대적하는 자들이 있다. 그들이 멸망받을 자들이기 때문이다. 반면 대적을 받는 것은 곧 구원의 증거다. 그런 법이 어디 있느냐 하면, 하나님께서 그렇게 정하셨다.

1:29〉 그리스도를 위하여 너희에게 은혜를 주신 것은 다만 그를 믿을 뿐 아니라 또한 그를 위하여 고난도 받게 하려 하심이라

우리한테 있는 고난이 우리가 하나님의 백성이라는 증거다. 원문을 그대로 옮기면 "왜냐하면 여러분에게 그리스도를 믿는 은혜만 주어진 것이 아니라 그를 위해서 고난을 받는 은혜도 주어졌기 때문입니다"가 된다.

은혜가 주어졌다고 했으니 수동태다. 믿음은 은혜의 산물이다. 우리가 그리스도를 믿게 된 것은 분명히 은혜다. 예수를 믿느냐, 마느냐 하는 것은 천국과 지옥이 결정되는 엄청난 사건이다. 이 세상 살다 죽는 것으로 존재가 소멸되어 모든 것이 끝나는 것이 아니라면 이보다 더 큰 은혜가 없다.

그것만이 아니다. 그리스도를 위하여 고난을 받는 은혜도 주어졌다고 한다. 뭔가 어색하다. 사람들은 주로 자기한테 유리한 일에서 은혜를 떠올린다. 예수를 믿는 것이 가장 중요한 은혜라는 사실을 부인하지는 않는다. 하지만 그 문제가 해결되었으면 그다음에는 세상 사는 문제가 중요하다. 하나님의 은혜로 이루고 싶은 것이 한두 가지가 아니다. 그런데 왜 하필 고난받는 은혜를 얘기할까? 아파트가 생기는 은혜나 자녀가 원하는 대학에 진학하는 은혜를 받으면 안 될까?

물론 고난을 아무나 받지는 않는다. 내키지는 않지만 은혜가 맞다고 하자. 하나님 은혜로 잘되었으면 좋겠는데 세상만사가 뜻대로 되는 것이 아니니 살다 보면 고난이 있을 수 있다. 그러면 이왕지사 벌어진 일이니 그것을 감수하면서 은혜로 얘기할 수는 있다. 아무리 그래도 예수를 믿는 은혜와 나란히 얘기할 만큼 중요한 은혜는 아니지 않을까?

그러면 따져보자. 낳은 정이 중요할까, 기른 정이 중요할까? 간혹 드라마 소재로 다뤄지기도 한다. 드라마 소재가 된다는 얘기는 그만큼 갈등이 많다는 뜻이다. 명쾌하게 정리가 안 된다.

칭의와 성화는 어떨까? 칭의가 중요할까, 성화가 중요할까? 사실 이런 질문은 말이 되지 않는다. 이스라엘이 가나안에 가기 위한 조건으로 홍해를 건너는 것이 더 중요한지, 광야를 지나는 것이 더 중요한지 묻는 식이기 때문이다. 홍해를 건너지 않은 상태로는 가나안에 갈 수 없고, 광야를 지나지 않으면 홍해를 건넌 의미가 없다. 칭의와 성화는 서로 연결된 개념이다. 따로 떼어서 비교할 수 없다. 예수를 믿는 은혜와 고난을 받는 은혜 역시 그렇다.

루마니아에 조셉 톤이라는 목사가 있었다. 루마니아 공산 독재 정권에 의해서 국외로 추방당했다. 미국 여러 신학교에서 강의를 하며 지내는 중에 동구권이 무너지기 시작했다. 한 기자가 묻는다.

"동구권이 열리고 있습니다. 소감이 어떻습니까?"

"저는 두렵습니다."

"공산 독재가 무너지면 조국으로 돌아갈 수도 있는데 무엇이 두렵습니까?"

"루마니아에는 예수님을 위해 고난받는 것을 은혜로 여기는 성도들이 많습니다. 복음을 위해서 고난을 받고 핍박을 받더라도 그것 때문에 더 예수님을 바라보고 더 열심을 냅니다. 하지만 동구권이 개방되면, 이다음에 조국에 돌아갔을 때 조국의 교회가 주님을 위한 고난을 은혜로 알지 못하는 사람들로 채워질까 봐서 그것이 두렵습니다."

이런 일화가 우리한테 자극을 주기는 한다. "와! 그렇구나. 그게 정말 두려운 일이구나." 하는 생각이 든다. 하지만 우리 현실과는 다르다. 지금은 일제 강점기도 아니고 공산 치하도 아니다. 순교의 각오가 있어도 순교할 재간이 없다. 박해를 하는 사람이 없는데 어떻게 박해를 받는단 말인가? "물은 셀프입니다"라는 식당 안내 문구처럼 "박해는 셀프입니다"라고 해야 하는데, 어떻게 그럴 수 있을까?

예수를 믿으면 구원 얻는다. 하지만 아직 구원이 완성되지는 않았다. 우리는 그리스도의 재림 때 있을 구원의 완성을 바라보는 사람들이다. 그런데 이 세상에는 악이 횡행한다. 하나님의 백성으로 순종하면서 살 때마다 사탄의 방해를 받는다. 결국 그리스도를 믿는 은혜는 그리스도를 위해서 고난받는 은혜로 연결될 수밖에 없다. 신앙의 자유가 없어서 고난을 받는 것이 아니라 이 세상을 거스르며 사는 것 자체가 고난이다. 바람에 나는 겨처럼 살지 않으면 고난은 있게 마련이다. 우리가 바람에 나는 겨가 아닌 것은 정녕 은혜다.

사람들이 "내가 그리스도와 함께 십자가에 못 박혔나니 그런즉 이제는 내가 사는 것이 아니요 오직 내 안에 그리스도께서 사시는 것이라 이제 내가 육체 가운데 사는 것은 나를 사랑하사 나를 위하여 자기 자신을 버리신 하나님의 아들을 믿는 믿음 안에서 사는 것이라"라는 갈 2:20 말씀을 들으면 어떤 생각을 할까? 아주 오래전에 "역시 바울쯤 되니까 그런 말을 하지"라는 생각을 했던 기억이 있다. 성경이 우리 모두한테 주어진 하나님 말씀인 것을 생각하지 못한 탓이다.

"그리스도를 위하여 너희에게 은혜를 주신 것은 다만 그를 믿을 뿐 아니라 또한 그를 위하여 고난도 받게 하려 하심이라"라는 말씀도 그럴 수 있지 않을까? 역시 바울처럼 특별한 사람한테만 해당되는 말씀으로 오해할 수 있다. 어쩌면 빌립보교회 교인들도 "선생님이니까 그렇지, 저희가 어떻게 그렇게 합니까?"라고 생각했을지 모른다.

1:30〉 너희에게도 그와 같은 싸움이 있으니 너희가 내 안에서 본 바요 이제도 내 안에서 듣는 바니라

한때 "아브라함을 본받자"라는 투의 설교를 참 많이 들었던 기억이 있다. 아브라함한테 칭송받을 면모가 있는 것은 사실이다. 하지만 정말로 본받으려고 아브라함을 말하는 것인지, 본받지 않으려고 말하는 것인지 따져봐야 한다. 아브라함을 자꾸 높이면 아브라함이 예외적인 사람이 되기 때문이다. 성경에 아브라함이 나오는 이유가 무엇 때문일까? 아브라함처럼 살라는 뜻일까, 아브라함은 특별한 사람이니까 그럴 엄두를 내지 말라는 뜻일까? 우리한테 아브라함처럼 살아야 하는 책임은 있을지 몰라도 아브라함을 우러를 책임은 없다.

빌립보교회 교인들도 마찬가지다. 그들은 바울을 보면서 감탄만 하면 되는 사람들이 아니다. 예수를 믿기는 마찬가지다. 차이가 있다면 바울은 감옥 안에 있고 빌립보교회 교인들은 감옥 바깥에 있는 것뿐이다. 그래서 바울이 "여러분은 지금 내 안에서 보고 있고 내게서 일어나고 있음을 듣고 있는 것과 똑같은 싸움을 싸우고 있습니다"라고 말한다.

바울이 옥에 갇히자, 로마교회에서는 두 갈래의 움직임이 나타났다. 바울한테 우호적인 사람은 우호적인 대로, 적대적인 사람은 적대적인 대로 복음 전파에 열심을 냈다. 바울은 그것을 놓고 겉치레로 하나 참으로 하나 전파되는 것은 그리스도니 자기는 그것으로 기뻐한다고 했다. 그것이 자기의 구원을 완성시키는 과정이라고 했다. 그래서 빌립보교회 교인들한테도 말한다. 한마음, 한뜻으로 굳게 뭉쳐 대적들을 상대하다 보면 당연히 고난이 따를 텐데, 그것이 결국 자기가 받는 고난과 마찬가지라는 것이다. 그렇게 해서 그들의 구원이 이루어진다. 그들 역시 바울과 같은 싸움을 싸우는 셈이다.

우리한테는 어떤 고난이 있을까? 헬스장에 가면 죄다 자기 근육을 못살게 구는 사람들뿐이다. 그렇게 해야 튼튼해지는 것을 알기 때문이다. 그것과 같은 원리다. 우리는 고난을 회피하지 않는다. 그 고난이 우리를 구원에 이르게 할 것이다. 세상을 살면서 신앙을 지키는 것 자체가 이미 고난이다. 신앙은 고난과 함께 자라는 법이다.

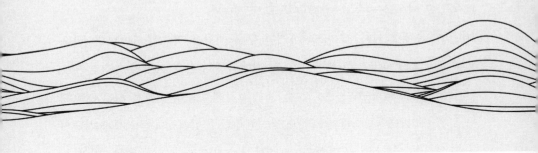

2장 바울의 기대

2:1〉 그러므로 그리스도 안에 무슨 권면이나 사랑의 무슨 위로나 성령의 무
슨 교제나 긍휼이나 자비가 있거든

　중학교 영어 시간에 가정법을 배웠다. 이를테면 "If I were a bird, I could fly
to you." 같은 문장이다. 성경에 나오는 문장으로 예를 들면 "If you are the
Son of God, tell these stones to become bread."라고 할 수 있다. 마귀가 예
수님을 시험하면서 한 말이다.
　마귀가 세례 요한을 시험했으면 뭐라고 했을까? 헬라어 가정법은 특이하
다. 하나님의 아들한테 "네가 만일 하나님의 아들이어든…"이라고 하는 것과
하나님의 아들이 아닌데 "네가 만일 하나님의 아들이어든…"이라고 하는 것
이 다르다. 우리말이나 영어로는 마귀가 예수님이 하나님의 아들인 것을 알
았는지 몰랐는지 나타나지 않지만 헬라어로는 나타난다. 이런 헬라어의 특

성을 감안하면 "네가 만일 하나님의 아들이어든…"보다 "너는 하나님의 아들이니까…"라고 하는 것이 더 정확한 번역이다.

본문도 그렇다. "그러므로 그리스도 안에 무슨 권면이나 사랑의 무슨 위로나 성령의 무슨 교제나 긍휼이나 자비가 있거든"이라는 말에 "전 모릅니다. 그런 것 없습니다."라고 할 수는 없다. 있는 것을 전제로 하기 때문이다. "…있거든"이라고 하는 것보다 "…있기 때문에"라고 하는 것이 어떨까 싶다. "여러분은 그리스도 안에서 권면을 받고 있습니다. 사랑의 위로도 받고 있고 성령의 교제도 나누고 있습니다. 긍휼과 자비도 받았습니다. 그래서 당부 드립니다."라는 뜻이다.

그리스도 안에서의 권면이나 사랑의 위로, 성령의 교제, 긍휼과 자비가 구체적으로 어떤 내용인지 일일이 구별하는 것은 가능하지도 않고 필요하지도 않다. 이를 테면 "여러분은 새 신자가 아닙니다. 지금까지 신앙생활을 한 짬밥이 있고 그동안 교회에서 배운 것이 있습니다. 여러분 스스로 아시지 않습니까?"라고 하는 셈이다. 즉 빌립보교회 교인들의 신앙 연륜에 근거해서 몇 가지 당부를 할 참이다.

2:2-4〉 마음을 같이하여 같은 사랑을 가지고 뜻을 합하며 한마음을 품어 아무 일에든지 다툼이나 허영으로 하지 말고 오직 겸손한 마음으로 각각 자기보다 남을 낫게 여기고 각각 자기 일을 돌볼뿐더러 또한 각각 다른 사람들의 일을 돌보아 나의 기쁨을 충만하게 하라

바울이 당부하는 내용은 세 가지다. 우선 마음을 같이하여 같은 사랑을 가지고 뜻을 합하며 한마음을 품으라고 한다. 아무 일에든지 다툼이나 허영으로 하지 말고 오직 겸손한 마음으로 각각 자기보다 남을 낫게 여기라고 한다. 각각 자기 일을 돌볼뿐더러 또한 각각 다른 사람들의 일을 돌보라고 한다. 그렇게 해서 결론은 자기의 기쁨을 충만하게 해달라는 것이다.

어떤 교회에서 목사가 이런 말을 하면 어떻게 될까? "여러분이 신앙생활을 잘하면 제가 기뻐합니다. 아무쪼록 신앙생활 잘해서 저를 기쁘게 해주십시오. 그게 여러분의 본분입니다."라고 하면 이단 소리를 들을 게 뻔하다. 신앙생활을 잘해야 하는 것을 누가 모를까? 할 수만 있으면 지금보다 더 잘해야 한다. 교인들이 신앙생활을 잘하는 것을 목사가 기뻐하기도 한다. 사실 목사한테는 다른 기쁨이 없다. 그렇다고 해서 목사의 기쁨을 위해서 신앙생활을 할 수는 없지 않은가? 그런데 바울이 그렇게 말하고 있다. "여러분은 신앙적인 판단을 할 수 있는 사람들입니다. 그러니 나를 기쁘게 해주십시오. 나를 기쁘게 하려면 이런 것, 저런 것에 신경 써야 합니다."라고 하는 것이 본문의 내용이다.

우리말에는 어순이 중요하다. "나는 학교에 간다"처럼 주어가 가장 먼저 나오고, 그다음에 목적어, 그다음에 동사가 나온다. 히브리어나 헬라어는 그렇지 않다. 강조하고 싶은 말을 앞에 쓴다. 학교에 가는 사람이 누구인지 강조하고 싶으면 '나'를 제일 앞에 쓰고, 가는 곳이 어디인지 강조하고 싶으면 '학교'를 제일 앞에 쓰고, 동작을 강조하고 싶으면 '간다'를 제일 앞에 쓴다.

1-4절은 문장 하나로 되어 있다. 상당히 긴 문장인데 주절이 "나의 기쁨을 충만하게 하라"이다. 우리가 보는 성경에는 문장 제일 끝에 나오지만 원문에는 2절 첫머리에 나온다. 바울은 1절에서 빌립보교회 교인들한테 그리스도 안에서의 권면, 사랑의 위로, 성령의 교제, 긍휼과 자비가 있는 것을 상기시켰다. 그러고는 이어서 "나의 기쁨을 충만하게 하라"라고 했다. "여러분은 보

통 사람이 아닙니다. 적어도 이 정도는 되는 사람입니다. 그러니 나의 기쁨을 충만하게 하십시오."라고 요구한 것이다. 그리고 이어서 그렇게 하기 위해서 무엇을 해야 하는지 말한다. 요컨대 바울의 기쁨을 충만하게 해야 한다는 것이 본문의 핵심이다.

이런 말이 어떻게 가능할까? 앞에서 바울이 "내가 예수 그리스도의 심장으로 너희 무리를 얼마나 사모하는지 하나님이 내 증인이시니라"라고 했다. 자기와 예수님을 동일시한 것이다. "내가 너희 무리를 위하여 이와 같이 생각하는 것이 마땅하니 이는 너희가 내 마음에 있음이며…"라고 해서, 자기와 빌립보교회 교인들을 동일시하기도 했다. 즉 바울의 기쁨은 바울 혼자의 기쁨이 아니다. 주님의 기쁨이고 교회의 기쁨이다.

예전에 목사한테 잘하는 것이 하나님께 잘하는 것이라는 말을 종종 듣곤 했다. 들을 때마다 참 의아했다. 목사한테 잘하는 것이 곧 하나님께 잘하는 것이라는 보장이 있을까? 명절 때 목사한테 선물을 할 수 있다. 호텔 뷔페에서 식사를 대접할 수도 있다. 그러면 하나님이 기뻐하실까? 목사한테 그렇게 극진한 것처럼 목사가 전하는 설교 말씀에 철저하게 순종하면 그럴 수 있다. 하지만 단지 대접만 하고 끝난다면 그것은 목사한테 잘한 것이지, 하나님께 잘하는 것은 아니다.

게다가 목사를 자기보다 하나님과 더 가까운 사람으로 생각한다면 더욱 곤란하다. 구약시대에는 제사장이 있었다. 아무나 하나님께 나아가지 못하고 제사장을 통해야 했다. 하지만 지금은 제사장이 없다. 아니, 예수를 믿는 사람이라면 누구나 제사장이다. 자기가 하나님께 직접 아뢸 수 있다. 목사라고 해서 하나님과 더 가까운 사이가 아니다. 하나님 앞에는 모두가 똑같다. 목사한테 잘하는 것이라고 해서 그것이 하나님께 잘하는 것으로 인정될 이유가 없다. 목사를 대접하는 것보다 오히려 굶주린 사람을 대접하는 것이 더 하나님께 잘하는 일로 인정될 것이다.

바울이 당부한 내용은 첫째로 마음을 같이하여 같은 사랑을 가지고 뜻을 합하며 한마음을 품으라는 것이다. 괜히 말을 복잡하게 하는 것 같다. 전부 같은 마음을 가지라고 하든지, 전부 한마음이 되라고 하면 될 것 같은데 비슷한 말을 반복한다. 마음을 같이하는 것이 그만큼 중요하다는 뜻이다. 그럴 수밖에 없다. 4:2에 유오디아, 순두게한테 같은 마음을 품으라고 권면하는 내용이 나온다. 빌립보교회에 불화가 있었던 것이다.

감자탕교회로 유명한 서울광염교회 조현삼 목사 이야기다. 교회 간판은 잘 안 보이고 감자탕 집 간판이 한눈에 들어오기 때문에 감자탕교회라는 별명이 붙었다. 교회 초창기에 교인들이 그렇게 싸우더란다. 왜 싸우는지 물었더니 잘해보려고 싸운다는 것이었다. 교인 한 분이 "목사님, 신경 쓰실 것 없습니다. 이게 다 잘해보려고 이러는 것 아니겠습니까?"라고 했다. 아닌 게 아니라 그렇다. 잘못하자고 싸우는 사람은 없다. 다 잘하려고 싸우는 것이다. 그래서 결론을 내렸다. "우리 잘하지 맙시다. 잘하려고 싸울 거면 차라리 잘하지 말고 싸우지 않는 게 더 낫지 않겠습니까?" 싸우는 이유는 중요하지 않다. 누구 책임인지도 중요하지 않다. 싸운다는 사실만으로 이미 잘못이다.

빌립보교회 교인들한테 마음을 같이하여 같은 사랑을 가지고 뜻을 합하며 한마음을 품으라고 하는 이유가 여기에 있다. 그런데 이게 왜 안 되는가 하면, 자기 입장이 신앙으로 포장되기 때문이다. 싸우지 않는 것이 신앙인 줄 모르고 오히려 자기 고집을 관철하는 것이 신앙인 줄 안다. 자기 뜻을 굽히는 것을 마치 주님의 뜻이 왜곡되는 것인 양 생각한다.

그래서 아무 일에든지 다툼이나 허영으로 하지 말고 오직 겸손한 마음으로 각각 자기보다 남을 낮게 여기라는 말로 이어진다. '아무 일'이 어떤 일일까? 구체적으로 알지는 못하지만 어쨌든 빌립보교회 교인들한테 하는 말이다. 직장 생활할 때 주의할 점이나 장사할 때 주의할 점을 말하는 것이 아니라 교회 생활할 때 주의할 점을 말하는 중이다. 요즘 상황이면 교회학교 교사나 찬양대로 봉사할 때, 여전도회 활동이나 구역 모임 할 때 다툼이나 허영으로 하지 말고 오직 겸손한 마음으로 자기보다 남을 낮게 여기라는 것이다. 꼭 자기가 잘나야 하나님께서 기뻐하시는 것이 아니다. 그것은 자기 욕심일 뿐이다.

아나니아, 삽비라가 죽었다. 땅을 판 돈 일부를 감추고 헌금했다가 죽었는데 뭔가 이상하다. 그때 아나니아, 삽비라가 땅 값을 얼마나 감췄을까? 요즘처럼 익명성이 보장된 사회가 아니기 때문에 많이 감추지는 못했을 것이다. 아나니아, 삽비라가 판 땅이 몇 평이고, 평당 얼마인지 주변 사람들이 다 안다. 땅 판 돈이 1억이면서 9,000만 원을 감추는 것은 어림도 없다. 2,000만 원이나 3,000만 원 정도 감추고 7,000만원이나 8,000만 원 정도 헌금했을 것이다. 그러면 칭찬받을 일 아닐까? 그런데 죽었다.

아나니아, 삽비라가 땅을 판 얘기 바로 앞에 바나바가 밭을 팔아서 헌납한 얘기가 나온다. 바나바의 헌신은 모든 물건을 유무상통하던 초대교회 재정에 상당한 도움이 되었을 것이다. 사람들이 다 바나바를 칭송했을 것이다. 아나니아, 삽비라가 그것을 부러워한 것이다. 그런데 막상 헌금을 하려니 슬그머니 아깝다는 생각이 들었다. 사람들한테 인정받고 싶은 마음에 땅을 팔았으니 그럴 수밖에 없다. 땅 값 일부를 감춰도 사람들한테 칭송받기는 충분하다. 그것이 하나님의 진노를 샀다. 헌금 떼먹어서 죽은 게 아니고 사람들한테서 얻어지는 영광을 탐하다가 죽었다. 세상에서 말하는 허영은 실속 없는 겉치레지만 성경에서 말하는 허영(虛榮)은 헛된 영광이다. 아나니아, 삽비라 마음속에 가득한 것이 허영이었다. 어쩌면 바나바를 상대로 경쟁심을 가졌는지도 모른다. 아무 일에든지 다툼이나 허영으로 하지 말라는 말씀에 그대로 걸린다.

오직 겸손한 마음으로 각각 자기보다 남을 낮게 여기라는 말은 어떨까? 지금은 겸손이 상당한 미덕이다. 겸손해야 한다는 얘기에 반발할 사람은 없다.

당시는 그렇지 않았다. 그리스, 로마 시대의 겸손은 굴종과 다를 바 없었다. 자기를 높일 수 있는 근거가 아무것도 없는 사람이 자연스럽게 갖는 속성이 겸손이었다. "로마제국의 복음"이라는 관점에서 보면 더욱 그렇다. 힘이 있으면 그 힘을 써야 한다. 높은 사람이 낮은 사람과 어울리는 것은 부끄러운 일이다. 다른 사람은 정복 대상이지, 존중 대상이 아니다.

그처럼 모두가 자기보다 남을 낮게 여기는 세태에서 겸손을 얘기한다. 오직 겸손한 마음으로 자기보다 남을 낮게 여기라는 것이다. 이런 일이 어떻게 가능할까?

예수님이 이 땅에 오신 원동력이 무엇일까? 우리보다 예수님 자신이 더 중요했으면 오실 이유가 없었다. 예수님께는 예수님보다 우리가 더 중요했다. 바울도 마찬가지다. 자신만 생각하면 세상을 떠나서 그리스도와 함께 있는 것이 좋다. 하지만 빌립보교회 교인들을 생각하면 그들과 함께 있는 것이 좋다. 자기보다 남을 낮게 여기는 것이 로마제국의 복음이라면 자기보다 남을 낮게 여기는 것이 그리스도의 복음이다.

이런 얘기에는 부작용이 따를 수 있다. 게으름을 합리화할 수 있기 때문이다. "꼭 내가 해야 하는 것은 아니잖아?"라는 말을 할 여지가 생긴다. 다른 사람의 열심 뒤에 숨는 것이다. 그래서 각각 자기 일을 돌볼뿐더러 또한 각각 다른 사람들의 일을 돌보라는 당부가 나온다.

아하스에 이어서 히스기야가 남 왕국 유다 왕이 되었다. 아하스는 우상 숭배에 빠졌던 왕이다. 그의 치세에는 나라가 온통 엉망이었다. 그런 나라를 물려받은 히스기야가 종교 개혁에 착수한다. 산당을 제하고 우상을 깨뜨리고 아세라 목상을 부쉈다. 유월절도 성대하게 지켰다. 유월절은 하나님의 은혜로 구원 얻은 것을 기념하는 절기다. 자기들이 구원 얻은 하나님의 백성이라는 사실을 다시금 마음에 새긴 것이다.

비단 남 왕국 유다의 행사로 끝나지 않았다. 북 왕국 이스라엘에도 보발꾼을 보내서 유월절 참여를 호소했다. 당시 북 왕국은 앗수르한테 망한 상태였다. 망국의 유민들한테 유월절 초청장을 보낸 것이다. 북 왕국이 망하지 않았으면 그럴 필요가 없었을 수 있다. 하지만 북 왕국이 없어졌으니 얘기가 다르다. 기꺼이 그 짐을 떠안았다.

중학생 때 체육 시간이면 으레 축구를 하곤 했다. 축구를 할 때마다 들었던 질문이 있다. "너, 어느 팀이냐?" 내가 축구를 하는 모습으로는 어느 팀인지 분간이 안 되었던 모양이다.

나는 운동을 참 못했다. 운동 신경이 없다 못해서 아예 퇴화했다. 족구를 해서 내가 속한 팀이 이겨본 적이 거의 없다. 지금까지 살면서 딱 두 번 이겼다. 족구를 하게 되면 나는 공이 가장 안 오는 자리에 마냥 서 있기만 한다. 바로 옆에 오는 공도 다른 사람이 받는다. 나와 같은 팀인 사람들은 그만큼 많이 뛰어야 한다. "내 앞에 오는 공은 내가 맡을 테니 네 앞에 오는 공은 네가 맡아라"라고 하면, 족구는 이미 진 것이다.

자기 일을 돌볼뿐더러 또한 각각 다른 사람들의 일을 돌본다는 얘기가 바로 그렇다. "나는 내 할 일 다 했다. 더 이상은 내 책임 아니다."라는 말은 우리가 할 수 있는 말이 아니다. 자기 앞가림을 다 했으면 그다음에는 스스로 앞가림을 못하는 사람을 도울 차례다. 교회는 누가 잘났는지 따지는 곳이 아니기 때문이다. 교회는 많이 거둔 자도 남음이 없고 적게 거둔 자도 모자람이 없는 곳이어야 한다.

그렇게 해서 "나의 기쁨을 충만하게 하라"라는 결론을 말한다. 물론 바울 개인의 기쁨이 아니라 주님의 기쁨이고 교회의 기쁨이다.

부교역자 시절, 청년 예배 때마다 먼저 30분 정도 찬양을 하고 성경 공부를 했다. 찬양 인도자의 기타 반주에 맞춰서 "나 주님의 기쁨 되기 원하네"를 찬양하는 중이었다. 문 열리는 소리가 들리더니 한 청년이 그 찬양을 따라 부르며 들어왔다. 쓴웃음이 절로 나왔다. 정말로 주님의 기쁨이 되기를 원한다면 최소한 지각은 하지 말아야 하는 것 아닐까?

빌립보교회 교인들이 그 찬양을 부른다면 바울이 뭐라고 할까? "정말로 주님의 기쁨이 되기를 원하느냐? 그러면 마음을 같이 해서 아무 일에든지 다툼이나 허영으로 하지 말고 겸손한 마음으로 자기보다 남을 낫게 여기고, 또 각각 자기 일을 돌볼뿐더러 각각 다른 사람들의 일을 돌보아야 한다."라고 할 것이다. 빌립보교회 교인들이 그 말에 동의한다면 그들한테 그리스도 안에 무슨 권면이나 사랑의 무슨 위로나 성령의 무슨 교제나 긍휼이나 자비가 있기 때문이다.

알기 쉬운 말로 바꿔보자. 우리가 정말로 하나님의 영광을 사모할까? 우리를 통해서 주님께서 기뻐하시기를 원할까? 비결은 간단하다. 각자 받은바 은혜에 합당하게 행하면 된다. 어떻게 하면 되는가 하면, 마음을 같이 하되 자기가 잘나려고도 하지 말고 뺄질거리지도 않으면 된다. 그러면 주님께서 우리를 통해서 기뻐하신다. 우리는 주님의 기쁨, 그 한 가지를 위해 사는 사람들이다.

2:5〉 너희 안에 이 마음을 품으라 곧 그리스도 예수의 마음이니

개척 초기의 일이다. 예배 후에 교인 한 분이 말했다. 아마 그날 내 설교가 좀 강하게 들렸던 모양이다.

"목사님 말씀은 저희한테 성인군자가 되라는 거잖아요. 말도 안 돼요."

"아뇨, 성인군자는 될 필요 없고 그냥 신자만 되면 되죠."

성인군자는 흠만 없으면 된다. 자기 의가 중요하다. 하지만 신자는 그것으로 모자라다. 자기가 의로운 것은 물론이고 다른 사람도 의롭게 만들어야 한다. 그분은 무슨 수로 성인군자가 되느냐고 푸념했는데 나는 한 술 더 떠서 우리 목표는 그 정도가 아니라고 답한 것이다.

앞에서 바울이 빌립보교회 교인들한테 자기의 기쁨, 즉 주님의 기쁨을 충만하게 하라고 했다. 어떻게 하면 되는가 하면, 모두가 한마음을 품어 아무 일에든지 다툼이나 허영으로 하지 말고 오직 겸손한 마음으로 각각 자기보다 남을 낫게 여기고 각각 자기 일을 돌볼뿐더러 또한 각각 다른 사람들의 일을 돌보면 된다.

이 말을 들은 빌립보교회 교인들이 어떤 반응을 보였을까? "아멘, 걱정 마십시오. 당연히 그래야죠."라고 했을까? 빌립보교회에는 유오디아와 순두게의 불화가 있었다. 그런 경우, 둘의 문제로 끝나지 않는다. 여러 교인이 얽히게 마련이다. 물론 어떻게 해서라도 둘 사이를 중재하려는 교인도 있을 수 있다. 하지만 어느 한 사람 편에 서서 다른 사람 편에 날을 세우는 사람도 있었을 것이다.

그런 빌립보교회 교인들한테 같은 마음을 품으라는 것이 말이 될까? 아무 일에든지 다툼이나 허영으로 하지 말고 오직 겸손한 마음으로 각각 자기보다 남을 낫게 여기는 게 가능할까? 각각 자기 일을 돌볼뿐더러 또한 각각 다른 사람들의 일을 돌보라는 말은 어떤가? "저희한테 성인군자가 되라는 말씀입니까?"라는 항변이 나올 만하다. 그런데 바울은 한 술 더 뜬다. "너희 안에 이 마음을 품으라 곧 그리스도 예수의 마음이니"라고 못을 박는다.

예수님이 우리 대신 죽으셨다. 우리 중에 이 사실을 모르는 사람은 없다. 그런데 자꾸 까먹는 사실이 있다. 그 예수님이 우리가 살아야 할 삶을 살기도 하셨다는 사실이다. 예수님은 우리의 구원자일 뿐만 아니라 우리가 어떻게 살아야 하는지 보여주는 모델이다. 빌립보교회 교인들은 같은 마음을 품어서 겸손하게 자기보다 남을 낫게 여기고, 자기 일을 돌볼 뿐만 아니라 다른 사람들의 일까지 돌보면 그것으로 다 되는 사람들이 아니다. 그들이 궁극적으로 가져야 할 마음은 그리스도 예수의 마음이다.

예수님은 하나님과 동등하신 분이다. 하나님의 영광을 누릴 수 있다. 그런데도 그 영광을 누리는 대신 십자가를 지셨다. 하나님께서는 그런 예수님을 지극히 높여 온 세상의 주가 되게 하셨다. 빌립보교회 교인들한테 그런 예수님의 마음을 가지라는 것이다.

예전에 "목사가 먼저 말씀대로 살아야 하는 것 아닙니까?"라는 말을 들은 적이 있다. 맞는 말일 수도 있고 틀린 말일 수도 있다. 목사들끼리 있는 자리에서 목사가 하면 맞는 말이다. 목사 노릇을 제대로 하자고 책임을 인정하는 말이기 때문이다. 하지만 교인이 하면 틀린 말이다. 말씀대로 살아야 하는 책임은 목사가 먼저 말씀대로 살아야 성립하는 것이 아니기 때문이다. 목사가 말씀대로 살지 않아도 교인은 말씀대로 살아야 한다. 말씀대로 살지 않은 목사는 나중에 하나님께서 심판하실 것이다. 말씀대로 살지 않은 교인도 마찬가지다. "비록 말씀대로 살지는 않았지만 목사도 말씀대로 살지 않았으니 그냥 넘어간다"라고 하는 법은 없다.

무엇보다 교인의 신앙 목표는 목사가 아니다. 교인은 목사의 마음을 품으면 되는 사람이 아니라 그리스도 예수의 마음을 품어야 하는 사람이다. 설령 목사가 목사답지 않아도 교인은 교인다워야 한다. 하나님이 늘 하나님다우시기 때문이다. 교인이 믿는 대상은 목사가 아니라 예수님이다.

2:6-8) 그는 근본 하나님의 본체시나 하나님과 동등됨을 취할 것으로 여기지 아니하시고 오히려 자기를 비워 종의 형체를 가지사 사람들과 같이 되셨고 사람의 모양으로 나타나사 자기를 낮추시고 죽기까지 복종하셨으니 곧 십자가에 죽으심이라

예수님은 근본 하나님의 본체시다. 하지만 하나님과 동등됨을 취할 것으로 여기지 않으셨다. '취하다'는 '하르파그모스'를 번역한 말인데 마음만 먹으면 얻을 수 있는 상황을 말한다. 전쟁이 끝났을 때 패전국은 승전국의 처분에 따르게 된다. 승전국은 패전국의 모든 것을 마음대로 할 수 있다. 그런 것이 하르파그모스다. 마음대로 빼앗을 수 있는 정도가 아니라 이미 자기 것이다. 예수님은 마음만 먹으면 하나님의 지위, 권세, 영광을 얼마든지 누릴 수 있었다. 손만 뻗으면 된다. 그런데 그렇게 하지 않으셨다.

정반대의 행보를 보인 사람이 있다. 바로 아담이다. 아담은 하나님의 형상으로 지음받았을 뿐, 하나님의 본체는 아니다. 그런데 하나님처럼 되려고 했다. 손을 내밀어 하와가 주는 선악과를 먹었다. 그렇게 해서 하나님처럼 된 것은 고사하고 오히려 죄의 종으로 전락하고 말았다. 자기한테 부여된 하나님의 형상마저 잃어버렸다.

이런 아담의 실패를 치유하기 위해서 예수님이 두 번째 아담으로 오셨다. 예수님은 하나님과 동등됨을 취할 것으로 여기지 않으시고 오히려 종의 형체를 가졌다. 관주성경에 '본체'에 1)이 있고 관주에 '또는 형체'라는 설명이 있다. '형체'에는 3)이 있다. 관주에는 '또는 본체'라고 되어 있다. 본체가 형체이고 형체가 본체이다. 둘 다 같은 말(모르페)을 번역한 것이다. 예수님은 하나님의 모르페이면서 또한 종의 모르페를 가졌다. 영어로 얘기하면 패션인데 요즘 패션과 다르다. 패션은 본래 정당한 자격을 가진 사람이 거기에 맞는 복장을 한 것을 말한다. 그런데 언제부터인지 '정당한 자격'은 안 따지고 '복장'으로만 패션을 얘기한다.

이를테면 어떤 사람이 신학 수업을 받고 목사 안수를 받아서 목사 가운을 입은 것이 목사의 패션이다. 배우가 연기를 위해서 목사 가운을 입은 것은 패션이 아니다. 패션, 즉 모르페라는 말을 쓸 수 있으려면 겉으로 보이는 모양만이 아니라 존재하는 모든 양식이 거기에 부합해야 한다. 예수님께서 종의 형체를 가졌다는 얘기가 바로 그렇다. 종의 모양을 잠시 빌린 것이 아니라 철두철미하게 종으로 이 세상에 오셨다. 마찬가지다. 예수님은 일시적으로 하나님의 형상을 취하신 것이 아니다. 모든 면에서 하나님과 똑같은 진정한 하나님이다. 그런 예수님이 십자가에 달려 죽기까지 복종하셨다.

가는 말이 고와야 오는 말이 곱다고 한다. 지금까지 이 말이 제대로 쓰이는 경우를 거의 못 본 것 같다. 가는 말은 자기 입에서 나가는 말이고 오는 말은 자기 귀로 들어오는 말이다. 즉 자기가 말을 곱게 해야 고운 말을 들을 수 있다는 뜻이다. 그런데 주로 상대방 책임을 물을 때 이 말을 쓴다. "가는 말이

고와야 오는 말이 곱다고 했어, 이 양반아!" 하고, 언성을 높인다. 자기가 말을 거칠게 하는 것은 자기 책임이 아니라는 뜻이다. 그러면 오는 말이 고와야 가는 말이 곱다고 해야 하는데, 그런 말은 없다.

입장을 바꿔서 생각한다는 말은 어떨까? 입장을 바꿔서 생각하는 것은 참 바람직한 일이다. 그만큼 다른 사람을 이해하고 헤아리는 것이다. 그런데 이 말도 그렇다. 상대방을 이해하기 위해서 입장을 바꿔서 생각하는 것이 아니라 자기를 이해해달라는 뜻으로 입장을 바꿔서 생각해보라고 한다. "입장 바꿔서 생각해봐. 당신 같으면 안 그러겠어?"라는 식인데, 상당히 고약한 발상이다. "나도 꼭 내가 옳다는 것은 아니다. 하지만 이런 경우에 안 그럴 사람이 어디 있느냐?"라는 뜻이기 때문이다. 우리의 판단 기준이 언제부터 다른 사람이 되었을까?

우리의 판단 기준은 예수님이다. 굳이 입장을 바꿔서 생각하고 싶으면 예수님과 입장을 바꿔서 생각해야 한다. 예수님이라면 어떻게 했을까? 예수님은 우리 입장이 되어 보셨다. 근본 하나님의 모르페시지만 종의 모르페를 가져서 사람들과 같이 되었다. 자기를 낮추시고 죽기까지 복종했다. 이제는 우리가 예수님 입장이 되어볼 차례다.

C. T. 스터드라는 사람이 있다. 영국 캠브리지 트리니티 대학에 수석으로 입학한 수재다. 운동도 잘했다. 대학 3학년 때는 영국에서 가장 위대한 크리켓 선수라는 극찬을 받으며 10대의 우상이 되었다. 우리한테는 생소하지만 영국이나 영연방 국가에서 크리켓은 상당히 인기 있는 운동이다. 공부도 잘하고 운동도 잘하니 요즘 말로 전형적인 '엄친아'다. 집도 상당한 갑부였다. 그런 그가 선교사로 나설 뜻을 밝히자, 주변에서 다 만류했다. 그렇게까지 헌신할 필요가 있느냐는 것이었다. 스터드가 답했다. "만일 예수 그리스도

가 하나님이시고 나를 위해 죽으신 것이 정말이라면 내가 그분을 위해서 무엇을 하든지 지나친 헌신이 될 수 없습니다."

어쩌면 스터드가 그리스도 예수의 마음을 품었던 것도 같다. 혹시 빌립보 교회 교인들이 "우리가 왜 그리스도 예수의 마음을 품어야 합니까?"라고 묻는다면 "하나님께서 스터드를 어떻게 했을 것 같으냐?"가 답이 될 것이다. "안 봤는데 어떻게 압니까?"라고 하면 안 된다. 예수님이 어떻게 되었을까? 아니, 근본 하나님의 본체이시면서도 종의 형체를 가져 죽기까지 복종한 예수님을 하나님께서 어떻게 하셨을까?

2:9-11〉 이러므로 하나님이 그를 지극히 높여 모든 이름 위에 뛰어난 이름을 주사 하늘에 있는 자들과 땅에 있는 자들과 땅 아래에 있는 자들로 모든 무릎을 예수의 이름에 꿇게 하시고 모든 입으로 예수 그리스도를 주라 시인하여 하나님 아버지께 영광을 돌리게 하셨느니라

주는 '퀴리오스'를 번역한 말이다. 〈70인역〉에서는 여호와를 '퀴리오스'로 번역했다. 예수 그리스도를 주로 시인했다는 얘기는 예수님을 하나님으로 고백했다는 뜻이다.

예수님을 하나님으로 고백하는 것이 어떻게 해서 하나님 아버지께 영광 돌리는 것이 될까? 예수님이 종의 형체를 가지지 않았으면 어떻게 되었을지 생각해 보면 된다.

예수님은 근본 하나님의 본체시다. 인간의 몸을 입고 내려와서 십자가에 달려야 하는 책임 같은 것은 있지도 않았다. 영원 전부터 누리던 하나님의 영광과 권세와 위엄을 마냥 누리실 수 있었다. 그러면 이 세상은 아담으로 말미암은 죄에서 헤어나지 못하게 된다. 아무도 하나님을 모른다. 모든 피조물이 영원한 저주 아래 시달려야 한다.

예수님의 십자가 사역으로 그것이 해결되었다. 사람이 치러야 할 모든 죗값을 홀로 치르셨다. 하나님께서 그런 예수님을 지극히 높이셨다. 모든 피조물로 하여금 예수의 이름에 무릎 꿇게 하시고 모든 입으로 예수 그리스도를 퀴리오스로 시인하여 하나님 아버지께 영광을 돌리게 하셨다.

주기도문 중에 "아버지의 이름을 거룩하게 하시며"가 있다. 우리가 무엇을 어떻게 하면 하나님의 이름이 거룩하게 될까? 하나님은 이미 완벽하게 거룩하신 분이다. 우리가 더 거룩하게 할 수도 없고 덜 거룩하게 할 수도 없다. 태평양에서 물 한 컵 덜어내면 어떻고 물 한 컵 보태면 어떤가? 무한대에 1을 더하거나 1을 빼거나 어차피 무한대다. 결국 하나님의 거룩은 하나님이 얼마나 거룩하게 되느냐의 문제가 아니라 우리가 하나님의 거룩을 얼마나 드러내느냐의 문제다.

TV에서 서로 다른 어머니를 본 적이 있다. 올림픽에서 금메달을 딴 선수의 어머니, 수학능력시험 전국 수석을 차지한 학생의 어머니, 사법고시에 합격한 아들의 어머니… 이들 얼굴에는 다 기쁨과 자랑이 있었다. 반대의 경우도 있다. 군 복무를 하다가 부대를 뛰쳐나온 탈영병의 어머니, 인질범 아들을 설득하기 위해서 달려온 어머니, 자식의 사고 소식을 듣고 달려와 망연자실한 어머니… 이들 얼굴은 한결같이 초췌했다. 전자의 어머니가 더 인격이 뛰어난 것도 아니고 후자의 어머니가 교양이 부족한 것도 아니다. 그런데 두 어머니가 판이하게 달라 보였다. 우리가 세상을 어떻게 사느냐에 따라서 하나님의 이름이 거룩하게 되기도 하고 손상받기도 한다.

하나님께 영광 돌리는 것이 그렇다. 하나님의 영광은 완벽하다. 더 이상 영광스러울 여지도 없고 다른 것에 의해 침해받지도 않는다. 예전에 어떤 만화에서 본 장면이 기억난다. 무엇인가를 측량하는 천사가 있다. 마치 거대한 산의 둘레를 재는 것 같았다. 천사가 얘기한다. "3,872만 년째 하나님의 영광을 측량하고 있는데 도무지 끝이 없구나!" 오래 된 내용이어서 숫자를 정확하게 기억하지는 못하지만 내용은 그렇다. 3,872만 년이라는 숫자도 내가 임의로 넣었다. 하여간 하나님의 영광이 무한하다는 사실을 그렇게 묘사했다. 아무리 측량하고 측량하고 또 측량해도 측량이 안 된다고 했다.

그런데 교회에서 걸핏하면 하나님께 영광 돌린다는 말을 한다. 하나님을 지금보다 더 영광스럽게 한다는 뜻이 아니다. 우리가 하나님의 영광을 더 알게 된다는 뜻이다. 하나님이 어떤 분인지 알면 아는 만큼 하나님의 영광이 드러난다.

예수님이 바로 그 일을 하셨다. 하나님이 어느 만큼 복종할 만한 분인지 직접 시범을 보이셨다. 근본 하나님의 본체이면서도 종의 형체를 가져 사람들과 같이 되셨다. 그냥 사람들과 같이 되기만 한 것이 아니라 죽기까지 복종하셨다. 우리가 다 아는 것처럼 십자가에 달려서 죽었다. 하나님은 그런 예수님을 높이는 것으로 예수님이 옳다는 사실을 선포하셨다.

사도 요한이 소아시아 일곱 교회에 편지를 쓰면서 서머나교회에 죽도록 충성하라는 말씀을 했다. 계 2:10b에 "네가 죽도록 충성하라 그리하면 내가 생명의 관을 네게 주리라"라고 되어 있다. 임직식 때 단골로 인용되는 구절이다. 전에 어떤 분이 물었다. "죽도록 충성하다가 정말로 죽으면 어떻게 합니까?"

어떻게 하기는 뭘 어떻게 할까? 죽도록 충성하라고 말씀하신 분이 하나님이다. 죽도록 충성하다가 정말로 죽으면 하나님께서 책임지실 것이다. 책임지지 못하면 하나님 자격이 없다. 우리가 믿는 하나님은 그렇게 시시한 분이 아니다. 우리는 "죽도록 충성하다가 정말로 죽으면 어떻게 하나?"를 고민할 게 아니라 "죽도록 충성하지 못하면 어떻게 하나?"를 고민해야 한다.

빌립보교회 교인들로 바꿔볼까? "우리가 무슨 수로 그리스도 예수의 마음을 가지란 말인가?" 같은 고민은 하는 게 아니다. "그리스도 예수의 마음을 못 가지면 어떻게 하지?"를 고민해야 한다.

하나님은 죽기까지 복종한 예수님을 지극히 높이셨다. 모든 입으로 예수 그리스도를 주라 시인하여 하나님 아버지께 영광을 돌리게 하셨다. 그러면 빌립보교회 교인들 차례다. 그들이 그리스도 예수의 마음을 가져서 죽기까지 복종하면 하나님은 그들을 하나님의 아들로 높여주실 것이다. 그들을 보는 사람마다 하나님 아버지께 영광 돌릴 것이다.

빌립보교회 교인들로 끝나는 얘기가 아니다. 성경이 우리한테 하는 얘기다. 우리한테는 그리스도 예수의 마음이 있을까? 자기를 철저히 내려놓고 하나님께 온전히 복종하는 것이 그리스도 예수의 마음이다. 설령 그 자리가 죽는 자리라고 해도 달라지는 것이 없다. 과연 그런 마음으로 살고 있을까? 하나님의 영광을 위한다고 말만 하는 것은 무효다. 그리스도 예수의 마음이 있어야 한다. 하나님이 그런 사람을 통해서 영광받으신다. 하나님께 영광 돌리는 것, 그것이 우리의 존재 이유이고 삶의 목표다.

2:12〉 그러므로 나의 사랑하는 자들아 너희가 나 있을 때뿐 아니라 더욱 지금 나 없을 때에도 항상 복종하여 두렵고 떨림으로 너희 구원을 이루라

방금 그리스도 예수의 마음을 가지라고 했다. 자기의 당연한 권리를 주장하지 않고 죽기까지 복종한 것이 그리스도 예수의 마음이다. 하나님이 그런 예수를 지극히 높이셨다. 모든 이름 위에 뛰어난 이름을 주셨고 모든 무릎을 예수의 이름에 꿇게 하셨다. 모든 입으로 예수 그리스도를 주라 시인하여 하나님 아버지께 영광을 돌리게 하셨다.

이런 내용에 이어서 '그러므로'가 나온다. 바울이 빌립보교회 교인들한테 "너희가 나 있을 때뿐 아니라 더욱 지금 나 없을 때에도 항상 복종하여 두렵고 떨림으로 너희 구원을 이루라"라는 말을 하는 이유가 그런 때문이다. "예수님이 하나님께 철저하게 복종해서 그다음에 어떻게 되었는지 잘 알지 않느냐? 너희도 그렇게 해야 한다."라는 뜻이다.

바울이 세운 교회가 한둘이 아닌데 빌립보교회처럼 설립 배경이 자세하게 소개된 교회는 없다. 그런데 바울이 옥에 갇혔다. 빌립보교회 교인들이 상심할 것은 당연하다. 앞에서도 바울은 자기가 당한 일이 도리어 복음 전파에 진전이 된 줄 알라고 했다. 그 말이 빌립보교회 교인들한테 얼마나 위로가 되었을까? 무슨 말을 하는지 알아들었을 수는 있다. 그렇다고 해서 "그렇구나, 선생님이 안 계신 게 더 잘된 일이구나."라고 하지는 않았을 것이다.

예전에 식당을 운영하는 분한테 들은 말이 있다. 일이 있으면 직원들한테 맡기고 외출을 하는데 그때마다 매상이 덜 나온다고 했다. 사람들이 사장이 자리에 있는지 여부를 확인하고 들어올지 말지 결정할 리는 없다. 그런데도 그렇게 된다고 한다. 사장이 있을 때와 없을 때, 종업원들의 근무 자세에 차이가 있기 때문이다. 대놓고 엉망으로 근무한다는 얘기가 아니다. 나름대로는 똑같이 근무한다고 하는데 차이가 있는 것이다.

빌립보교회 교인들은 그 정도가 아니다. 그들한테는 그보다 더 낙심되는 상황이 있을 수 없다. 식당에서 일하는 종업원은 사장이 자리를 비웠다고 해서 식당을 그만둘 마음을 먹지는 않는다. 하지만 빌립보교회 교인들은 다르다. 신앙을 포기하려는 사람이 얼마든지 있었을 수 있다. 그래서 바울이 당부한다. "그러므로 나의 사랑하는 자들아 너희가 나 있을 때뿐 아니라 더욱 지금 나 없을 때에도 항상 복종하여 두렵고 떨림으로 너희 구원을 이루라"

우리말 성경에는 "나 있을 때뿐 아니라"라고 했는데 "나 있을 때처럼"이라고 번역하는 것이 어떨까 싶다. 즉 바울은 "내가 함께 있을 때 너희는 참 잘했다. 지금은 내가 너희와 함께 없다만 그때처럼 하면 된다."를 말하고 있다.

복음 전도에 상당히 열심인 어떤 여인이 있다. 틈만 나면 전도를 했다. 한번은 기차 여행을 하게 되었다. 옆 사람한테 물었다. "당신은 구원 얻었습니까?" 마침 옆에 앉은 사람이 영국 성공회 주교 웨스트코트였다. 웨스트코트가 "한 번 더 얘기해주시겠습니까?"라고 했다. 불신자라는 느낌이 든 그 여인이 정색하며 물었다. "당신은 구원 얻었습니까?" 웨스트코트가 반문했다. "지금 완료형으로 묻는 겁니까(I have been saved), 현재형으로 묻는 겁니까(I am being saved), 미래형으로 묻는 겁니까(I will be saved)?"

구원에는 세 가지 시제가 있다. 이미 얻은 완료형 구원, 지금도 계속 얻고 있는 현재형 구원, 앞으로 얻을 미래형 구원이다. 예수를 믿는 사람은 이미 구원을 얻은 사람이고, 지금도 얻고 있는 사람이고, 앞으로 얻을 사람이다. 흔히 칭의, 성화, 영화라고 한다.

이스라엘의 출애굽에서 그대로 나타난다. 홍해를 건넌 것으로 애굽의 노예에서 벗어났다. 칭의에 해당한다. 말 그대로 의롭다 칭함받는 것이다. 죄인이던 우리가 의인으로 신분이 바뀌었다. 완료형 구원이다.

홍해를 건넜으면 그다음에는 광야를 지나야 한다. 이스라엘이 홍해를 건넌 것은 애굽에서 나오기 위한 것이 아니라 가나안에 가기 위한 것이다. 구름

기둥, 불 기둥의 인도를 받으면서 광야를 걸을수록 가나안이 점점 가까워진다. 이것이 성화, 거룩하게 되는 것이다. 신분이 의인인 것에 그칠 게 아니라 수준도 의인이 되어야 한다. 신분과 수준의 격차를 계속 줄여야 한다. 현재형 구원이다.

그리고 가나안에 들어가서 거기 흐르는 젖과 꿀을 누리는 삶을 사는 것이 영화다. 영화롭게 되는 것, 즉 우리 구원이 완성되는 것이다. 이 세상의 모든 수고를 그치고 안식에 들어가게 된다. 미래형 구원이다.

우리는 이미 구원 얻은 신분으로 날마다 구원을 이루어야 한다. 언젠가 그 구원이 완성될 것이다.

바울이 빌립보교회 교인들한테 이루라고 하는 구원은 당연히 현재형 구원, 성화를 말한다. 흔히 신앙생활 잘하라고 하는 권면이 성화에 힘쓰라는 뜻이다. 어차피 우리가 힘쓸 수 있는 영역은 성화뿐이다. 칭의나 영화는 우리가 어떻게 해볼 수 있는 영역이 아니다.

예수를 믿는 사람이면 당연히 신앙생활에 힘써야 한다. 우리가 늘 듣는 말이다. 본문에서는 그 말을 "항상 복종하여 두렵고 떨림으로 너희 구원을 이루라"라고 한다. 신앙생활에 힘쓰기 위해서 필요한 것으로 두 가지를 꼽는다. 항상 복종하는 것과 두려워하며 떠는 것이다.

항상 복종하라는 말이 나오는 것은 앞에서 말한 그리스도 예수의 마음 때문이다. 예수님은 근본 하나님의 본체시지만 자기를 비워 종의 형체를 가졌다. 자기를 낮추시고 죽기까지 복종하셨다. 근본 하나님의 본체이신 예수님이 죽기까지 복종하셨으면 피조물에 불과한 우리는 말할 것도 없다.

아담, 하와가 선악과를 먹은 이유가 하나님처럼 되고 싶었기 때문이다. 자기가 왜 구속을 받아야 할까? 자기를 주장할 수 있는 것은 자기뿐이어야 한다. 자기가 원하는 것을 자기가 하면 된다. 하지만 복종에는 자기가 자기를 주장하는 것과 비교가 안 되는 숭고한 가치가 있다. 복종을 요구하는 자와 복종하는 자를 일체로 만들어준다. 우리가 하나님께 철저하게 복종하면 우리한테서 하나님의 뜻이 온전히 나타나게 된다. 하나님이 원하시는 것은 우리의 구원이다. 하나님께 복종할수록 그 구원이 점차 이루어지게 된다. 우리는 당연히 항상 복종해야 한다. 하나님께 복종하지 않아도 되는 부득이한 이유나 상황 같은 것은 없다.

또 "두렵고 떨림으로"라는 말이 나온다. 하나님이 무서워서 벌벌 떨면서 신앙생활을 해야 한다는 뜻이 아니다. 사실 그랬으면 좋겠다. 요즘은 하나님이 두려운 분인 것을 몰라도 너무 모르는 것 같기 때문이다. 세상을 두려워하지, 하나님을 두려워하지 않는다. 하나님을 마치 마음씨 좋은 할아버지 같은 분으로 아는 모양이다.

우리가 가져야 할 감정은 공포심이 아니라 경외심이다. 하나님을 두려워한다면 경건한 두려움을 가져야 한다. 하나님이 뭔가를 하실까 두려워하는 것이 아니라 자기가 뭔가를 하게 될까봐 두려워하는 것이다. 하나님이 벌을 주실까봐 두려워서 벌벌 떠는 것이 아니다. 행여 자기가 죄를 범할까봐 조심하는 것이다. 하나님과 우리의 관계에서 하나님이 문제가 되는 법은 없다. 문제는 항상 우리한테서 일어난다. 그것을 조심해야 한다. "지금은 상황이 어려우니까 이 정도는 이해해 주시겠지" 하는 식으로 대충 넘어가면 안 된다. 하나님은 죄를 추호도 용납하시지 않는 분이다.

바울이 에베소교회에 편지를 쓰면서 하나님의 성령을 근심하게 하지 말라고 권면한 적이 있다. 어떤 청년이 하나님의 성령이 어떤 때 근심하느냐고 묻기에 내가 답했다. "내가 너 때문에 신경 쓴 게 한두 번이냐? 그때마다 하나님의 성령이 근심하신다." 그 청년이 어색한 웃음을 웃으며 말했다. "저는 시간이 지나면 다 알아서 할 텐데 뭘 신경 쓰세요?"

그러니까 얘기가 어떻게 되는가 하면, 목사가 자기 때문에 신경을 써도 아직은 고칠 마음이 없다는 뜻이다. 목사가 신경 쓰는 것은 당연히 신앙 문제이니 하나님의 성령이 근심한다고 해도 별수 없다는 뜻이기도 하다. 나중에 잘하기로 마음먹으면 지금은 잘하지 않아도 상관없는 줄 아는 모양이다. 신경 쓰는 목사만 성마른 사람이 된다.

하나님이 세상을 심판하신다는 사실을 모르는 사람은 없다. 불신자의 불신앙은 당연히 심판 대상이다. 그러면 신자의 불신앙은 어떻게 될까? 사람들이 이상한 오해를 한다. 하나님께서 불신자의 불신앙을 심판하신다는 말은 당연하게 여기면서 자기의 불신앙은 이해하시는 줄 안다. 절대 그럴 수 없다. 불신자의 불신앙이 심판 대상이면 신자의 불신앙 역시 심판 대상이다. 우리가 이 세상 살면서 가장 조심해야 할 것이 있다면 하나님께서 싫어하시는 일을 하는 것이다. 그것 한 가지를 빼면 다른 것은 무슨 짓을 해도 다 괜찮다.

바울이 빌립보교회 교인들한테 자기가 있을 때 그랬던 것처럼 없을 때에도 항상 복종해서 두렵고 떨림으로 성화에 힘쓰라고 했다. 바울이 감옥에 갇힌 것은 빌립보교회 교인들이 낙심할 만한 상황이다. 그런 상황이라고 해도 신앙생활에 방해를 받으면 안 된다. 자기들한테 주어진 길을 묵묵히 가야 한다.

재정을 맡은 장로가 공금을 횡령한 교회를 알고 있다. 교회가 발칵 뒤집혔다. 그 교회 교인들이 헌금을 하고 싶을까? 입에 담기에는 차마 거북하지만 목회자가 여자 성도와 눈이 맞아 도망친 교회도 알고 있다. 그 교회 교인들이 신앙생활을 할 맛이 날까? 설령 그런 극단적인 경우라고 해도 항상 복종해서 두렵고 떨림으로 신앙생활에 힘써야 한다. 우리 신앙을 방해할 수 있는 것은 아무것도 없다.

2:13a) 너희 안에서 행하시는 이는 하나님이시니

방금 "어떤 상황에서도 신앙생활에 힘써야 한다"라고 했다. 그런데 난데없이 "너희 안에서 행하시는 이는 하나님이시니"라고 한다. "어떤 상황에서도 신앙생활에 힘써야 한다. 그 일은 하나님이 행하시는 것이다."가 말이 될까?

아담, 하와의 범죄 이후 사람은 하나님께 대해서 죽었다. 로마서에 나오는 표현을 빌리면 육신의 생각은 하나님과 원수가 되는 법이고, 에베소서에 나오는 표현을 빌리면 본질상 진노의 자녀가 되었다. 다윗은 밧세바를 범한 후에 "내가 죄악 중에서 출생하였음이여 어머니가 죄 중에서 나를 잉태하였나이다"라고 했다. 만들어지기를 죄 속에서 만들어졌으니 죄 짓는 것 말고는 할 줄 아는 것이 없다는 뜻이다.

시궁창에서 맑은 물이 흐를 수 없는 것처럼 사람한테서 하나님 보시기에 괜찮은 것이 나올 수 없다. 그러면 우리는 어떻게 된 영문일까? 우리한테는 하나님께 복종할 마음도 있고 두렵고 떨리는 마음으로 허락된 구원을 이룰 마음도 있다. 우리한테 어떤 변화가 일어난 것이 분명하다.

그 일을 하나님께서 하셨다. 그 옛날 홍해를 가르시고 이스라엘을 구원하신 것처럼 우리를 죄에서 건지셨다. 하나님께서 우리의 잠자는 영혼을 깨우시고 친히 우리 삶에 개입하셨다. 이런 일을 시작만 하신 것이 아니다. 직접 이루기도 하신다.

2:13b〉자기의 기쁘신 뜻을 위하여 너희에게 소원을 두고 행하게 하시나니

하나님의 기쁘신 뜻은 당연히 우리의 구원이다. 하나님께 다른 소원이 있을 수 없다. 그렇다고 해서 하나님 홀로 그 일을 이루시지 않는다. 우리한테 소원을 두고 행하게 하신다. 우리한테는 하나님을 기쁘시게 해드리고 싶은 마음이 있다. 세상 욕심을 좇아 세월을 낭비하는 것을 부끄럽게 여기기도 한다. 우리로 하여금 그 일을 이루게 하신다. 우리한테 하나님 보시기에 온전하게 살고자 하는 마음을 주시고 또 그렇게 살게 하셔서 하나님의 기쁘신 뜻, 즉 우리의 구원을 이루신다.

하나님께서 이스라엘을 가나안으로 인도하셨다. 가나안은 임자 없는 빈 땅이 아니었다. 원주민이 살고 있었다. 이스라엘이 가나안에 들어가 살기 위해서는 먼저 전쟁을 해서 그들을 내쫓아야 했다. 하나님께서 주시는 땅인데도 이스라엘이 할 일은 조금도 줄어들지 않았다.

하나님께서 우리를 구원하셨다. 우리가 구원 얻은 것은 전적으로 하나님의 은혜다. 그렇다고 해서 하나님께서 가만히 있는 우리를 천국으로 옮겨주시는 것이 아니다. 우리로 하여금 천국에 가게 하신다. 먼저 예수를 믿게 하시고 그다음에는 그 믿음으로 살게 하신다. 우리는 가만히 있는 채 예수를 믿는 믿음으로 산 결과를 누리게 하시는 것이 아니라 우리로 직접 살게 하신다.

2:14〉모든 일을 원망과 시비가 없이 하라

왜 하필 부정적으로 당부를 할까? 기왕이면 "모든 일을 기쁨과 감사로 하라"라고 하든지 "모든 일을 믿음과 소망으로 하라"라고 해도 되는 것 아닐까? 부정적으로 얘기하는 것도 그렇다. 굳이 원망과 시비를 말할 이유가 있을까? "분쟁과 시기가 없게 하라"라고 하든지 "거짓과 교만이 없게 하라"라고 하면 어떨까? 아무 말이나 부정적인 말을 갖다 붙이면 되지 않을까?

출애굽한 이스라엘을 생각해 보자. 그들의 광야 생활이 곧 우리의 성화를 예표한다. 그때 그들은 물이 없으면 물이 없다고 원망했고 배가 고프면 배가 고프다고 원망했고 길이 험하면 길이 험하다고 원망했다. 허구한 날 만나만 먹고는 못 살겠다고 원망했다. 원망 대상은 모세였지만 실제로는 하나님을 원망한 것이다.

민수기 12장에 미리암과 아론이 모세를 비방하는 내용이 나온다. 하나님이 자기들과도 말씀하셨지, 모세와만 말씀하셨느냐는 것이다. 모세 혼자 이스라엘 지도자 행세를 하는 것이 과연 옳은지 시비를 가리자는 뜻이다. 이 일로 인해서 미리암이 나병에 걸리고 이스라엘의 행보가 일주일 동안 지체된다. 고라, 다단, 아비람, 온이 당을 짓고 모세를 거스른 적도 있다. 모두가 똑같은 하나님의 백성이고 하나님은 모두와 함께하시는데 왜 혼자 지도권을 행사하느냐고 했다. 하나님께서 세우신 권위에 대해서 시비를 가리자고 나선 것이다.

예수를 믿는다면서 하나님을 원망하는 것은 말이 안 된다. 설마 하나님이 자기 입맛에 맞게 움직여야 할까? 우리가 하나님 마음에 들어야지, 하나님이 우리 마음에 들어야 하는 것이 아니다. 하나님 하시는 일에 대해서 시시비비를 따지는 것도 그렇다. 하나님께서 하시는 일 중에 우리가 이해하지 못하는 일은 얼마든지 있을 수 있다. 하지만 틀린 일은 있을 수 없다. 그래서 모든 일을 원망과 시비가 없이 하라는 것이다.

모든 일은 말 그대로 모든 일이다. 이스라엘로 치면, 성막에서 제사 지낼

때만 원망과 시비가 없으면 되는 것이 아니라 그들의 모든 행보에 원망과 시비가 없어야 했다. 당시 이스라엘은 자기들끼리 소풍을 나온 것이 아니었다. 하나님께서 시작하셨고 하나님께서 인도하시는 길을 가는 중이었다. 원망이나 시비가 있으면 당연히 안 된다.

우리가 지금 하나님께서 시작하신 구원의 길을 가고 있을까? 그렇다면 우리한테 필요한 두 가지는 복종과 경외심이다. 이것만큼은 반드시 있어야 한다. 우리한테 절대 있으면 안 되는 것 두 가지를 꼽는다면 원망과 시비다. 이것만큼은 절대 있으면 안 된다. 우리는 "하나님, 옳습니다. 하나님 최고입니다."라는 말만 하면 그것으로 족한 사람들이다. 우리한테 허락된 구원을 이루는 일에 관심이 있다면 그렇다. 우리는 이미 구원을 얻었고, 지금도 얻고 있고, 앞으로 영원히 얻을 사람들이다.

2:15-16) 이는 너희가 흠이 없고 순전하여 어그러지고 거스르는 세대 가운데서 하나님의 흠 없는 자녀로 세상에서 그들 가운데 빛들로 나타내며 생명의 말씀을 밝혀 나의 달음질이 헛되지 아니하고 수고도 헛되지 아니함으로 그리스도의 날에 내가 자랑할 것이 있게 하려 함이라

어떤 책에서 읽은 내용이다. 목사가 교인한테 신앙생활을 성실히 할 것을 권면하자, 교인이 답했다. "제가 왜 목사님의 목회 성공을 위해서 그렇게 해야 합니까?" 그런 대답을 들으면 무슨 말을 해야 할까? 책에는 다음 얘기가 없었다. "그럼 제 목회 실패를 위해서 기왕이면 지옥에 가십시오"라고 하면 될까?

앞에서 바울은 "너희가 나 있을 때뿐 아니라 더욱 지금 나 없을 때에도 항상 복종하여 두렵고 떨림으로 너희 구원을 이루라"라고 권면했다. 만일 빌립보교회 교인들이 "우리가 왜 그래야 합니까?"라고 반문하면 뭐라고 했을까? 본문이 그 답이다.

문장이 길기 때문에 무슨 내용인지 금방 와 닿지 않지만 차근차근 따져보자. 우선 "너희가 흠이 없고 순전하여"라고 했다. 기독교인이면 흠이 없어야 하는 것이 맞다. 예수를 믿는다고 하면서 세상 사람들한테 손가락질을 받는 것은 정말 부끄러운 일이다.

지하철에서 노약자한테 자리를 양보하지 않는다고 해서 법에 걸리지는 않는다. 하지만 도덕적으로는 책잡힐 일이다. 술을 마시거나 담배를 피우는 것은 어떤가? 법이나 도덕으로는 문제가 되지 않는다. 하지만 기독교 신앙에는 위배된다.

법보다는 도덕이 위에 있고 도덕보다 신앙이 위에 있다. 도덕적으로 사는 사람이라면 법에 신경 쓰지 않아도 된다. 신앙 원칙에 맞게 사는 사람이라면 세상에서 말하는 법이나 도덕 기준은 저절로 충족하게 마련이다.

그런데 이상한 오해를 하는 사람이 있다. 신앙이 법이나 도덕보다 위에 있다는 이유로 하나님께만 잘 보이면 되는 줄 아는 것이다. 남한테 지탄받을 일을 하면서도 태연하게 자기는 하나님을 섬긴다고 한다.

예전에 외국인 노동자의 임금을 착취하는 기업이 있다는 얘기를 들은 적이 있다. 불법 체류자라는 약점을 이용한 것이다. 그런 회사 사장 중에는 신자도 있을 것이다. 그 사장은 자기 행위가 신앙적으로 옳지 않다는 사실을 알까, 모를까? 그런 식으로 회사를 운영하면서도 목사한테 직장 예배 인도를 부탁하고, 수익이 많이 나면 감사헌금도 하지 않을까?

예수를 믿는 사람이라면 하나님을 기쁘시게 해드리는 일에 관심이 있게 마런이다. 하물며 사람한테 책잡힐 일을 하는 것이 말이 안 된다. 사람 보기에 흠이 있을 정도면 하나님 보시기에는 이미 불합격이다.

또 순전해야 한다. 헬라어 '아케라이오스'를 번역한 말인데 본래 섞이지 않은 것을 뜻한다. 가령 포도주에 물이 섞였으면 그 포도주는 순전하지 못하다. 순금이 아닌 금도 순전하지 못하다. 다른 것이 섞여 있으면 안 된다. 흠이 없는 것이 외적인 영역이라면 순전한 것은 내적인 영역이다. 흠이 없는 것이 행위에 걸린다면 순전한 것은 동기에 걸린다.

우리는 겉만 멀쩡하면 되는 사람들이 아니다. 속도 멀쩡해야 한다. 우리는 어떤 일을 했는지, 안 했는지만 따지면 되는 사람들이 아니다. 어떤 일을 했으면 왜 했는지, 어떤 일을 안 했으면 왜 안 했는지도 따져야 하는 사람들이다.

그처럼 흠이 없고 순전해야 하는 이유가 있다. 우리가 어그러지고 거스르는 세대 가운데 있기 때문이다. 〈표준새번역성경〉에는 "구부러지고 뒤틀린 세대"로 번역되어 있고 〈공동번역성경〉에는 "악하고 비뚤어진 세상", 〈메시지성경〉에는 "더럽고 타락한 사회"로 번역되어 있다. 요컨대 우리가 사는 세상은 악하다. 이 세상 풍조가 틀렸다. 그런 세상에서 우리를 지키려면 당연히 흠이 없고 순전해야 한다. 남들과 똑같이 살면 같이 망한다.

로마서는 크게 두 부분으로 나눌 수 있다. 1-11장과 12-16장이다. 1-11장에서는 하나님께서 우리한테 베푸신 구원을 설명하고 12-16장에서는 그런 구원을 얻었으니 앞으로 어떻게 살아야 하는지 설명한다. 학교 다닐 적에 미술이나 음악, 체육 같은 과목은 이론과 실기로 구분했던 기억이 있다. 베토벤이 어떻고, 차이코프스키가 어떻고 하는 것도 중요하지만 자기가 악보대로 노래를 부를 수도 있어야 한다. 피카소가 어떤 그림을 그렸고 고갱이 어떤 그림을 그렸는지만 알면 되는 것이 아니라 자기가 그림을 그릴 수 있어야 한다. 그런 식으로 따지면 1-11장은 이론이고 12-16장은 실기다. 기독교가 어떤 종교인지 알기만 하면 안 된다. 그것이 몸에서 나와야 한다.

로마서 12장이 "그러므로 형제들아 내가 하나님의 모든 자비하심으로 너희를 권하노니 너희 몸을 하나님이 기뻐하시는 거룩한 산 제물로 드리라 이는 너희가 드릴 영적 예배니라"로 시작한다. 구원을 얻었으면 가장 먼저 할 일은 자기 몸을 하나님께 산 제물로 드리는 일이다. 그렇게 하려면 어떻게 해야 할까? 이어지는 말씀이 "너희는 이 세대를 본받지 말고 오직 마음을 새롭게 함으로 변화를 받아 하나님의 선하시고 기뻐하시고 온전하신 뜻이 무엇인지 분별하도록 하라"이다. 자기 몸을 하나님께 산 제물로 드리기 위해서는 우선 이 세상을 본받지 말아야 한다. 세상 사람들과 다르게 살아야 한다.

구약시대에는 짐승을 제물로 제사를 드렸다. 제물로 쓰이는 짐승에는 흠이 없어야 했다. 그런데 지금은 우리가 제물이다. 우리한테 흠이 없어야 한다. 세상에 속한 때가 덕지덕지 묻은 몸을 하나님께 제물로 드릴 수는 없다. 어그러지고 거스르는 세대에서 우리는 흠이 없고 순전해야 한다.

소방관은 방화복을 입는다. 불길 속에서 여유를 부리기 위한 것이 아니다. 맡은 일을 감당하려면 우선 자기를 지켜야 하기 때문이다. 우리가 흠이 없고 순전해야 하는 이유도 그렇다. "너희는 틀렸고 우리는 옳다. 너희는 벌 받아야 하고 우리는 상 받아야 한다"라고 하기 위해서가 아니다. 이 세상 가운데 생명의 말씀을 밝히기 위해서다.

그냥 생명의 말씀을 밝히는 것이 아니다. "하나님의 흠 없는 자녀로 세상에서 그들 가운데 빛들로 나타내며"라고 했다. 흠 없다는 얘기가 방금 나왔는데 또 나온다. 우리말로는 같지만 원어에는 다른 단어가 쓰였다. 앞에서 "너희가 흠이 없고"라고 할 때는 책잡힐 만한 일이 없어야 한다는 뜻이었다. 다분히 외양에 대한 얘기였다. 그런데 "하나님의 흠 없는 자녀로"라고 한 것은 아무런 허물이 없어야 한다는 뜻이다. 하나님의 심판대 앞에서 당당할 수 있어야 한다. 하나님 보시기에 의로워야 한다.

"우리가 무슨 수로 그렇게 합니까?" 하고 지레 겁먹을 것 없다. 예수를 믿는다는 얘기가 바로 하나님 보시기에 의롭게 된다는 뜻이기 때문이다. 예수를 주로 고백하는 사람은 누구나 하나님의 흠 없는 자녀다. "아! 그럼 별 거 아니구나." 하고 그냥 넘어가면 안 된다. 예수를 믿는다는 얘기가 어느 만큼 심각하고 진지한 뜻을 갖는지 알아야 한다.

요즘은 예수를 믿는다는 말을 너무 쉽게 하는 경향이 있다. 삶 가운데 도무지 신자 된 모습이 없는데도 태연하게 예수를 믿는다고 한다. 아무래도 예수를 믿는다는 말이 무슨 뜻인지 모르는 것 같다는 생각을 종종 한다. 예수를 믿는다는 얘기는 예수가 자기의 전부라는 뜻이다. 자기는 없고 예수만 있다. 그런 사람이 예수 믿는 사람이고, 하나님이 그런 사람을 흠 없다고 하신다.

낭중지추라는 말이 있다. 뾰족한 송곳은 가만히 있어도 주머니를 뚫고 비어져 나오게 마련인 것처럼 뛰어난 재능을 가진 사람은 남의 눈에 띌 수밖에 없다는 뜻이다.

이 세상은 온통 구부러지고 뒤틀려 있는데 우리만 하나님의 흠 없는 자녀다. 눈에 띌 수밖에 없다. "세상에서 그들 가운데 빛들로 나타내며"라고 한 그대로다. 빛들로 나타난다고 하지 않았다. "빛들로 나타내며"라고 했다. 능동태가 아니라 수동태다. 우리가 빛을 비추는 것이 아니라 우리한테서 빛이 나타나는 것이다. 빛이 나타나려면 빛이어야 한다. 우리가 빛이면 우리 의사와 상관없이 빛이 나타나게 마련이다. 주머니 속의 송곳이 스스로 용을 써서 주머니를 뚫고 나오는 것이 아니다. 존재 자체가 그렇게 될 수밖에 없다.

우리가 신경 써야 할 문제는 "어떤 존재가 되느냐?"가 아니라 "그 존재로 어떻게 살아가느냐?"이다. "생명의 말씀을 밝혀"가 그 얘기다. 관주성경에 보면 '밝혀'에 5)가 있고 관주에 '또는 붙들어'라고 설명되어 있다. "생명의 말씀을 밝혀"로 번역할 수도 있고 "생명의 말씀을 붙들어"로 번역할 수도 있다. 이때 쓰인 '에페코'라는 단어는 '에피(on)'와 '에코(have)'의 합성어다. '에피'가 '에코'의 상태를 강조한다. 그러면 "생명의 말씀을 밝혀"보다 "생명의 말씀을 붙들어"가 더 적절하다. 〈표준새번역성경〉에도 "생명의 말씀을 굳게 잡으십시오"로 번역되어 있다.

지금까지 바울이 한 얘기는 "이 세상은 더럽고 혼탁합니다. 하지만 여러분은 흠이 없고 순전해야 합니다. 그처럼 흠 없는 하나님의 자녀로 이 세상에 존재해서 사람들로 하여금 여러분이 빛인 것을 알게 해야 합니다. 여러분은 생명의 말씀을 붙들어야 하는 사람들입니다."라는 내용이다. 그리고 그 결론이 "나의 달음질이 헛되지 아니하고 수고도 헛되지 아니함으로 그리스도의 날에 내가 자랑할 것이 있게 하려 함이라"이다.

바울이 무슨 말을 하는 것일까? "여러분은 신앙생활을 잘해야 합니다. 그렇게 해서 제가 주님께 칭찬을 받을 수 있게 해야 합니다."가 말이 될까? 설마 그런 이기적인 동기로 빌립보교회 교인들을 권면할 리는 없다.

주인의 양을 맡아서 돌보는 목자가 있다고 하자. 목자가 칭찬을 받으려면 양들이 잘 자라야 한다. 그 일 말고는 칭찬받을 다른 일이 없다. 양들이 잘 자라는 것이 칭찬을 받을 수 있는 유일한 근거다. 바울이 그런 말을 하고 있다. 빌립보교회 교인들이 신앙생활을 제대로 안 하면 자기가 그동안 헛수고를 한 것이 된다. 주님께 인정받을 아무런 근거가 없다. 그러면 바울이 헛수고를 한 것이 문제가 아니다. 빌립보교회 교인들은 어떻게 된다는 뜻일까?

그런 일은 절대 있으면 안 된다.

2:17-18〉 만일 너희 믿음의 제물과 섬김 위에 내가 나를 전제로 드릴지라도 나는 기뻐하고 너희 무리와 함께 기뻐하리니 이와 같이 너희도 기뻐하고 나와 함께 기뻐하라

선한 목자는 양들을 위해서 목숨을 버린다. 목자한테 양이 그만큼 중요하다. 자기의 존재 이유가 양한테 있다. 본문에서 바울이 같은 말을 한다.

제물은 다분히 구약 개념이다. 빌립보교회 교인들이 제사를 지내지는 않는다. 그들이 가져올 짐승 제물도 없다. 하지만 하나님께서 받으셔야 할 제사는 있다. 로마서에서 우리 몸을 하나님이 기뻐하시는 거룩한 산 제물로 드리라고 한 얘기가 바로 그렇다. 우리 몸을 번제단에서 불에 태우지는 않지만 하나님은 우리 몸의 행실을 받으신다. 빌립보교회 교인들이 그런 제물을 드리는데, 그것으로 끝나지 않는다. "내가 나를 전제로 드릴지라도"라고 했다.

레위기에 5대 제사가 나온다. 번제, 소제, 속죄제, 속건제, 화목제다. 전제는 여기에 들어가지 않는다. 잡지의 별책 부록처럼 전제는 다른 제사에 수반되는 제사다. 포도주를 제물로 드리는데 전제만 따로 드리는 법은 없고 다른 제사와 함께 드린다.

빌립보교회 교인들의 믿음의 제물과 섬김이 있다. 바울은 거기에 자신을 전제로 드리는 상황을 얘기한다. 빌립보교회 교인들을 하나님께 제물로 드린다면 바울이 그들을 인솔해서 드려야 할 것 같은데 바울의 얘기는 그게 아니다. 스스로 조연을 자처한다. 빌립보교회 교인들을 완성시키는 데 한 조각 보탬이 된다면 그것으로 족하다는 것이다. 그 얘기를 "나는 기뻐하고 너희 무리와 함께 기뻐하리니 이와 같이 너희도 기뻐하고 나와 함께 기뻐하라"라고 한다.

바울은 삶과 죽음, 둘 사이에 끼어 있는 형편이다. 한 치 앞을 내다볼 수 없다. 자기만 생각하면 세상을 떠나서 그리스도와 함께 있는 것이 좋지만 빌립보교회 교인들을 생각하면 그렇지 않다. 그들의 유익을 위해서는 세상에 있는 게 낫다. 그런 이유 때문에라도 그렇게 될 것 같지만 정확한 것은 모른다.

바울이 자기를 전제로 드린다고 한 것은 죽음을 염두에 두고 있다는 뜻이다. 앞에서 자기가 풀려나서 다시 빌립보교회 교인들과 함께 있게 되든지, 혹은 사형 판결을 받고 세상을 떠나든지 간에 중요한 것은 빌립보교회 교인들이 그리스도의 복음에 합당하게 생활하는 것이라고 이미 말한 바 있다. 바울이 바라는 것은 빌립보교회 교인들이 항상 복종해서 두렵고 떨림으로 그들의 구원을 이루는 것이다.

나는 대학 생활을 당구장에서 했다. 생각할수록 한심한 일이다. 막냇동생이 나보다 다섯 살 적다. 막냇동생이 고 3이 되었을 때 신신당부를 했다. 대학 가거든 절대 당구는 치지 말라고 몇 번을 말했는지 모른다. 그래서 어떻게 되었을까? "대체 당구가 얼마나 재미있기에 형이 저러나?" 싶은 생각에, 학력고사가 끝나자마자 바로 당구장에 갔다고 한다.

바울은 자기가 당한 일이 도리어 복음 전파에 진전이 되었다면서 감옥에 갇힌 상황에서도 복음만 얘기했다. "나는 비록 감옥에 갇혔지만 복음 전파에 도움이 되니 다행이다"가 아니다. 자기 안위에는 관심이 없고 복음에만 관심이 있었다. 자기가 죽고 사는 문제에도 관심이 없었다. "오직 너희는 그리스도의 복음에 합당하게 생활하라", "그리스도 예수의 마음을 품으라", "항상 복종하여 두렵고 떨림으로 너희 구원을 이루라"라는 것이 바울의 당부 사항이었다.

그러면 빌립보교회 교인들도 생각을 다시 하지 않을까? 대체 복음이 무엇이고 구원이 무엇이기에 사람이 죽고 사는 문제에 신경 쓰지 않을 수 있단 말인가? 오죽하면 바울이 "만일 너희 믿음의 제물과 섬김 위에 내가 나를 전제로 드릴지라도 나는 기뻐하고 너희 무리와 함께 기뻐하리니 이와 같이 너희도 기뻐하고 나와 함께 기뻐하라"라고 했다. 빌립보교회 교인들이 하나님 앞에 온전할 수 있다면 자기를 기꺼이 소모품으로 쓸 수 있다. 그리고 그 사실을 기뻐한다는 것이다. 그것이 바울의 기쁨으로 끝나지 않고 빌립보교회 교인들한테도 기쁨이 된다.

내가 신학을 하기 전에 다녔던 교회는 헌금 시간마다 찬송가 50장을 불렀다.

내게 있는 모든 것을 아낌없이 드리네
사랑하고 의지하며 주만 따라 살리라
주께 드리네 주께 드리네
사랑하는 구주 앞에 모두 드리네

찬송가를 부를 적에 혼자 속으로 딴 생각을 하기도 했다. "참 뻥도 심하다. 달랑 천 원짜리 한 장 헌금하면서 뭘 다 드린다고 그러나…"

예수를 믿는 사람은 누구나 자기의 모든 것을 드린다고 고백한다. 그 모든 것의 목록이 어떻게 될까? 일단 가장 먼저 떠오르는 것은 돈이다. 시간이나 자존심, 생명을 꼽을 수도 있다.

그것만이 아니다. 우리의 의지나 감정도 주님께 드려야 한다. 하나님께서 우리한테 희로애락의 감정을 주셨다. 기쁜 일이 있으면 기뻐하고 분노할 일이 있으면 분노하는 것이 정상이다. 단, 어떤 일에 기뻐하고 어떤 일에 분노하는지 따져봐야 한다. 우리의 감정을 주님께 드렸으면 우리는 주님께서 기뻐하실 만한 일에 기뻐하고 주님께서 분노하실 만한 일에 분노해야 한다. 자기의 하찮은 이해관계에 희로애락을 낭비하면 안 된다.

바울이 그런 기쁨을 얘기한다. 이 세상 살면서 남보다 떡 하나 더 얻어먹는 것으로 기뻐하지 않는다. 하늘에 연결된 일로 기뻐한다. 빌립보교회 교인들의 신앙이 완성될 수만 있다면 그보다 더 기쁜 일이 없다. 아무나 기뻐할 수 있는 기쁨이 아니다. 그 기쁨을 아는 사람만 기뻐할 수 있다. 그 기쁨이 우리가 마땅히 누려야 할 기쁨이다. 우리 역시 바울이 믿는 예수를 같이 믿는 사람들이다.

2:19-20〉 내가 디모데를 속히 너희에게 보내기를 주 안에서 바람은 너희의 사정을 앎으로 안위를 받으려 함이니 이는 뜻을 같이하여 너희 사정을 진실히 생각할 자가 이밖에 내게 없음이라

본문을 이해하려면 당시 빌립보교회의 상황을 알아야 한다. 바울이 옥에 갇힌 일로 빌립보교회 교인들이 걱정할 것은 당연하다. 교역자 격인 에바브로디도를 바울한테 보냈다. 그런데 바울은 의연하다. 살든지 죽든지 그리스도가 존귀하게 되면 그것으로 족하다는 것이다. 도리어 바울이 빌립보교회를 걱정한다. 자기만 생각하면 세상을 떠나서 그리스도와 함께 있는 것이 좋지만 빌립보교회 교인들을 생각하면 살아 있는 것이 좋겠다고 한다.

그러면서 디모데를 보낼 얘기를 한다. 디모데를 보내서 빌립보교회의 형편을 알아야 자기 마음이 놓이겠다는 것이다. 그런데 그전에 에바브로디도를 먼저 보내겠다고 한다. 우리가 보는 빌립보서도 에바브로디도 편에 전달되었을 것이다. 에바브로디도는 중병이 들어 거의 죽을 지경이었는데 지금은 괜찮아진 상태다(27절).

옛날 여행은 요즘 여행과 달랐다. 요즘 여행은 삶의 여유를 즐기는 것이다. 여행 간다고 하면 다 부러워한다. 하지만 옛날 여행은 세상의 모든 어려움을 감당하는 것이었다. 오죽하면 travel과 trouble의 어원이 같다. 여행에는 으레 어려움이 따른다. 아니, 여행이 곧 어려움이었다.

그리스신화에 나오는 최고의 신이 제우스다. 여행객들은 '제우스 쿠세니오스'라고 했다. 여행자의 신이라는 뜻이다. 병상에 있는 사람이 하나님을 '여호와 라파(치료의 하나님)'라고 하고 군인이 하나님을 여호와 닛시(승리의 하나님)라고 하는 것과 같은 경우다. 누구나 신의 가호를 바랄 만큼 힘들고 어려운 일이 여행이었다. 교통도 안 좋고 숙박 시설도 제대로 되어 있지 않으니 노숙을 불사해야 한다. 치안도 안 좋으니 언제 강도를 만날지 모른다. 산길을 재촉하다가 굶주린 들짐승을 만날 수도 있다.

아무한테나 못 맡긴다. 하지만 디모데라면 맡길 수 있다. 바울이 디모데를 보내려는 이유는 "나는 잘 있으니까 걱정하지 마라"를 말하기 위한 것 같은데 바울은 그렇게 말하지 않는다. "내가 디모데를 속히 너희에게 보내기를 주 안에서 바람은 너희의 사정을 앎으로 안위를 받으려 함이니"라고 한다. "나는 잘 있으니까 걱정하지 마라"는 에바브로디도가 말할 것이다. 에바브로디도는 가서 거기 머무를 사람이고 디모데는 갔다 다시 올 사람이다.

오래전에 조카가 입대할 때의 얘기다. 마냥 어린애로만 알았는데 군대 간다고 해서 깜짝 놀랐다. 그것도 해병대로 간다고 했다. "그러니까 내가 앞으로 네가 지키는 나라에서 살아야 하는 거냐?" 조카가 대답은 안 하고 웃기만 했다. "군대 가거든 위문편지 꼬박꼬박 보내라. 네가 나라를 지킨다는데 내가 불안해서 어떻게 사냐?"

학생 시절에는 군인들한테 위문편지를 쓰곤 했다. 내가 군 복무를 할 적에는 위문편지를 받기도 했다. 그런데 군대 간다는 조카한테 거꾸로 위문편지를 쓰라고 농담을 한 것이다.

바울의 얘기도 비슷하다. 그런데 차이가 있다. 나는 농담이었는데 바울은 농담이 아니다. 디모데를 통해서 빌립보교회 교인들을 안심시키려는 것이 아니라 빌립보교회 사정을 알아서 자기가 안위를 받겠다고 한다. 바울이 오히려 빌립보교회 교인들을 걱정하고 있다.

부교역자 시절에 중고등부를 지도했다. 수학능력시험 전날이면 고 3 학생들한테 하던 말이 있다.

"내일 시험 잘 보고, 시험 끝나면 잘 봤다고 연락해라."

"못 보면 어떡해요?"

"야! 잘 봤다는 연락을 하려면 만사 제치고 잘 봐야 할 것 아니냐? 일단 무조건 잘 봐."

내가 억지를 부린 것일까? 그러면 바울의 얘기는 어떤가? "…너희의 사정을 앎으로 안위를 받으려 함이니"라고 했다. 바울한테 어떤 소식이 전해져야 하는 것일까?

앞에서 바울은 "그리스도의 복음에 합당하게 생활하라"라는 말을 했다. 빌립보 사람들이 로마 시민이라는 자부심을 가지고 사는 것처럼 천국 시민답게 살라는 뜻이다. 전부 고개를 끄덕였을 것이다. "항상 복종하여 두렵고 떨림으로 너희 구원을 이루라"라는 말도 했다. 다 동의했을 것이다. 신앙생활 잘하라고 하는데 싫다고 할 수는 없다. "그리스도 예수의 마음을 품으라"라는 말은 어떤가? 혹시 "말도 안 됩니다. 저희가 어떻게 그렇게 합니까?"라고 하는 사람이 있지 않았을까? 그러면 바울은 안위를 얻을 수 없게 된다. 결국 "…너희의 사정을 앎으로 안위를 받으려 함이니"라는 얘기는 "나는 너희가 내 기대를 저버리지 않을 줄 믿는다"라는 뜻이 된다. 빌립보교회 교인들을 향한 은근한 압박일 수 있다.

그런데 어색한 부분이 있다. "내가 디모데를 속히 너희에게 보내기를 주 안에서 바람은…"이라고 했는데, '주 안에서'가 있어야 할까? '주 안에서'가 없는 것이 더 매끄럽지 않을까? 어차피 주 안에서 바라지, 설마 주 밖에서 바라지는 않을 것이다.

바울이 '주 안에서'를 자주 말하기는 한다. 바울 서신을 읽다 보면 계속 '주 안에서', '그리스도 안에서'가 나온다. 그렇다고 해서 의미 없이 쓰인 적은 한 번도 없다. 본문도 마찬가지다. "내가 디모데를 속히 너희에게 보내기를 주 안에서 바람은…"이라고 하는 데는 그만한 이유가 있을 것이다. 24절에도 같은 말이 나온다. "나도 속히 가게 될 것을 확신하노라"라고 하면 될 텐데 "나도 속히 가게 될 것을 주 안에서 확신하노라"라고 했다.

바울은 지금 로마 감옥에 있다. 당시 황제는 네로였다. 그러면 네로 손아귀에 있는 것 아닐까? "나는 감옥에 갇힌 몸이다. 네로가 대체 어떤 생각인지 모르겠구나. 그는 종잡을 수 없는 인물이다. 어느 날 갑자기 모든 기독교 신자들을 다 죽이라고 할 수도 있다. 내 운명은 네로한테 달린 셈이다."라고 하면 다 수긍할 것이다. 그런데 네로를 아예 무시한다. 디모데를 빌립보교회에 보낼 수 있을지 없을지, 자기가 직접 빌립보교회에 갈 수 있을지 없을지에 대해서 네로는 영향력이 없다. 전적으로 주님께 달려 있다.

앞에서 바울이 "이러므로 하나님이 그를 지극히 높여 모든 이름 위에 뛰어난 이름을 주사 하늘에 있는 자들과 땅에 있는 자들과 땅 아래에 있는 자들로 모든 무릎을 예수의 이름에 꿇게 하시고 모든 입으로 예수 그리스도를 주라 시인하여 하나님 아버지께 영광을 돌리게 하셨느니라"라고 했다. 말로만 그렇게 하는 것은 무효다. 그렇게 말한 사람다운 면모가 나타나야 한다. 네로의 힘이 아무리 커도 자기는 그리스도 수하에 있는 사람이지, 네로 눈치를 보는 사람이 아니다.

교육전도사 시절, 나는 소년부(초등학교 5, 6학년)를 맡았었는데 고등부 교육전도사한테 황당한 말을 들었다. 아마 여름 수련회를 마친 직후였을 것이다. 수련회 때 기도회를 했는데 학생들이 상당히 열심히 기도하더라는 것이다. 기도회가 그날 마지막 프로그램이었다. 하지만 학생들이 제시간에 잘 리가 없다. 끼리끼리 모여 노는 와중에 한쪽 구석에서 도박판이 벌어졌다. 속칭 짤짤이라고도 하고 쌈치기라고도 하는데, 남학생들은 학교에서도 하는 경우가 있다. 한 학생이 같이 하자며 끼어들자, 앉아 있던 학생이 말했다. "야, 너 아까 막 눈물 흘리면서 기도했잖아." 그 말에 태연하게 대답한다. "원래 그런 거야, 인마. 뭘 따지냐?"

그 학생이 무슨 기도를 했을까? 울면서 기도를 했다니 간절하게 기도한 것은 맞는 모양이다. 그런데 기도회가 끝나자마자 도박판에 끼어들었다. 원래 그런 것이라는 말을 한 것을 보면 수련회를 처음 온 학생이 아니다. 어쩌면 모태신앙으로 자라서 여름마다 수련회에 참석했을 수 있다. 그 학생한테는 신앙이 무슨 의미가 있을까?

아직 어려서 그런 것이면 별 문제가 안 된다. 나이를 먹으면 저절로 해결된다. 그런데 과연 그럴까? 자기 입술로 한 고백이 삶으로 나타나지 않는 예는 너무도 허다하다. 예수를 믿는 사람이라면 누구나 신앙이 가장 중요하다고 한다. 그러면서 신앙만 가지고 어떻게 사느냐는 말도 한다. 신앙은 단지 교리의 문제일 뿐, 현실은 다르다는 것이다. 신앙이 가장 중요하다는 말과 신앙만 가지고 어떻게 사느냐는 말이 모순인 것을 모른다.

그러면 바울은 "내가 디모데를 속히 너희에게 보내기를 주 안에서 바람은…"이나 "나도 속히 가게 될 것을 주 안에서 확신하노라"라는 말을 안 할 것이다. 오히려 "요즘 네로 심기가 어떤지 모르겠구나."라고 해야 한다.

만일 바울이 그랬다고 가정해 보자. 빌립보서를 성경으로 인정하는 사람이 아무도 없을 것이다. 당연한 얘기 같은데 한편으로는 무서운 얘기이기도 하다. 바울이 그런 말을 했으면 빌립보서가 성경일 수 없는 것처럼 신앙은 신앙이고 현실은 현실이라는 말을 하는 사람이 있다면 그 사람은 신자일 수 없기 때문이다. 우리는 이 세상에 휘둘리는 사람들이 아니다. 우리를 좌우할 수 있는 분은 오직 주님 한 분뿐이다. 그렇게 고백하는 사람이 신자가 아니라 그렇게 사는 사람이 신자다.

그런데 왜 굳이 디모데를 얘기할까? 다른 사람을 보내면 안 될까? 그래서 "이는 뜻을 같이하여 너희 사정을 진실히 생각할 자가 이밖에 내게 없음이라"라고 한다. 바울이 빌립보교회를 생각하는 것과 같은 마음으로 빌립보교회를 생각하는 사람이 디모데 말고는 없다는 것이다.

빌립보교회는 바울이 세운 교회다. 그 누구도 바울 같은 애착이 있을 수는 없다. 그나마 디모데가 바울과 같은 마음인 모양이다. 그렇다고 해서 그것이 중요할까? 디모데가 맡게 될 일은 그렇게 복잡한 일이 아니다. 빌립보교회에 가서 교회 상황을 보고 그 내용을 바울한테 전달하는 것이 전부다. 그 정도 일은 빌립보교회까지 갔다 올 수 있는 사람이라면 누구나 할 수 있지 않을까?

그런데 바울은 달리 말한다.

2:21-24〉 그들이 다 자기 일을 구하고 그리스도 예수의 일을 구하지 아니하되 디모데의 연단을 너희가 아나니 자식이 아버지에게 함같이 나와 함께 복음을 위하여 수고하였느니라 그러므로 내가 내 일이 어떻게 될지를 보아서 곧 이 사람을 보내기를 바라고 나도 속히 가게 될 것을 주 안에서 확신하노라

그들이 누구인지 모른다. 어쨌든 바울 주변에 있는 사람들은 그리스도 예수의 일은 구하지 않고 자기 일만 구했다. 그러면 디모데는 자기 일을 구하지 않고 그리스도 예수의 일을 구한 사람이어야 한다. 그런데 그렇게 말하지 않고 "디모데의 연단을 너희가 아나니 자식이 아버지에게 함같이 나와 함께 복음을 위하여 수고하였느니라"라고 한다.

선공후사라는 말이 있다. 공적인 일을 먼저하고 사사로운 일은 나중에 한다는 뜻이다. 신앙의 중요성을 그렇게 생각하는 경우가 있다. 예수님 일을 먼저하고 자기 일은 나중에 한다는 것이다. 심지어 집보다 교회가 우선이라면서 집안 청소도 제대로 안 한 채 열심히 교회 봉사하는 것을 신앙 좋은 것으로 말하기도 한다.

사람들이 돈을 중요하게 여기는 이유는 돈이 가치의 척도이기 때문이다. 모든 것을 돈으로 따지니 돈이 중요할 수밖에 없다. 신앙도 그렇다. 우리한테는 신앙이 기준이다. 신앙은 다른 것보다 상대적으로 중요하지 않다. 모든 것을 따지는 기준이다.

예전에 "목사님께는 죄송하지만 저는 아직 예수님보다 제 여자 친구가 먼저입니다"라는 청년이 있었다. 그런 경우가 그렇다. 여자 친구보다 예수님이 먼저라야 하는데 순서가 잘못되어서 틀린 것이 아니다. 연애를 해도 하나님 보시기에 바르게 해야 하는데 그게 안 되어서 틀렸다. "여자 친구가 먼저냐, 예수님이 먼저냐?"라는 질문 자체가 말이 안 된다. 예수님은 비교 대상이 될 만큼 하찮은 분이 아니다. 언제나 절대적인 분이다.

자기 일을 구하고 그리스도 예수의 일을 구하지 않은 사람은 요즘말로 하면 몸은 교회에 있는데 신앙이 기준이 아닌 사람들이다. 신앙을 상대화하면 신앙보다 먼저 챙겨야 할 일이 한둘이 아니다. 신앙보다 중요한 일이 늘 있게 마련이다.

나는 프로 야구를 좋아한다. 유일한 취미가 야구 중계를 보는 것이다. 예전에 내가 응원하는 팀이 코리안 시리즈에서 패했을 때의 일이다. 인터넷에 접속해보니 패인을 분석한 글이 참 많았다. 번트 실패가 패인이라는 글도 있었고 진루타가 없었다는 얘기도 있었고 마무리 투수가 실투했다는 얘기도 있었다. 결정적인 찬스에서 병살타가 나왔다는 얘기도 있었고 무기력하게 스탠딩 삼진을 당하는 등 파이팅이 부족했다는 얘기도 있었다.

전부 일리 있는 얘기였다. 문제는 그런 일이 야구를 하다 보면 다반사라는 사실이다. 타율이 3할만 되면 강타자라고 하는데 매 타석에서 진루타를 치는 것은 아무나 할 수 있는 일이 아니다. 투구를 하다 보면 삼진을 잡을 수도 있지만 홈런을 맞을 수도 있다. 병살타도 마찬가지다. 자기가 친 공이 수비수 정면으로 가는 것을 어떻게 하란 말인가? 자기는 볼이라고 생각해서 가만히 있었는데 심판이 스트라이크로 판정 내릴 수도 있다. 이 모든 것이 야구를 하다 보면 늘 반복되는 상황이니 그때마다 선수를 비난할 수는 없다.

문제는 그렇게 했더니 결국 졌다는 것이다. 이것도 있을 수 있는 일이고 저것도 있을 수 있는 일인데, 그처럼 '있을 수 있는 일'을 모아 놓으면 경기에서는 이길 수 없게 된다.

교회에서 늘 볼 수 있는 풍경이기도 하다. 무슨 변명이 그리 많은지 죄다 변명을 늘어놓는다. 전부 타당한 사유들이다. 그리고 그 모든 사유를 다 귀담아들으면 예수를 믿을 틈이 없게 된다.

반면 디모데는 신앙이 기준인 사람이다. 그것이 연단으로 나타났다. "디모데의 연단을 너희가 아나니 자식이 아버지에게 함같이 나와 함께 복음을 위하여 수고하였느니라"라고 했다. 디모데는 자식이 아버지를 대하는 것처럼 바울을 대했다. 바울은 복음을 위해 헌신하는 사람이다. 그런 바울을 아버지처럼 모시면 다모데 역시 복음을 위해 수고할 수밖에 없다. 그런데 우리말 번역이 좀 약하다. 본래 뜻을 그대로 옮기면 "종노릇했다"이다. 바울과 함께 복음을 위해서 종노릇한 것이 디모데가 받은 연단이다.

모든 사람들이 자기 일을 구하고 그리스도 예수의 일은 구하지 않은 이유가 여기에 있을 것이다. 연단이 싫은 것을 어떻게 할까? 바울이 그런 사람을 보낼 수는 없지 않은가? 그래서 디모데다.

그러면 그 사람들은 신자일까, 아닐까? 그것은 모른다. 어쨌든 바울이 그들을 '투명인간' 취급했다. 우리는 어떨까? 우리는 복음의 종노릇을 제대로 하고 있을까? 우리는 어떤 연단을 받고 있을까? 혹시 우리도 주님께 '투명인간' 취급을 받지는 않을까? 세상에서 무시를 당하면 자존심 잠깐 상하면 된다. 주님께 무시당하면 어떻게 해야 할까? 그런 일만큼은 없어야 한다. 우리는 그리스도 예수의 일을 구하는 사람들이다.

2:25〉 그러나 에바브로디도를 너희에게 보내는 것이 필요한 줄로 생각하노니 그는 나의 형제요 함께 수고하고 함께 군사 된 자요 너희 사자로 내가 쓸

것을 돕는 자라

에바브로디도는 빌립보교회가 바울한테 보낸 사람이다. 빌립보에서 로마는 대략 1,300km다. 우리나라 남쪽 끝에서 북쪽 끝까지가 삼천리, 약 1,200km다. 빌립보에서 로마는 그보다 더 먼 거리다. 대체 얼마나 걸려서 갔을까? 가는 동안 어떤 우여곡절이 있었을까?

우리는 모른다. 우리가 아는 것은 에바브로디도가 큰 병을 앓다가 지금은 나았다는 사실이다. 로마에 가는 동안 병을 얻었는지, 로마에서 지내는 동안에 병을 얻었는지는 모른다.

부교역자 시절에 청년회 수련회 때 사사기로 성경 공부를 한 적이 있다. 3박 4일 동안 아무런 프로그램도 없었다. 아침에 일어나면 밥 먹고 성경 공부하다가 점심 먹고 성경 공부하다가 저녁 먹고 성경 공부하다가 졸리면 잤다. 12시 넘게까지 성경 공부를 했다. 정말 엄청난 강행군이었다. 그런 식으로 3박 4일 수련회를 마쳤다. 수련회를 하는 동안에는 아무 이상이 없었는데 돌아와서 목에 탈이 났다. 몇 날 며칠을 앓았는지 모른다. 내가 생각해도 무리를 했다. 그때만 해도 젊었으니까 그렇게 했지, 지금 같으면 엄두도 못 낸다.

에바브로디도도 그랬을 수 있다. 빌립보를 출발해서 로마까지 부지런히 갔다. 바울의 안부를 생각하면 조금도 지체할 수 없었다. 그런데 바울을 보는 순간, 긴장이 풀려서 몸져누웠을 수 있다.

요즘은 포장 이사를 많이 하지만 전에는 그렇지 않았다. 이사를 하려면 짐을 미리 묶어 두어야 했다. 이사 당일에는 도움이 될 만한 사람을 부르기도 했다.

어떤 사람이 이사를 도와준다며 왔다. 그런데 오자마자 몸이 안 좋다며 따

뜻한 물을 찾고 몸살 약을 찾는다. 이사 끝나고 짜장면 시켜 먹는데 자기는 죽을 쒀 달라고 하면 이사를 도와주러 온 것일까, 방해하러 온 것일까?

에바브로디도가 그런 격이다. 바울을 도와주러 왔는데 오히려 짐만 되고 말았다. 그런 에바브로디도가 이제 빌립보로 돌아간다. 체면이 말이 아니다. 교인들을 무슨 낯으로 볼까? 그래서 바울이 에바브로디도 얘기를 하는 것이 본문이다.

바울이 에바브로디도를 자기 형제요 함께 수고하고 함께 군사 된 자요 빌립보교회의 사자로 자기 쓸 것을 돕는 자라고 했다. 빌립보교회 교인들이 에바브로디도가 누구인지 몰라서 이런 말을 하는 것이 아니다. "여러분은 에바브로디도가 자기 할 일을 제대로 못했다고 생각하겠지만 그렇지 않습니다"를 말하는 것이다.

우선 에바브로디도를 자기 형제라고 했다. 예수 안에 있는 사람은 누구나 형제이고 자매다. 전혀 이상할 것이 없는 호칭이다. 예수님 말씀 중에 "누구든지 하늘에 계신 내 아버지의 뜻대로 하는 자가 내 형제요 자매요 어머니이니라"라는 말씀이 있다. 우리끼리 정말로 형제이고 자매이다. 그리스도 안에 있으면 새로운 한 가족이다. "바울이 에바브로디도를 형제라고 했다. 자기가 더 우월하다고 생각하지 않았다. 동등하게 여겼다."라는 말을 굳이 할 이유가 없다.

함께 수고하고 함께 군사 된 자라는 말은 어떤가? 에바브로디도가 바울과 함께 무슨 수고를 했을까? 바울한테 병수발을 받은 것을 수고라고 할 수 있을까? 예수를 믿는 사람이라면 누구나 십자가 군병이다. 그렇다고 해서 에바브로디도가 싸운 싸움이 있을까? 그냥 병상에 누워 있었을 뿐이다. 그러면 바울이 입에 발린 말을 하는 것일까? 답은 둘 중의 하나다. 바울이 입에 발린 말을 하는 것일 수도 있고, 우리가 미처 모르는 수고와 싸움이 있을 수도 있다.

또 빌립보교회의 사자로 바울이 쓸 것을 돕는 자라고 했다. 이 말은 쉽게 납득이 된다. 빌립보교회에서 에브바로디도를 설마 빈손으로 보냈겠는가? 에바브로디도 편에 전달된 것이 있을 것이다. 에바브로디도는 빌립보교회의 사자가 되어 바울의 쓸 것을 돕는 자가 맞다.

2:26-28〉 그가 너희 무리를 간절히 사모하고 자기가 병든 것을 너희가 들은 줄을 알고 심히 근심한지라 그가 병들어 죽게 되었으나 하나님이 그를 긍휼히 여기셨고 그뿐 아니라 또 나를 긍휼히 여기사 내 근심 위에 근심을 면하게 하셨느니라 그러므로 내가 더욱 급히 그를 보낸 것은 너희로 그를 다시 보고 기뻐하게 하며 내 근심도 덜려 함이니라

그런 에바브로디도가 빌립보교회 교인들을 사모한다. 자기가 병든 것을 들은 줄 알고 근심에 빠진 것이다. 이때 에바브로디도는 가벼운 감기를 앓은 것이 아니다. 죽을 수도 있는 병이었다. 그런데 자기 병을 걱정하지 않고 오히려 빌립보교회 교인들이 자기를 걱정할 것을 걱정했다.

다행히 하나님께서 긍휼히 여기셨다. 병이 나은 것이다. 바울이 그 사실을 놓고 하나님께서 에바브로디도만 긍휼히 여기신 것이 아니라 자기도 긍휼히 여기셨다고 한다. 바울은 에바브로디도를 걱정하는 한편 에바브로디도로 인해서 빌립보교회 교인들도 걱정했는데 그 걱정이 해결되었기 때문이다.

에바브로디도가 몸을 추스르자, 바울이 급히 그를 빌립보교회로 보낼 생각을 한다. 빌립보교회 교인들이 걱정하는 것 때문이기도 하고, 또 빌립보교회 교인들이 마음을 놓아야 바울도 마음을 놓을 수 있기 때문이다.

그러면 얘기가 어떻게 되는 것일까? 바울이 옥에 갇혔다. 빌립보교회 교인들이 에바브로디도를 보냈는데, 그만 병에 걸렸다. 그런데 에바브로디도가 오히려 빌립보교회 교인들을 걱정한다. 자기가 병든 것 때문에 걱정한다는 것이다. 바울은 바울대로 빌립보교회와 에바브로디도가 걱정이다.

남의 염병이 내 고뿔만 못하다는 말이 있다. 다른 사람한테 아무리 큰 걱정이 있어도 자기한테 있는 작은 걱정이 더 절박하게 느껴지는 법이다. 그것이 이 세상 풍조다. 염병(장티푸스)이 아무리 큰 병이라도 남의 문제다. 자기가 앓고 있는 고뿔(감기)이 훨씬 더 괴롭다.

그런데 바울과 에바브로디도는 딴판이다. 자기 발등에 불이 떨어졌는데도 오히려 남을 걱정한다. 앞에서 바울이 자기보다 남을 낫게 여기라는 말을 했는데 그 말 그대로다. 자기보다 상대방이 중요하다. 어쩌면 자기 염병이 남의 고뿔만 못한 것 같기도 하다.

2:29〉 이러므로 너희가 주 안에서 모든 기쁨으로 그를 영접하고 또 이와 같은 자들을 존귀히 여기라

신학대학원 재학 시절에 방학이면 고향에 내려가곤 했다. 교회에 가면 전부 반갑게 맞아주었다. 나는 대학 생활을 서울에서 했다. 고향에 있는 교회에 다닌 기간은 고등학생 때 3년이 고작이다. 그런데도 "우리 교회에서 배출한 목회자가 왔다"라며, 어찌나 반기는지 내가 난처할 정도였다.

에바브로디도는 어떤가? 에바브로디도는 이제 자기 교회로 돌아가게 된다. 그런데도 바울이 "주 안에서 모든 기쁨으로 그를 영접하라"라고 당부를 한다. 빌립보교회 교인들이 에바브로디도를 시답지 않게 여길 우려가 있기 때문이다. 에바브로디도가 건강한 몸으로 바울의 옥바라지를 하다가 나중에 바울이 무죄 판결을 받았을 때 같이 빌립보교회에 돌아가면 아주 열렬히 환영할 것이다. 그런데 그게 아니다. 오히려 짐만 되다 돌아왔다고 생각할 수 있다. 그래서 바울이 그렇지 않다는 말을 하는 참이다.

아닌 게 아니라 "주 안에서 모든 기쁨으로 그를 영접하라"라고 했다. 에바브로디도를 기쁨으로 영접하는 것은 아무나 할 수 있는 일이 아니다. 주 안에 있는 사람만 할 수 있다. 세상 사람들 눈으로 보면 에바브로디도는 맡은 일을 제대로 하지 못한 사람이다. 그런데 신앙이 있는 사람들한테는 그렇지 않다는 것이다. 에바브로디도를 기쁨으로 영접하려면 먼저 신앙이 무엇인지 알아야 한다.

그것이 전부가 아니다. "이와 같은 자들을 존귀히 여기라"라고 했다. 에바브로디도를 존귀히 여기라는 말이 아니다. 에바브로디도처럼 사는 사람을 존귀히 여기라는 말이다. 에바브로디도뿐 아니라 그렇게 사는 사람들을 바람직한 모델로 얘기한다. 에바브로디도가 무슨 일을 했기에 그럴까? 기껏 빌립보에서 로마까지 와서는 아파 누웠다가 돌아가는 것이 전부다.

하지만 그런 것은 중요하지 않다. 바울은 에바브로디도가 한 일보다 에바브로디도의 삶의 원칙을 말하고 있다. "에바브로디도가 한 일을 보니 과연 존귀히 여길 만한 사람이다"를 말하는 것이 아니다. "에바브로디도와 같은 원리로 세상을 사는 사람을 존귀히 여겨야 한다"를 말하는 것이다.

〈삼국지연의〉에 관도대전이 나온다. 조조의 2만 군사가 원소의 10만 군사를 이긴 전투다. 원소 수하에 순우경이라는 장수가 있었다. 군량이 있는 오소를 지키게 했는데, 그만 조조의 야습에 당하고 말았다. 군량은 다 불에 타고 포로가 되었다. 조조가 순우경의 코와 귀를 자르고 원소 진영으로 돌려보냈는데 원소가 참하고 만다. 패전의 책임을 물은 것이다. 비단 순우경만이 아니다. 〈삼국지연의〉를 읽다 보면 패전의 책임을 묻는 장면이 숱하게 나온다.

로마는 전투에서 진 지휘관을 처벌하지 않았다. 그러면 패전 경험을 다음 전투에서 활용할 수 있는 이점이 있다. 하지만 그것은 결과론이다. "이런 이점이 있으니까 처벌하지 말자"라고 한 것이 아니라 "처벌하지 않았더니 이런 이점이 있더라"이다.

로마 사람한테는 전쟁에 진 사람에게 불이익을 줘야 한다는 개념이 없었다. 명예를 무엇보다 소중하게 여기기 때문이다. 전쟁이 일어나면 귀족, 평민 구별 없이 모든 것을 내던지고 국토방위에 나선다. 자신의 임무를 완수하지 못하고 패전의 책임자가 되는 것은 견디기 힘든 굴욕이다. 죽고 싶을 정도로 치욕스럽다는 생각을 하는 사람한테 굳이 패전의 책임을 물을 이유가 없다. 패장이 되었다는 사실만으로 이미 수치라는 막대한 벌을 스스로 받는 중이다.

세상에서는 신상필벌을 중요한 원칙으로 말한다. 하지만 명예를 존중히 여기는 풍토에서는 신상필벌이 필요 없다. 다른 사람이 상을 주거나 벌을 주지 않아도 자기 스스로 상을 받고 벌을 받는다. 로마가 그랬다. 명예가 무엇보다 소중하다. 바로 그런 풍토에서 바울이 "이와 같은 자들을 존귀히 여기라"라고 한 것이다.

2:30〉 그가 그리스도의 일을 위하여 죽기에 이르러도 자기 목숨을 돌보지 아니한 것은 나를 섬기는 너희의 일에 부족함을 채우려 함이니라

에바브로디도 같은 사람이 어떤 사람인가 하면, 그리스도를 위하여 죽기에 이르러도 자기 목숨을 돌보지 않은 사람이다. 그것이 에바브로디도의 삶의 원칙이다. 에바브로디도를 존귀히 여기라는 것이 아니라 그런 원칙으로 사는 사람을 존귀히 여기라는 것이다.

예전에 교회에서는 신앙이 안 좋은 사람이 존중받아야 한다는 말을 한 적이 있다. 신앙 좋은 사람이 신앙 안 좋은 사람을 챙겨줘야 하고 이해해줘야 한다는 말도 했다. 바로 다음 주에 한 분이 말했다. "교회에서는 신앙이 안 좋은 사람이 존중받아야 한다고 하지 않았습니까? 제가 신앙이 안 좋단 말입니다. 그런데 사람들이 왜 제 말을 무시하는 것입니까? 의견이 다르면 제 말대로 해야 하는 것 아닙니까?"

그런 항변에는 뭐라고 해야 할까? 신앙이 앞선 사람은 그렇지 못한 사람을 챙겨줘야 하는 것이 맞다. 그렇다고 해서 신앙 안 좋은 것이 대접받을 수 있는 자격은 아니지 않은가?

교회에서는 그리스도의 일을 위하여 죽기에 이르러도 자기 목숨을 돌보지 않는 사람을 존귀히 여겨야 하는 것이 맞다. 하지만 당사자가 나서서 그렇게 말하면 고약하게 된다. "내가 그리스도를 위하여 목숨을 돌보지 않는데 당신은 왜 나를 존귀히 여기지 않는 것이요?"라고 하는 것은 말이 안 된다. 자기가 당사자라면 남들이 알아주거나 말거나 충성하는 것이 옳다. 어차피 남들한테 인정받으려고 그 일을 하는 것도 아니다. 하지만 당사자가 아니면 그런 사람을 알아줘야 한다.

로마에서는 명예가 가장 귀한 가치를 가졌다. 누구나 명예를 추구했다. 명예를 얻을 수 있는 일반적인 방법은 전쟁에 나가서 공을 세우거나 국가에 많은 기부를 하거나 정치적으로 높은 지위에 오르는 것이었다. "내가 공을 세

y

120   Let's Go 빌립보서

웠는데 왜 아무도 알아주지 않는 거냐?"라는 말도 할 수 있고 "내가 이만큼 출세했다. 다 나를 알아 모셔라."라고 하는 것도 가능하다. 세상에서는 지금도 그렇게 한다.

그런데 바울이 전혀 다른 말을 한다. 그리스도를 위해서 목숨을 내놓는 것이야말로 가장 존중받아야 할 일이라는 것이다.

목숨을 돌보지 않았다고 할 때 '돌보지 않다'로 번역된 '파라볼류에스다이'는 본래 도박 용어다. 도박을 하는 사람이 돈을 걸고 주사위를 던지는 것을 말한다. 돈을 걸면 더 이상 자기 돈이 아니다. 그 돈의 운명을 주사위가 결정한다. 에바브로디도가 그처럼 자기 목숨을 예수님께 걸었다는 것이다. 노름꾼이 도박판에 돈을 걸면 자기 돈이 아닌 것처럼 에바브로디도의 목숨도 자기 것이 아니다. 전적으로 그리스도께 달려 있다.

앞에서 바울이 "오직 너희는 그리스도의 복음에 합당하게 생활하라"라고 권면한 바 있다. 빌립보는 로마의 색채가 상당히 강한 도시였다. 빌립보 사람들한테는 로마 시민이라는 자부심이 있었다. 그래서 "빌립보 사람들이 모든 것을 로마에 맞게 사는 것을 알지 않느냐? 그런 것처럼 너희는 그리스도 복음에 합당하게 생활해야 한다."라고 한 것이다. 세상 사람들이 세상을 사는 방식이 있다면 우리한테도 우리가 사는 방식이 있다.

"이와 같은 자들을 존귀히 여기라"라는 말도 마찬가지다. "로마에서 어떤 사람을 존귀하게 여기는지 알지 않느냐? 하지만 우리가 존귀하게 여겨야 할 사람은 따로 있다. 바로 그리스도를 위해 목숨을 거는 사람이다. 그런 사람들이야말로 존귀한 사람들이다."라는 뜻이다. 그러면 앞에서 "주 안에서 모든 기쁨으로 그를 영접하라"라고 한 말도 이해가 된다. 로마 사람들과 같은 가치관으로는 에바브로디도를 기쁨으로 영접할 수 없다. 하지만 신앙 안목이 있는 사람이라면 다르다. 얼마든지 기쁨으로 영접할 수 있다.

더구나 에바브로디도가 자기 목숨을 돌보지 않은 이유가 있다. "나를 섬기는 너희의 일에 부족함을 채우려 함이니라"라고 한 것처럼 빌립보교회의 일을 위해서 그런 것이었다. 빌립보교회가 바울을 섬기는 데 소홀했다는 뜻이 아니다. 1,300km나 되는 거리 때문에 현실적으로 섬길 수가 없었다. 그것을 에바브로디도가 감당했다는 것이다.

"제대로 못하지 않았습니까?"라고 하면 안 된다. 에바브로디도 마음에 가득한 것이 그 일이었다. 그 일을 위해서 자기 목숨도 돌보지 않았다.

사람들이 다니엘을 말하는 이유가 무엇 때문일까? 사자 굴에 들어갔다 나왔기 때문일까, 사자 굴에 들어가게 된다는 것을 알면서도 기도를 쉬지 않았기 때문일까? 다니엘이 다니엘인 이유는 사자 굴에 들어갔다 나왔기 때문이 아니다. 어차피 자기 능력으로 나온 것도 아니다. 다니엘이 자기 결단으로 할 수 있는 일은 사자 굴에 들어가는 것까지다. 그때 다니엘이 사자한테 잡아먹혔다고 해도 달라지는 것은 없다.

혹시 다니엘을 사자 굴에서 나온 사람으로 알고 있으면 로마의 가치관 영향일 수 있다. 로마에서는 남다른 업적을 남겨야 인정받았다. 크게 공을 세우거나 높은 지위에 올라야 했다. 무엇보다 결과가 중요했다. 그가 어떤 마음으로 그렇게 했는지는 따지지 않았다.

설마 하나님도 그러실까? 하나님이 그러시지 않는다면 교회 역시 마찬가지다. 우리는 세상과 다른 기준을 가지고 사는 사람들이다. 누가 더 높은 지위에 올라가느냐가 문제가 아니다. 과연 그리스도를 위해서 자기 목숨을 돌보지 않느냐가 문제다.

잠깐 말도 안 되는 가정을 해보자. 우리한테 목숨이 두 개 있다면 하나는 자신을 위해 쓰고 다른 하나는 누구를 위해 쓸까? 그 하나는 주님을 위해 선 뜻 내놓을 수 있을까? 혹시 그 하나마저도 자신을 위해 쓰지 않을까? 하나 있 는 목숨을 못 내놓는 사람은 두 개가 있어도 마찬가지다.

  무슨 뜻인가 하면 "지금은 형편이 어려워서 별수 없고, 앞으로 여건이 나아 지면…"은 다 핑계에 불과하다는 뜻이다. 우리는 지금 자기한테 주어진 여 건에서 예수를 믿고 있는 사람이어야 한다. 그런 사람을 존귀히 여기는 것이 우리 책임이 아니다. 우리가 그런 사람이어야 한다. 예수를 주로 고백하는 사람은 그렇게 사는 법이다. 정녕 존귀한 사람들이다.

3장 바울의 당부

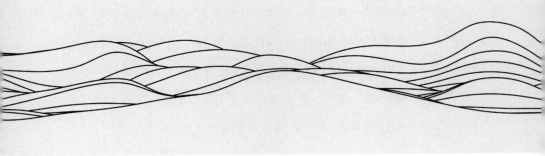

3:1〉 끝으로 나의 형제들아 주 안에서 기뻐하라 너희에게 같은 말을 쓰는 것이 내게는 수고로움이 없고 너희에게는 안전하니라

학생 시절, 전체 조회 시간은 항상 지루했다. 가장 지루한 시간은 단연 교장 선생님 훈화였다. "언제 끝나나…" 하는 마음으로 듣고 있는데 "마지막으로…"라고 하면 얼마나 반가운지 모른다. 드디어 끝날 모양이다. 그런데 여전히 끝날 줄 모르고 훈화가 계속 이어진다. 잠시 후에 또 "마지막으로…"라고 한다. 김이 팍 샌다. 한두 번 속은 것이 아니다.

혹시 바울도 그런 것일까? 빌립보서는 4장까지 있다. 이제 막 절반을 지났다. 그런데 "끝으로 나의 형제들아…"라고 한다. 4:8에도 "끝으로 형제들아…"가 나온다. 설마 바울이 '끝으로'가 무슨 뜻인지 모르는 것일까?

어쨌든 '끝으로'가 문자 그대로의 뜻이 아니다. 훈화를 하는 교장 선생님이

다른 주제로 넘어가기 위해서 '끝으로'라고 했다면 바울은 집중을 요한다는 뜻으로 '끝으로'를 말했을 것이다. 이제부터 중요한 말을 할 참이다. 이어지는 말이 "주 안에서 기뻐하라"다. 바울이 빌립보교회 교인들한테 꼭 강조하고 싶은 말이 주 안에서 기뻐하라는 것이다.

대중가요 가사에 흔하게 나오는 단어가 사랑이다. 사랑은 기독교에서 가장 중요하게 여기는 덕목이기도 하다. 하지만 차이가 있다. 대중가요 가사에 나오는 사랑은 감성에 속한 영역이다. 사랑이 마음속에서 우러나와야 한다.

성경은 그런 사랑을 말하지 않는다. 사랑하라고 명령을 한다. 사랑해야 할 이유가 있다는 뜻이다. 사랑이 감성이 아니라 이성에 속한 영역이다. 하나님께서 우리를 사랑하셨으니 그 사랑을 제대로 알면 충분히 사랑할 수 있다. 사랑해야 하는 것이 자기 본분인 줄 알아서 기필코 그 본분을 감당해야 한다.

기쁨도 마찬가지다. 세상에서는 기뻐할 일이 있어야 기뻐한다. 가만히 있는 사람한테 기뻐하라는 것은 말이 안 된다. "기뻐할 일이 있어야 기뻐할 것 아니냐?"라고 하면 뭐라고 해야 할까?

그런데 성경은 기뻐하라고 한다. 우리한테 사랑해야 할 이유가 있는 것은 맞다. 그러면 기뻐할 일은 무엇이 있을까? "주 안에서 기뻐하라"라고 했으니까 '주 안에서'가 단서다. 앞에서 에바브로디도를 주 안에서 모든 기쁨으로 영접하라고 한 말을 기억할 것이다. 주 밖에 있는 사람은 에바브로디도를 기쁨으로 영접할 수 없지만 주 안에 있는 사람이라면 다르다. 기뻐하는 것도 그렇다. 주 안에서는 기뻐할 수 있다. 풀어서 얘기하면 "주님이 너희한테 만족을 주는 분이 되게 하라", "오직 그분 안에서 기쁨을 발견하라"라는 뜻이다.

이 부분은 설명이 필요할 것 같다. "주님이 너희한테 만족을 주는 분이 되게 하라"라고 하면, "그러니까 주님이 우리를 만족하게 해주셔야 할 것 아닙니까?"라고 반문할 수 있을 것 같기 때문이다. 주님 주시는 만족이 어떤 만족일까?

하박국에서 가장 잘 알려진 구절은 단연 3:17-18이다. 복음성가 가사로 특히 유명하다.

비록 무화과나무가 무성하지 못하며 포도나무에 열매가 없으며 감람나무에 소출이 없으며 밭에 먹을 것이 없으며 우리에 양이 없으며 외양간에 소가 없을지라도 나는 여호와로 말미암아 즐거워하며 나의 구원의 하나님으로 말미암아 기뻐하리로다

무화과나무가 무성하고 포도나무에 열매가 많고 감람나무에 소출이 많고 밭에 먹을 것이 많고 우리에 양이 있고 외양간에 소가 있어서 즐거워하는 것이 아니다. 그 모든 것이 없어도 즐거워한다. 주님께서 주시는 만족은 무화과나무나 포도나무, 감람나무 열매, 밭의 식물, 우리의 양, 외양간의 소와 아무 상관이 없다. 오직 주님 한 분으로 충분하다. "주님이 너희한테 만족을 주는 분이 되게 하라", "오직 그분 안에서 기쁨을 발견하라"가 그런 뜻이다.

그러면 "너희에게 같은 말을 쓰는 것이 내게는 수고로움이 없고 너희에게는 안전하니라"는 무슨 영문일까? 이어지는 내용은 잘못된 가르침을 경계하는 내용이다. 개들을 삼가고 행악하는 자들을 삼가고 몸을 상해하는 일을 삼가라고 한다. 이 얘기는 바울이 처음 하는 말이 아니라 전에도 했던 말이다. 빌립보교회 교인들과 함께 있는 동안에 했을 수도 있고, 지금은 전해지지 않는 다른 편지에서 했을 수도 있다. 그런데 또 반복한다. 했던 말을 또 하는 것은 그만큼 중요하기 때문이다. 바울은 그렇게 하는 것이 전혀 번거롭지 않

다고 한다. 빌립보교회 교인들 역시 그렇다. 그들도 그 내용을 다시 확인하는 것이 좋다.

3:2) 개들을 삼가고 행악하는 자들을 삼가고 몸을 상해하는 일을 삼가라

해외여행을 하게 되면 가이드가 항상 여권을 강조한다. 하루에도 몇 번을 얘기하는지 모른다. 가방에 있는 여권을 손으로 만져서 확인하지 말고 꼭 눈으로 직접 확인하라고 한다. 그렇다고 해서 가이드가 번거로움을 느끼지는 않을 것이다. 여행객들도 마찬가지다. 대체 몇 번을 얘기하는 것이냐고 짜증내지 않는다. 얘기할 때마다 확인한다. 만의 하나, 차질이 생기면 큰일 난다.

개들을 삼가고 행악하는 자들을 삼가고 몸을 상해하는 일을 삼가는 것이 그만큼 중요하다. 개가 어떤 사람이고 행악하는 자가 어떤 사람이고 몸을 상해하는 사람이 어떤 사람인지 일일이 구별할 필요는 없다. 전부 유대인을 이르는 말이다.

복음서에 믿음이 크다고 칭찬 들은 여인 얘기가 나온다. 귀신 들린 딸을 둔 수로보니게 여인이다. 예수님께 자기 딸을 고쳐달라고 했다가, 자녀의 떡을 취하여 개들에게 던짐이 마땅치 않다는 차디찬 답을 들었다. 그러자 개들도 주인의 상에서 떨어지는 부스러기를 먹는다고 했다.

개는 이방인을 가리키는 일종의 별명이다. 유대인들은 이방인을 개로 여겼다. 자기들만 깨끗하고 이방인은 더럽다는 것이다. 바울이 그 말을 뒤집는다. 유대인들은 자기들만 하나님의 백성이고 이방인을 개에 비유하지만 실상 유대인들이 개라는 것이다.

행악하는 자도 마찬가지다. 유대인들은 자기들은 의인이고 이방인은 악인으로 여겼다. 이방인들이 어떤 악을 행했을까? 굳이 따질 이유가 없다. 그들이 하는 모든 행위가 다 악하게 보였을 것이다. 이방인은 행악하는 자들이다. 바울이 이 말도 뒤집는다. "유대인은 이방인을 행악하는 자라고 하는데 그들이야말로 행악하는 자들이다"라고 하는 셈이다.

몸을 상해하는 일을 삼가라는 말은 어떤가? 바울에 따르면 유대인은 몸을 상해하는 자들이다. 할례를 그렇게 꼬집은 것이다.

다윗이 골리앗과 싸우겠다고 하자, 사울이 만류한다. 골리앗은 키가 여섯 규빗 한 뼘이나 되는 거한인데 반해서 다윗은 어린아이였다. 누구라도 말리는 것이 정상이다. 그때 다윗이 양을 치던 경험을 말한다. 자기가 양을 칠 때 사자나 곰도 쫓았다고 하면서 골리앗도 얼마든지 이길 수 있다고 했다. 성경에는 그 내용이 "주의 종이 사자와 곰도 쳤은즉 살아 계시는 하나님의 군대를 모욕한 이 할례받지 않은 블레셋 사람이리이까"라고 되어 있다.

할례가 유대인의 자존심의 근간이었다. 할례를 받은 사람은 유대인이고 할례를 받지 않은 사람은 이방인이다. "우리는 할례를 받았다. 우리는 이방인과 다르다."라는 것이 유대인의 생각이었다. 자기들은 하나님의 백성 된 표지가 몸에 새겨진 사람들이다.

바울이 이 말도 가볍게 일축한다. 몸을 상해하는 사람을 멀리하라는 것이다. 할례의 가치를 인정하지 않는 정도가 아니다. 할례가 자해 행위에 불과하다는 것이다.

아무리 바울이라도 너무 심한 것 아닐까? 할례는 산헤드린 공회에서 의결한 것이 아니다. 하나님께서 아브라함한테 직접 말씀하신 언약의 표징이다. 아브라함의 후손은 누구든지 난 지 팔 일만에 할례를 받게 되어 있다.

3:3〉 하나님의 성령으로 봉사하며 그리스도 예수로 자랑하고 육체를 신뢰하지 아니하는 우리가 곧 할례파라

설마 바울이 그것을 모를까? 그래서 유대인들이 받은 할례는 몸을 상해하는 것에 불과하고 자기들이 진짜 할례를 받았다고 한다. 할례의 가치를 무시하는 것이 아니다. 어떤 사람이 진짜 할례를 받은 사람이냐는 것이다.

할례는 요즘 말로 포경 수술이다. 그런데 하나님께서 할례는 마음에 받는 것이라고 하셨다. "그러므로 너희는 마음에 할례를 행하고 다시는 목을 곧게 하지 말라(신 10:16)"라는 말씀도 있고, "네 하나님 여호와께서 네 마음과 네 자손의 마음에 할례를 베푸사 너로 마음을 다하며 뜻을 다하여 네 하나님 여호와를 사랑하게 하사 너로 생명을 얻게 하실 것이며(신 30:6)"라는 말씀도 있다. 바울은 표면적 유대인이 유대인이 아니고 표면적 육신의 할례가 할례가 아니라고 했다(롬 2:28). 그리스도 예수 안에서는 할례나 무할례나 효력이 없으되 사랑으로써 역사하는 믿음뿐이라고도 했다(갈 5:6). 할례가 단지 포피를 베어 냈느냐, 말았느냐의 문제가 아니라는 뜻이다.

할례는 하나님의 언약을 나타내는 표지다. 할례만 받으면 저절로 하나님의 언약 백성이 되는 것이 아니다. 언약 백성으로 살아야 한다. 할례가 중요한 것이 아니라 하나님의 백성으로 사는 것이 중요하다.

바울이 본문을 말하는 근거가 여기에 있다. 할례는 받았는데 하나님의 백성으로 살지 않으면 할례에 대한 모독이다. 그때의 할례는 몸을 상해하는 행위에 불과하다. 바울이 굳이 할례라는 단어를 쓴다. 유대인들이 언약 백성이 아니라 자기들이 진정한 언약 백성이라는 것이다.

바울은 언약 백성의 특징을 세 가지로 말한다. 우선 하나님의 성령으로 봉사한다고 했는데 번역에 오해의 소지가 있다. 마치 찬양대나 교회학교 교사처럼 교회에서 이런저런 봉사할 때를 말하는 것으로 생각할 수 있는데 그런 뜻이 아니다. 봉사를 영어로 service라고 한다. 하지만 service에는 봉사라는 뜻만 있는 것이 아니다. 예배도 service다. 〈표준새번역성경〉에는 "하나님의 영으로 예배하며"라고 되어 있다. 언약 백성은 하나님의 성령으로 예배한다.

여호와의 말씀이니라 보라 날이 이르리니 내가 이스라엘 집과 유다 집에 새 언약을 맺으리라 이 언약은 내가 그들의 조상들의 손을 잡고 애굽 땅에서 인도하여 내던 날에 맺은 것과 같지 아니할 것은 내가 그들의 남편이 되었어도 그들이 내 언약을 깨뜨렸음이라 여호와의 말씀이니라 그러나 그날 후에 내가 이스라엘 집과 맺을 언약은 이러하니 곧 내가 나의 법을 그들의 속에 두며 그들의 마음에 기록하여 나는 그들의 하나님이 되고 그들은 내 백성이 될 것이라 여호와의 말씀이니라

(렘 31:31-33)

새 언약이 있으면 옛 언약도 있을 것이다. 옛 언약 때는 하나님이 마치 이스라엘의 남편 같았다. 남편은 자기 자신은 아니지만 그렇다고 남도 아니다. 그만큼 가까운 사람이다. 이스라엘이 그런 하나님을 거역했다. 새 언약은 옛 언약과 같지 않다. 옛 언약 때 하나님이 이스라엘의 외부에서 인도했다면 새 언약 때는 하나님의 법을 이스라엘의 속에 두며 이스라엘의 마음에 기록한다. 이스라엘의 내부에서 인도하신다. 즉 성령을 보내주시겠다는 것이다. 신약과 구약의 차이가 여기에 있다.

부교역자 시절, 한 청년한테서 애인 리포트를 써 주느라고 밤을 새웠다는 말을 들었다. 그다음 말이 재미있었다. "이런 일이 왜 자주 안 생기죠?" 힘든

일을 억지로 한 것이 아니다. 그것이 오히려 기쁨이었다.

하나님의 성령으로 예배한다는 얘기가 그렇다. 의무나 속박이 아니다. 마지못해 하나님을 섬기는 것이 아니라 자원해서 섬긴다. 하나님을 섬기는 것이 기쁨이고 자랑인 것이 언약 백성의 특징이다.

또 그리스도 예수로 자랑한다. 그리스도 예수를 자랑한다고 하면 간단한데 왜 그리스도 예수로 자랑한다고 했는지 모르겠다. 어떤 것을 자랑한다는 얘기는 그것이 그 사람 안에 꽉 찼다는 뜻이다. 손주가 있는 사람은 핸드폰 배경 화면이 죄다 손주 사진이다. 오죽하면 손주 자랑은 돈 내고 하라는 말도 있다. 손주 얘기를 못하게 하면 의가 상할지도 모른다. 청년들의 경우에, 최근에 애인이 생긴 친구한테 애인 얘기를 할 기회를 안 주면 어떻게 될까? 애인 얘기를 하려고 할 때마다 다른 말을 해서 말을 막아버리면 답답해서 미치려고 할 것이다. 아마 그 친구는 애인 얘기를 하려고 만났을 것이다.

하나님의 백성은 그리스도 예수를 자랑한다. 다른 것은 자랑할 것이 없다. 신혼여행에서 돌아온 신부가 친구들을 집들이에 초대해서는 대학 다닐 때 미팅에서 만난 남자 얘기를 할 이유는 없는 것과 같다.

차제에 우리는 예수를 믿는 것이 어떤 것인지, 예수를 믿는 사람이 어떤 사람인지 정립할 필요가 있다. 예수 믿는다는 말을 너무 쉽게 한다. 물론 사람의 속마음이야 누가 알겠는가만 정말로 예수를 믿는 믿음이 있으면 그 믿음은 어떤 모양으로든지 표출되게 마련이다. 다른 사람은 모르고 혼자만 아는 믿음은 무효다.

그리스도 예수를 자랑한다는 말을 뒤집으면 육체를 신뢰하지 않는다는 뜻이 된다. 육체를 신뢰한다는 얘기는 자기 자신을 신뢰한다는 뜻이다. 재력이나 학력, 외모, 혈통 같은 것이 죄다 여기 들어가지만 요즘은 단연 돈이다.

자본주의 사회를 살고 있기 때문이다. 그런 폐단이 교회에도 스며 있을 수 있다.

어떤 사람이 교회에서 돈을 자랑하면 그 사람이 틀린 것을 누구나 안다. 속으로는 부러워할지언정 그러면 안 된다는 사실을 모르는 사람은 없다. 그러면 교회에서 돈이 없다고 기죽어 지내는 것은 어떤가? 돈 많다고 우쭐대는 것이 불신앙인 것처럼 돈 없어서 눈치 보는 것도 불신앙이다. 돈이 있는지 없는지는 차이가 있어도 돈을 힘으로 삼는 마음에는 차이가 없다.

예수님이 하나님과 재물을 겸하여 섬기지 못한다는 말씀을 하셨다. 우리의 문제는 하나님을 버리고 돈을 택하는 것에 있지 않다. 하나님과 돈을 겸하여 섬기려는 데 있다. 그러면서도 하나님을 섬길 마음이 있다는 이유로 자기한테 돈을 섬기는 마음이 있는 것을 모른다.

나한테 〈하나님이냐, 돈이냐〉라는 책이 있다. 누군가 그 책을 보더니 말했다. "꼭 둘 중에 하나를 택해야 해요? 하나님이 돈을 주시면 되잖아요?" 그 말이 농담이었을까, 진담이었을까? 어쩌면 농담 형식을 빌린 진담이었을 수 있다. 아우구스티누스가 한 말이 있다. "하나님을 사랑하는 사람은 세상을 이용해서 하나님을 섬기고 세상을 사랑하는 사람은 하나님을 이용해서 세상을 섬긴다."

하나님이 돈을 주시기를 바라는 마음이 바로 그렇다. 입술로는 하나님을 얘기했지만 마음은 세상에 있는 탓이다. 그러면 하나님의 백성으로 살기는 틀린 노릇이다.

우리가 어떤 사람일까? 우리가 과연 하나님의 성령으로 예배할까? 그리스도 예수로 자랑할까? 육체를 신뢰하지 않을까? 바울은 이런 사람이 진짜 할례를 받은 사람이라고 한다. 하나님의 백성은 그렇게 살아간다. 우리 역시 그렇다.

3:4) 그러나 나도 육체를 신뢰할 만하며 만일 누구든지 다른 이가 육체를 신뢰할 것이 있는 줄로 생각하면 나는 더욱 그러하리니

앞에서 바울이 주 안에서 기뻐하라고 당부한 내용을 확인했다. 아무나 주 안에서 기뻐할 수 없다. 주 안에 있는 사람만 주 안에서 기뻐할 수 있다. "나는 교회 다닙니다"라고 말하는 것으로는 모자라다. 정말로 예수 안에 있는 인생을 살아야 한다.

우선 주의할 점이 있다. 잘못된 가르침에 미혹되지 말아야 한다. 개들을 삼가고 행악하는 자들을 삼가고 몸을 상해하는 일을 삼가야 한다. 그런 사람은 주 안에서 기뻐할 수 없다. 주 안에서 기뻐하는 사람은 하나님의 성령으로 예배하며 그리스도 예수로 자랑하고 육체를 신뢰하지 않는 법이다.

기독교는 유대교에 뿌리를 두고 있다. 우리는 유대교의 영향을 받지 않지만 당시는 달랐다. 실제로 초대교회 때는 "예수만 믿으면 안 된다. 할례도 받고 율법도 지키면서 예수를 믿어야 한다."라는 사람도 있었다. 개들을 삼가고 행악하는 자들을 삼가고 몸을 상해하는 일을 삼가는 일이 절대 쉬운 일이 아니다.

누군가 "신앙은 돈과 상관없습니다. 우리는 그리스도 예수로 힘을 삼는 사람입니다."라고 했다고 하자. 전부 고개를 끄덕일까? "무슨 소리야? 돈으로 할 수 있는 일이 얼마나 많은데? 돈이 있으면 하나님을 더 잘 섬길 수 있지." 라고 하는 사람도 있을 수 있다. 돈의 영향력이 그만큼 막강하다. 돈과 관계없이 신앙을 얘기하는 것보다 돈으로 신앙을 얘기하는 것이 더 설득력 있게 들린다. "돈 한 푼 없는 사람이 무슨 수로 하나님의 일을 하느냐? 돈 있는 사람이 예수를 믿어야 하나님의 일도 많이 한다."라고 하면, 뭐라고 해야 할까?

주 안에서 기뻐하는 사람은 하나님의 성령으로 예배하고 그리스도 예수로 자랑하고 육체를 신뢰하지 않아야 한다. 육체를 신뢰하지 않아야 한다는 말을 하는 이유는 사람한테 육체를 신뢰하려는 경향이 있기 때문이다. 기왕이면 돈이 있어야, 많이 배워야, 출세해야 하나님 나라에 더 도움이 된다고 생각한다면 그것이 육체를 신뢰하는 것이다.

하지만 우리한테 적용했을 때 그렇다. 바울은 그런 뜻으로 이 말을 한 것이 아니다. 다분히 유대교를 겨냥한 말이다. 유대교가 육체를 신뢰하는 종교다. 자기 스스로 하나님의 의를 이루려는 것이 육체를 신뢰하는 것이다. 그래서 "그러나 나도 육체를 신뢰할 만하며 만일 누구든지 다른 이가 육체를 신뢰할 것이 있는 줄로 생각하면 나는 더욱 그러하리니"라고 한다. "혹시 자기 능력으로 하나님의 의를 이룰 수 있는 것처럼 말하는 사람이 있더냐? 그런 식으로 따지면 나 역시 빠지지 않는 사람이다."라는 뜻이다.

유대인들은 스스로 하나님의 백성이라고 했다. 아브라함의 후손으로 태어나서 할례를 받고 율법을 지키는 것이 그 근거다. 하지만 시대가 바뀌었다. 특히 당시는 디아스포라가 많았다.

주전 586년에 이스라엘(남 왕국 유다)이 바벨론에 멸망한다. 예루살렘 성전은 파괴되고 백성들은 포로로 끌려간다. 나중에 바벨론은 바사에게 망한다. 바사 왕 고레스가 칙령을 반포한다. 유대인들은 고국으로 돌아가서 성전을 건축해도 좋다는 것이다. 그 칙령에 따라 많은 유대인이 팔레스타인 땅으로 돌아왔다. 하지만 전부 돌아온 것은 아니다. 바벨론에 머문 사람도 많았다. 이처럼 팔레스타인 바깥 지역에 사는 유대인을 디아스포라라고 한다. 바울 당시 디아스포라는 약 500만 명으로 추산된다. 그들은 히브리어 대신 헬라어를 썼고 히브리 문화보다 헬라 문화에 더 익숙했다. 그러면 유대인이라고 다 똑같은 유대인이 아니게 된다. 유대인 중에서도 '더 유대인'과 '덜 유대인'이 있을 수 있다.

3:5-6〉 나는 팔 일 만에 할례를 받고 이스라엘 족속이요 베냐민 지파요 히브리인 중의 히브리인이요 율법으로는 바리새인이요 열심으로는 교회를 박해하고 율법의 의로는 흠이 없는 자라

3차 전도 여행을 마친 바울이 예루살렘에서 잡혔을 때의 일이다. 천부장이 바울을 채찍질하라고 하자, 사람들이 가죽 줄로 바울을 묶는다. 바울이 로마 시민 된 자를 죄도 정하지 아니하고 채찍질할 수 있느냐고 항의한다. 이어지는 천부장과 바울의 대화가 성경에 이렇게 기록되어 있다. "천부장이 와서 바울에게 말하되 네가 로마 시민이냐 내게 말하라 이르되 그러하다 천부장이 대답하되 나는 돈을 많이 들여 이 시민권을 얻었노라 바울이 이르되 나는 나면서부터라" 바울은 날 때부터 로마 시민권이 있었다. 반면에 천부장은 돈을 들여서 로마 시민권을 샀다. 천부장은 로마 시민이 아니었던 적이 있지만 바울은 로마 시민이 아니었던 적이 없다.

바울이 난 지 팔 일만에 할례를 받았고 이스라엘 족속이라는 얘기가 그런 뜻이다. 바울은 정통 유대인이다. 개종이 아닌 출생을 통해서 유대인이 된 사람이다. 그의 전 인생을 통해서 유대인이 아니었던 적이 단 한순간도 없다.

또 베냐민 지파다. 이스라엘 열두 지파는 야곱의 열두 아들에서 유래했다. 그 열두 아들 중에 유독 베냐민만 약속의 땅 가나안에서 태어났다. 예루살렘 성전이 베냐민 지파 영토에 있었다. 이스라엘이 남북으로 갈라졌을 때의 일이다. 에브라임을 비롯한 열 지파가 북 왕국 이스라엘에 속하고, 남 왕국 유다에는 두 지파만 남게 되었다. 유다 지파와 베냐민 지파다. 이스라엘의 초대 왕 사울이 베냐민 지파 출신이다. 반면 다윗은 유다 지파다. 유다 지파를 제외하면 베냐민 지파가 유일하게 다윗 왕조에 충성했다. 나중에 북 왕국은 앗수르에 망하는 것으로 나라가 와해되고 만다. 에브라임을 비롯한 열 지파도 그것으로 끝났다. 아주 일부만 남 왕국에 편입했다. 반면 남 왕국은 바벨론에 망했다가 다시 돌아오게 된다. 베냐민 지파가 유다 지파와 더불어 이스라엘의 핵심을 이루게 된 것이다. 바울이 그런 베냐민 지파 출신이다.

또 히브리인 중의 히브리인이라고 했다. 자신의 혈관에는 순수한 히브리인의 피가 흐른다는 것이다. 어머니도 히브리인이고 아버지도 히브리인이다. 바울은 길리기아 다소 출신이다. 출신지로만 따지면 디아스포라 유대인이다. 그런데도 히브리어에 능통했다. 대부분의 디아스포라가 모국어를 잃어버리고 헬라어를 썼지만 바울은 달랐다.

또 율법으로는 바리새인이다. 바리새인은 분리된 사람들이라는 뜻이다. 이 세상에서 분리되어 철저하게 율법을 위해 살겠다는 사람들이 바리새인이다. 그들은 모세의 율법을 지키는 것으로 만족하지 않았다. 모든 구전 조항을 일일이 지켰다. 모세가 시내산에서 받은 모든 율법을 다 기록해서 전한 것이 아니라 구두로 전한 율법도 있다고 하는데 그것이 구전 율법이다. 우리한테는 바리새인에 대한 편견이 있다. 복음서에서 항상 악역으로 나오기 때문이다. 하지만 바리새인은 유대 사회에서 상당히 존경받는 사람들이었다. 특히 바울은 바리새인의 아들이기도 했다(행 23:6). 율법의 정점에 이르렀다고 할 만하다.

열심으로는 교회를 핍박했다. 그 사실을 육체를 신뢰할 수 있는 근거로 말한다. 육체를 신뢰한다는 얘기는 자기 노력으로 하나님의 의에 이르려고 한다는 뜻이다. 바울이 교회를 핍박한 것은 그의 난폭한 심성 때문이 아니다. 하나님 나라를 위한 열심 때문이었다. 그가 악하기 때문에 교회를 핍박한 것이 아니라 선하기 때문에 교회를 핍박한 것이었다. 마치 깔끔한 주부가 모든 살림살이를 깨끗하게 하는 것과 같다. 주방도 깨끗하고 현관도 깨끗하고 안방도 깨끗하고 거실도 깨끗하고 베란다도 깨끗하다. 하나님 나라를 위한 열심이 그 정도로 대단했다.

또 율법의 의로는 흠이 없는 자라고 한다. 구약에는 "…하라"라는 긍정적인 율법 조항이 248가지, "…하지 말라"라는 부정적인 율법 조항이 365가지, 모두 613가지의 율법 조항이 있다. 이런 율법을 어느 만큼 지켜야 흠이 없다고 할 수 있을까? 공부에 게으른 학생은 달랑 숙제를 하고서는 공부를 다 했다고 하겠지만 그런 식으로 율법을 지킨 것으로 흠이 없다고 할 수는 없다.

군대에서는 가끔 내무 사열을 한다. 내무반에 먼지가 조금이라도 있으면 안 된다. 보이는 곳은 물론이고 보이지 않는 곳도 마찬가지다. 검열관이 하얀 장갑을 낀 손으로 창틀이나 전등 갓 위를 문지른다. 장갑에 먼지가 묻어 나오면 불합격이다.

율법의 의로 흠이 없다는 얘기가 그렇다. 율법에 대해서 그만큼 철저해야 한다. 613가지 조항만 지키면 되는 것이 아니다. 구전 율법도 있다. 그 모든 것을 완벽하게 지켰다는 것이다.

팔 일 만에 할례를 받고 이스라엘 족속이요 베냐민 지파요 히브리인 중의 히브리인이라는 얘기가 바울의 선천적 조건이라면 율법으로는 바리새인이요 열심으로는 교회를 핍박하고 율법의 의로는 흠이 없는 자라는 얘기는 후천적 조건이다. 누군가 육체를 신뢰해서 하나님의 의를 이룰 수 있다면 바울이야말로 가장 적합한 사람이다. 이보다 더 완벽할 수 없다.

3:7-8a) 그러나 무엇이든지 내게 유익하던 것을 내가 그리스도를 위하여 다 해로 여길뿐더러 또한 모든 것을 해로 여김은 내 주 그리스도 예수를 아는 지식이 가장 고상하기 때문이라

종종 이 구절을 피상적으로 말하는 경우가 있다. 전에는 돈이나 명예, 학력을 위해서 살았는데 그리스도를 알고 보니 그게 아니라는 것이다. "돈도 필요 없고 지식이나 명예, 권력 다 필요 없고 그리스도가 최고더라!"라고 한다. 물론 맞는 말이기는 하다. 아우구스티누스가 한 말이 있다. "예전에는 잃을까봐 그토록 두려워하던 것을 이제는 즐거이 포기하나이다." 예수를 모르는 사람은 돈을 못 벌면 어떡하나, 출세하지 못하면 어떡하나 전전긍긍하며 살 수 있다. 하지만 예수를 알게 되면 다르다. 그런 문제는 기꺼이 내려놓을 수 있다. 전에는 세속적인 것에 목표를 두었지만 지금은 그렇지 않다.

본문은 그런 말이 아니다. 바울이 그런 말을 하고 있다면 "그리스도를 위하여 해로 여긴다"가 설명이 안 된다. 돈이나 지위가 신앙에 방해가 되는 것은 아니기 때문이다. 예수를 믿는 사람은 인생 목표가 돈과 지위에서 하나님으로 달라진 사람이지, 돈이나 지위를 혐오하는 사람이 아니다.

바울은 하나님의 의를 이루고자 하는 사람이다. 인생 목표가 하나님의 의에 있다. 자기한테 유익하던 것은 하나님의 의를 이루는 데 도움이 된다고 생각했던 것들이다. 팔 일 만에 할례를 받고 이스라엘 족속이고 베냐민 지파고 히브리인 중의 히브리인이고 율법으로는 바리새인이고 열심으로는 교회를 핍박하고 율법의 의로는 흠이 없는 자인 것이 다 그렇다. 그런데 그 모든 것을 해로 여긴다고 한다. '해로 여긴다'는 말은 회계 장부를 쓸 때 적자라는 뜻이다. 있어도 그만이고 없어도 그만이 아니라 손해라는 것이다. 주 그리스도 예수를 아는 지식이 가장 고상하기 때문이다. 그런 것들은 그리스도 예수를 아는 데 방해가 될 뿐이다. 차라리 없는 것이 낫다.

우리나라 사람 중에 푸틴이나 트럼프를 모르는 사람이 얼마나 될까? 아마 없을 것이다. 그러면 푸틴이나 트럼프를 아는 사람은 얼마나 될까? 히브리 사람들한테 지식은 정보의 영역이 아니라 체험의 영역이다. 그리스도 예수를 아는 지식이 있다는 얘기는 예수님에 대해서 들은풍월이 있는 것이 아니다. 예수님이 누구인지 체험을 통해서 안다는 뜻이다.

무엇보다 신약은 구약을 배경으로 한다는 사실을 염두에 두어야 한다. 신약에서 말하는 그리스도를 아는 지식은 구약의 하나님을 아는 지식과 연결된 개념이다. 일찍이 호세아 선지자가 "내 백성이 지식이 없어서 망한다"라고 통탄한 바 있다. 설마 이스라엘이 하나님에 대해서 들은풍월이 없어서 망하겠는가? 하나님을 아는 것은 곧 하나님을 존귀하게 여기고 하나님께 순종하는 것을 말한다. "하나님이 창조주라고 하더라, 하나님이 이 세상 주인이라고 하더라." 하는 식으로 하나님에 대한 사실을 인식하는 것이 아니라 하나님과 개인적으로 친밀한 관계를 맺는 것이다.

그런 배경에서 바울이 "내 주 그리스도 예수를 아는 지식이 가장 고상하다"라고 한다. 앞에서 바울은 예수님이 어떻게 해서 모든 이름 위에 뛰어난 이름을 갖게 되었고, 모든 피조물의 주님이 되었는지 말한 바 있다. 예수님은 근본 하나님의 본체시다. 그런데도 하나님과 동등됨을 포기하시고 오히려 자기를 비워 죽기까지 복종했다. 하나님은 그런 예수님을 높여서 모든 무릎을 그 앞에 꿇게 했다. 모든 입술로 예수 그리스도를 주라 시인하게 했다.

바울이 그런 예수님을 주로 고백한다. 예수님이 하나님과 동등함 속에서 누릴 수 있었던 모든 것을 포기한 것처럼 자기 역시 그렇게 하겠다는 다짐을 포함한다. 요컨대 그리스도를 닮겠다는 뜻이다. 예수님이 어떤 분인지 머리로 아는 것이 아니라 자기도 그런 삶을 살겠다는 것이다. 그렇게 하는 것이 그리스도를 아는 것이다.

3:8b-9) 내가 그를 위하여 모든 것을 잃어버리고 배설물로 여김은 그리스도를 얻고 그 안에서 발견되려 함이니 내가 가진 의는 율법에서 난 것이 아니요 오직 그리스도를 믿음으로 말미암은 것이니 곧 믿음으로 하나님께로부터 난 의라

지난 2018년에 이집트에 다녀왔다. 알렉산드리아에서 사역하는 선교사와 식사를 같이 하게 되었다. 이런저런 얘기 중에 요즘 새 신자가 꾸준히 늘고 있다는 말이 나왔다. 고개를 끄덕이며 듣는데 한마디를 더 보탰다. "새 신자, 아시죠? 개종자를 말합니다."

그 말이 상당한 충격으로 다가왔다. 이슬람 신자가 기독교 신자로 개종하는 것이 보통 일일까? 기독교 신자인 것이 알려지면 그가 속한 모든 공동체에서 추방되고 사회에서 매장된다. 그런데 새 신자라고 했다. 듣고 보니 맞는 말이었다. 이슬람 신자가 기독교를 영접하는 일이나 불신자가 예수를 믿는 일이나 무슨 차이가 있겠는가? 예수를 믿는다는 얘기는 진리를 발견했다는 뜻이고 새로운 세상을 산다는 뜻이다. 인생 전부가 송두리째 바뀌는 엄청난 사건이다. "내가 그를 위하여 모든 것을 잃어버리고 배설물로 여김은 그리스도를 얻고 그 안에서 발견되려 함이니 내가 가진 의는 율법에서 난 것이 아니요 오직 그리스도를 믿음으로 말미암은 것이니 곧 믿음으로 하나님께로부터 난 의라"라고 한 그대로다. 그런 사람이 새 신자다.

바울이 모든 것을 잃어버렸다. 그 대신 그리스도를 얻었다. 그것을 그리스도 안에서 자기가 발견되는 것으로 얘기한다. 그리스도를 통해서 자기가 누구인지 알게 되었다는 뜻이다. 삶의 목적이 무엇인지, 자기가 어디에서 와서 어디로 가는지 알게 되었다. 그리스도를 알기 전에는 자기 의로 하나님 앞에 서려고 했다. 그런데 이제는 그리스도를 의지한다. 그리스도를 믿음으로 하나님 앞에 의롭게 되었다.

동서고금을 막론하고 이 세상 모든 인류가 대답해야 할 가장 심각한 질문이 있다면 "어떻게 하면 하나님 앞에 의로울 수 있을까?"이다. 우리 모두 언젠가 하나님 앞에 서야 하기 때문이다. 그 질문에 대한 답이 복음이다. 이 문제가 심각하지 않으면 어떻게 될까? 그런 사람한테는 복음도 복음이 아니다.

요즘 기독교는 힘이 없다고 한다. 그럴 수밖에 없다. 하나님 앞에 의로워야 한다는 생각이 없기 때문이다. 그런 문제는 되었으니 자기 기도나 들어달라고 하는 사람한테 기독교가 무슨 힘이 있겠는가? 기독교가 더 이상 기독교가 아니다. 어떻게 하면 하나님 앞에 의로울 수 있는지 단 한 번도 고민해보지 않은 사람은 구원의 가치를 모른다. 신앙이 무엇인지 알 수가 없다.

우리가 그리스도 안에서 발견된 사람이 맞을까? 어쩌면 우리는 하나님 앞에 의롭게 된 것이 문제가 아닐 수 있다. 우리 관심이 과연 거기에 있는지 먼저 따져야 할 것이다. 기독교는 우리를 하나님 앞에 바로 세우는 종교다. 그리고 우리는 하나님 앞에 바로 서기를 힘써야 하는 사람들이다. 하나님 앞에 의로워야 한다는 절대명제 앞에서 이 세상에 속한 모든 것은 배설물과 같다.

그리스도 예수를 아는 지식이 가장 고상하기 때문이다. 모든 사람의 인생은 그리스도 예수 안에서만 의미를 갖는다.

3:10-11〉내가 그리스도와 그 부활의 권능과 그 고난에 참여함을 알고자 하여 그의 죽으심을 본받아 어떻게 해서든지 죽은 자 가운데서 부활에 이르려 하노니

3장 시작하면서 주 안에서 기뻐하라는 내용이 나왔다. 아무나 주 안에서 기뻐할 수 없다. 주 안에서 기뻐하려면 우선 개나 행악하는 자, 몸을 상해하는 자를 삼가야 한다. 하나님의 성령으로 예배하며 그리스도 예수로 자랑하고 육체를 신뢰하지 않는 사람이라야 주 안에서 기뻐하는 것이 가능하다.

바울도 개나 행악하는 자, 몸을 상해하는 자였던 시절이 있었다. 그때는 할례를 자랑했고 순수 이스라엘 백성이라는 사실을 자랑했다. 열심히 율법을 지켰다. 교회를 박해하기도 했다. 자기보다 율법을 더 잘 지키는 사람이 있으면 나오라고 할 수 있을 정도였다. 그렇게 하면 하나님 앞에 바로 설 수 있는 줄 알았다.

하지만 지난 얘기다. 지금은 하나님의 성령으로 예배하며 그리스도 예수로 자랑하고 육체를 신뢰하지 않는 사람이 되었다. 자기의 의가 율법을 지키는 것에서 나오는 것이 아니라 오직 그리스도를 믿음으로 말미암는 줄 알았기 때문이다.

그러면 이제 무엇을 해야 할까? 신자가 되었으면 신자로 살아야 한다. 신자로 살지 않는 사람은 신자가 아니다. 마찬가지다. 하나님의 성령으로 예배하며 그리스도 예수로 자랑하고 육체를 신뢰하지 않는 사람이 되었으면 그렇게 살아야 한다.

앞에서 바울이 그리스도를 아는 지식이 가장 고상하다는 말을 했다. 하나님의 성령으로 예배하며 그리스도 예수로 자랑하고 육체를 신뢰하지 않는 사람이라면 그리스도를 아는 지식을 가장 고상하게 여기기 마련이다. 그리스도를 아는 지식은 물론 정보의 문제가 아니라 체험의 문제다. 그러면 그리스도와의 교제를 가장 고상한 것으로 여기는 모습이 있어야 한다. 그렇게 사는 삶이 주 안에서 기뻐하는 삶이다. 그래서 "내가 그리스도와 그 부활의 권능과 그 고난에 참여함을 알고자 하여…"라고 한다.

바울이 자기가 알고자 하는 것을 세 가지로 말한다. 그리스도와 그리스도의 부활의 권능, 그리고 그리스도의 고난이다. 뭔가 매끄럽지 않다. 그리스도를 알기 원한다고 하면 그리스도의 부활과 고난은 저절로 포함된다. 굳이 구분해서 말할 이유가 있을까?

자수성가한 사람한테 누군가 말한다고 하자. "당신의 모든 것을 알고 싶습니다. 특히 당신이 겪은 가장 큰 어려움과 그것을 이겨낸 비결을 꼭 말씀해 주십시오." 바울의 얘기가 그런 식이다. 요컨대 그리스도를 알고 싶다. 그러려면 무엇보다 부활과 고난을 알아야 하겠다는 것이다.

예수님이 십자가에 달렸다가 부활하신 것을 모르는 사람도 있을까? 그런 말이 아니다. 아는 것이 정보의 문제가 아니라 체험의 문제이기 때문이다. 그리스도를 아는 것 역시 고개를 끄덕여서 아는 것이 아니다. 바울은 그리스도의 부활과 고난을 자기 몸으로 알고 싶어 한다.

강일상 목사가 쓴 〈부활되어야 할 부활〉이라는 책이 있다. 관념적인 부활 신앙을 꼬집은 책이다. 부활은 우리가 믿어야 할 내용이 아니라 실제로 살아야 하는 과제라는 것이다. 그리스도의 부활을 과거의 사실로, 죽은 자의 부활을 미래의 소망으로만 알고 있으면 그 부활이 지금 우리와 아무 상관이 없게 되기 때문이다.

사람은 본래 죄인이다. 죽은 자들과 다름없다. 그런데 의롭게 되었다. 죽은 자가 살아난 것이다. 그러면 부활한 사람으로 살아야 한다. 그런 사람이 장차 그리스도의 부활에 참여할 것이다. 자기한테 주어진 부활조차 누리지 못하면서 새삼스럽게 무슨 부활을 기대한다는 것일까? 그리스도의 부활의 권능을 알고 싶다는 얘기가 그렇다. 정말로 이다음에 부활할 사람이라면 지금 부활한 사람으로 살고 있어야 한다.

또 그리스도의 고난에 참여함을 알고자 한다고 했다. 관주성경에는 '참여함'에 1)이 있고, 관주에 '또는 교제'라고 되어 있다. 그리스도께서 받은 고난과 교제를 나누고 싶다는 것이 바울의 말이다.

예수님이 십자가에 달림으로써 우리가 구원을 얻었다. 교회에서 늘 하는 말이다. 우리가 예수님께서 받으신 고난의 수혜자다. 하지만 그 고난에 동참하면 예수님과 고난을 나누는 공유자가 된다. 1:29에서 바울이 "그리스도를 위하여 너희에게 은혜를 주신 것은 다만 그를 믿을 뿐 아니라 또한 그를 위하여 고난도 받게 하려 하심이라"라고 했다. 우리한테 예수를 믿는 믿음이 있는 것은 하나님의 은혜다. 단, 그 은혜는 예수를 믿는 것으로 끝나지 않는다. 고난도 받아야 한다. 믿음과 고난이 한 세트다.

바울이 그리스도와 그 부활의 권능과 그 고난에 참여함을 알고자 하여 취한 방법이 있다. "그의 죽으심을 본받아 어떻게 해서든지 죽은 자 가운데서 부활에 이르려 하노니"가 그렇다.

그리스도의 부활과 고난을 알려면 직접 해보면 된다. 그래서 그의 죽으심을 본받겠다고 한다. '본받아'로 번역된 말의 어원은 '함께'라는 '쉰'과 '본체'에 해당하는 '모르페'의 합성어다. "그는 근본 하나님의 본체시나…"라고 할 때의 '본체'를 말한다. 본체를 함께하는 것, 같은 형질을 갖는 것이 본받는 것이다. 붕어빵 틀에서 붕어빵을 구우면 똑같은 모양이 나올 수밖에 없다. 바울이 그리스도의 죽음을 그처럼 똑같이 따라하겠다고 한다. 죽는 방법으로 십자가를 택하겠다는 뜻이 아니다. 예수님께서 죽기까지 복종하신 것처럼 자기도 그렇게 하겠다는 것이다.

 이유가 있다. 어떻게 해서든지 죽은 자 가운데서 부활에 이르고 싶기 때문이다. '어떻게 해서든지'라는 말이 왜 있을까? 죽은 자 가운데서 부활에 이르려는 열망이 그만큼 강렬한 것이다. 다른 일은 몰라도 그 일만큼은 꼭 이루고 싶다.

 "어차피 이다음에 다 부활하지 않습니까?"라고 하면 안 된다. 바울은 그런 식으로 미래에 있을 부활을 말하는 것이 아니다. 그 부활을 지금 살고 싶다는 것이다. 그렇게 해야 그리스도를 알 수 있다. 설탕의 단맛을 알려면 설탕 성분에 대한 설명을 들어야 하는 것이 아니라 먹어보면 되는 것처럼 그리스도를 알려면 그리스도인으로 살아보면 된다. 신앙이 어떤 것인지 아는 가장 좋은 방법은 신앙인으로 사는 방법이다. 그래서 12절로 이어진다.

3:12) 내가 이미 얻었다 함도 아니요 온전히 이루었다 함도 아니라 오직 내가 그리스도 예수께 잡힌 바 된 그것을 잡으려고 달려가노라

 바울이 자기 입으로 율법의 의로는 흠이 없는 자라고 했다. 그런데 그리스도를 아는 지식에서는 그렇지 않다. 그리스도의 죽으심을 본받아 죽은 자 가운데서 부활에 이르려니 아직도 갈 길이 먼 것을 깨달았다.

예수님이 십자가에 달려 돌아가시면서 "다 이루었다"라고 했다. 그런 말을 예수님 말고 누가 하겠는가? 바울도 마찬가지다. "내가 이미 얻었다 함도 아니요 온전히 이루었다 함도 아니라"라고 할 수밖에 없다. 특히 온전히 이루었다 함도 아니라고 할 때의 '온전히 이루었다'는 예수님 말씀하신 '다 이루었다'와 어근이 같다. "아무리 바울이라고 해도 예수님이 아니다. 자기 신앙이 완성되었다는 말을 누가 할 수 있느냐? 우리는 현재 위치에서 더욱 노력해야 한다."라고 하면 누구나 고개를 끄덕인다. 그러면 바울이 구체적으로 어떤 노력을 하고 있을까?

부교역자 시절의 일이다. 장로 은퇴 예배가 있었다. 은퇴하시는 장로님이 인사말을 했다. 내용이야 무슨 수로 기억하겠는가만 이런 대목이 있었다. "이제는 성경을 읽으려고 해도 눈이 침침해서 읽을 수가 없습니다. 기도를 하려고 해도 입이 말라서 할 수가 없습니다. 이런 날이 있을 줄 진작 알았으면 젊은 시절에 신앙생활에 더 힘쓸 걸 그랬습니다." 군데군데에서 '아멘' 소리가 들렸다. 분위기가 상당히 숙연했다.

납득이 안 되었다. 신앙생활이 고작해야 기도하고 성경 보는 것이 전부일까? "나이를 먹어서 교회 봉사가 힘들다"라고 할 수는 있다. 기력이 없으면 봉사는 못한다. 하지만 신앙생활에 나이가 무슨 상관일까?

바울은 지금 옥에 갇혀 있다. 그런데도 "나는 아직 신앙을 이루지 못했다. 오직 열심히 노력할 뿐이다."라고 한다. 옥에 갇힌 것과 신앙생활 사이에 아무런 관계가 없다. 하물며 나이 먹어서 눈이 침침하고 입이 마르는 것이 무슨 상관일까? 결국 바울이 말하는 신앙생활은 예수님을 닮는 생활이다. 날마다 예수님을 닮아가고, 예수님의 마음을 품는다면 그것이 신앙생활이다.

바울의 얘기가 특이하다. "나는 여태까지 율법을 열심히 지키면 하나님의 의에 이를 수 있을 줄 알았습니다. 그런데 그게 아닌 것을 알게 되었습니다. 내가 가진 의는 율법에서 난 것이 아니요 오직 그리스도를 믿음으로 말미암은 것입니다. 그리스도 예수를 아는 지식이 가장 고상합니다. 그래서 그리스도를 알기 위해서 더욱 노력하고 있습니다."라고 해야 할 것 같은데 그게 아니다. "오직 내가 그리스도 예수께 잡힌 바 된 그것을 잡으려고 달려가노라"라고 한다. 그리스도께 붙들리자, 새로운 인생 목표가 생긴 것이다. 자기가 설정한 목표를 향해서 달려가는 것이 아니라 그리스도께서 바라시는 삶을 살고 있다.

등산을 시작한 사람이 있다. 주말마다 산에 간다. 등산 장비를 구입하느라 돈도 제법 썼고 어울리는 친구도 달라졌다. 평소 대화에도 등산과 관계된 얘기가 많이 나온다.

예수를 믿는 것은 어떨까? 주일마다 예배를 드린다. 십일조를 하니 지출 내역도 달라졌고 구역 예배를 드리니 어울리는 친구도 달라졌다. 평소 대화에도 교회에서 쓰는 용어가 입에 오르내린다.

하지만 둘 사이에는 본질적인 차이가 있다. 등산은 삶의 부가물이다. 자기 인생에 등산을 추가한 것이다. 등산이 그 사람을 위해서 존재하지, 그 사람이 등산을 위해서 존재하지 않는다. 기독교 신앙은 다르다. 예수를 믿는다는 얘기는 자기 인생에 뭔가 새로운 것 한 가지를 추가한다는 얘기가 아니다. 예수님을 위해서 산다는 뜻이다. 예수님이 삶의 중심이다. 그렇게 되지 않으면 그 사람은 신자라고 할 수 없다.

수도원이 가장 먼저 생긴 나라가 이집트다. 지난번 이집트에 갔을 적에 몇몇 수도원을 방문했다. 비쇼이라는 사람이 있었다. 주후 4세기 인물이다. 광야에 있는 한 동굴에서 밤낮없이 기도에 힘쓰던 중에 웬 손님이 찾아왔다.

그 손님의 발을 씻어주는데 발에 못 자국이 있었다. 예수님이었던 것이다. 이렇게 해서 비쇼이 수도원이 탄생했다.

비쇼이 수도원은 손님이 오면 가장 먼저 발을 씻어주는 것이 전통이 되었다. 그런데 언제부터인지 그 전통이 지켜지지 않는다고 한다. 우리 일행을 안내하던 수도사가 그 이유를 알겠느냐고 묻더니 혼자 대답했다. 전에는 머나먼 광야 길을 걸어서 오느라 손님마다 발이 먼지투성이였는데 요즘은 포장된 도로를 따라 차로 오기 때문이라는 것이다. 수도사는 조크였는데 나는 조크로 들리지 않았다. 예전에는 예수 믿는 게 참 힘들었는데 요즘은 쉽지 않느냐는 말로 들렸기 때문이다.

예전에는 70년 넘게 사는 것이 힘들었는데 요즘은 힘들지 않다. 건강 상태가 좋아지고 의료 기술이 발달했기 때문이다. 예전에는 서울에서 부산 가는 것이 힘들었는데 지금은 힘들지 않다. 교통이 좋아졌기 때문이다. 그러면 예전에는 예수 믿는 게 힘들었는데 요즘은 쉬워진 이유가 무엇 때문일까? 하나님께서 신앙 기준을 대폭 낮추신 때문이라면 관계없다. 그런데 신앙도 아닌 것을 신앙이라고 우기고 있는 때문이면 어떻게 할까?

바울은 무엇이든지 자기한테 유익하던 것을 그리스도를 위해서 다 해로 여긴다고 했다. 예수 그리스도를 아는 지식이 가장 고상하다는 사실을 알고 나서는 한때 귀하게 여기던 것들을 모두 배설물로 여겼다. 그러면 우리는 어떻게 된 영문일까? 우리가 예수를 믿은 다음에 해로 여기고 배설물로 여기는 것이 있을까? 바울이 해로 여기고 배설물로 여기는 것이 우리한테는 여전히 귀하지 않을까? 그렇다면 신앙은 그것들을 얻게 해주는 수단에 불과하게 된다. 그러면 우리가 믿는 예수와 바울이 믿는 예수가 같은 분이 맞을까? 말로는 예수를 믿는다고 하는데 그 믿음이 과연 같은 믿음일까?

멕시코 아이들이 생일 파티 때 즐기는 놀이가 있다. 수건으로 눈을 가린 아이들이 천장에 매달린 '삐냐따'를 막대기로 때려서 그 안에 들어 있는 사탕이 떨어지면 줍는 놀이다. '삐냐따'는 파인애플이라는 뜻을 가진 용기를 말한다. 이 놀이에는 유래가 있다. 본래 그 지역 원주민들한테 복음을 전하기 위한 상징적 방법이었다.

'삐냐따'는 일곱 각이 있는 별 모양이다. 그 각각은 치명적인 일곱 가지 죄를 상징한다. 눈가리개는 신앙을 뜻하고 막대기는 죄와 싸워 이기기 위한 무기다. 쏟아지는 사탕은 죄를 이긴 사람이 받게 될 천국의 풍요로움을 비유한다.

그런데 지금은 아무런 메시지도 남아 있지 않다. 파티를 즐겁게 해주는 유희에 불과하다. 아이들은 단지 사탕을 얻는 재미로 막대기를 휘두른다. 누군가 나서서 그 의미를 설명하면 오히려 짜증을 내지 않나 싶다. 얼른 사탕만 얻어 가면 그만이지, 죄니 복음이니 하는 얘기가 무슨 상관일까? 어차피 교회학교에서 다 들은 얘기다.

우리 신앙이 그럴 수 있지 않을까? 성경에 뭐라고 되어 있는지 모르지 않는다. 우리 믿음의 선조가 어떻게 신앙을 지켰는지도 안다. 하지만 딱히 관심은 없다. 신앙이야 어차피 예수를 믿으면 되는 거지, 거기에 무슨 열심을 더 부릴까? 꼭 그렇게 믿어야 하는 것은 아니지 않은가?

그러면 그런 사람들은 어떤 사람들일까? 바울은 "내가 이미 얻었다 함도 아니요 온전히 이루었다 함도 아니라"라고 했는데 "나는 이미 얻었다. 온전히 이루었다."라고 하는 사람들일까?

3:13-14〉 형제들아 나는 아직 내가 잡은 줄로 여기지 아니하고 오직 한 일 즉 뒤에 있는 것은 잊어버리고 앞에 있는 것을 잡으려고 푯대를 향하여 그리스

도 예수 안에서 하나님이 위에서 부르신 부름의 상을 위하여 달려가노라

본문은 12절의 반복이다. 방금 한 말을 또 하는 것은 그만큼 중요하기 때문이다. 한 번 얘기한 것으로는 말귀를 알아듣는다고 장담할 수 없다. 그래서 거듭 얘기한다.

빌립보교회에 자기가 이미 잡은 줄로 여기는 사람이 있었던 모양이다. 이야기는 단순하지 않다. 잡은 줄로 여기느냐, 잡은 줄로 여기지 않느냐로 끝나는 것이 아니기 때문이다. 자기가 이미 잡은 줄로 여기면 그 사람이 무엇을 할까? 자기는 할 일이 없다. 하나님이 하실 일만 남았다. 그런 사람한테는 신앙이 수단이 된다. 신앙을 통해서 세상에서 덕을 보는 것이 중요하다.

그래서 바울이 "나는 아직 내가 잡은 줄로 여기지 아니하고"라고 한다. 아직도 미완성이다. 신앙을 이루는 것이 유일한 목표다. 바울은 그리스도 예수 안에서 하나님이 위에서 부르신 부름의 상을 위하여 달려가는 사람이다. 다른 것에 신경 쓸 겨를이 없다. 지금보다 더 예수를 닮아가야 한다.

관주성경에는 '위에서'에 2)가 있다. 관주를 찾아보면 '또는 위로'라고 설명되어 있다. 하나님은 우리를 위로 부르신다. 그 부르심에 순종하는 사람은 하늘을 지향하며 살게 마련이다. 비록 발은 땅을 딛고 살지라도 시선은 하늘에 고정되어 있다. 모든 소망이 그곳에 있다. 무릇 신자는 그렇게 사는 법이다. 그런 사람이 주 안에서 기뻐할 수 있다.

3:15〉 그러므로 누구든지 우리 온전히 이룬 자들은 이렇게 생각할지니 만일 어떤 일에 너희가 달리 생각하면 하나님이 이것도 너희에게 나타내시리라

앞에서 바울은 "내가 이미 얻었다 함도 아니요 온전히 이루었다 함도 아니라"라고 했다. 그런데 본문은 "그러므로 누구든지 우리 온전히 이룬 자들은 이렇게 생각할지니…"로 시작한다. 방금 온전히 이루지 못했다고 했는데 잠깐 사이에 자기를 온전히 이룬 자에 포함시킨다.

온전히 이루었다는 얘기는 본래 운동 경기에서 나온 용어다. 승리자로 월계관을 받으면 그것이 온전히 이룬 것이다. 또 있다. 훈련을 제대로 받았다, 경기에 나갈 준비가 되었다는 뜻으로도 온전히 이루었다고 했다. 즉 앞에서는 "나는 아직 승리자가 아니다, 월계관을 받은 것이 아니다."라는 뜻으로 온전히 이루지 못했다고 했다. 본문에서는 "신앙생활을 제대로 할 준비가 되어 있는 사람들은 이렇게 생각해야 합니다"라는 내용을 말하고 있다.

어떻게 생각하라는 얘기일까? 이어지는 말이 "만일 어떤 일에 너희가 달리 생각하면 하나님이 이것도 너희에게 나타내시리라"이다. 빌립보교회 교인 중에 바울과 생각이 다른 사람이 있을 수 있다. 물론 기독교 핵심 교리에 대한 얘기가 아니다. 바울이 "내가 가진 의는 율법에서 난 것이 아니요 오직 그리스도를 믿음으로 말미암은 것이라"라고 했는데, 누군가 "아닙니다. 내 생각은 다릅니다."라고 하는 것은 말이 안 된다. 하지만 지엽적인 문제에서는 얼마든지 다를 수 있다. 그런 경우 바울은 "내가 하는 말이 맞으니까 무조건 내 말대로 해라"라고 하지 않는다. "하나님이 이것도 너희에게 나타내시리라"라고 한다. 때가 되면 하나님께서 알게 하신다는 것이다.

그러면 그때까지 무엇을 해야 할까?

3:16〉 오직 우리가 어디까지 이르렀든지 그대로 행할 것이라

제럴드 싯처가 쓴 〈하나님의 뜻〉이라는 책에 있는 내용을 소개한다. 대학 시절, 제럴드 싯처가 의학과 신학 중에서 양자택일을 해야 했다. 수개월 동안 그 문제에서 헤어나지 못했다. 양쪽의 장단점을 저울질하기도 했고 주변에 조언도 구했고 기도도 했다. 어느 쪽이 자기 인생을 향한 하나님의 뜻인지 알고 싶었다. 그런데 도무지 확신이 서지 않았다. 마치 이정표 없는 갈림길에 선 나그네처럼 어느 쪽이 맞는 길인지도 모른 채 선택을 내려야 했다.

그 선택에 대한 스트레스로 생활도 자연 엉망이 되었다. 보다 못한 아내가 한마디 했다. "당신이 어떻게 결정하든지 나는 내 남편이나 돌려받았으면 좋겠어요."

그 말을 듣고서야 정신이 번쩍 들었다. 신학을 해야 할지 의학을 해야 할지 고민하느라 무엇 하나 제대로 하는 일이 없었기 때문이다. 모든 일을 내팽개친 상태로 지냈다. 공부에도 손을 놓았고 아내한테도 소홀했고 집안일에도 무심했다. 대체 무엇이 문제였을까? 고민 내용이 문제였을까, 고민이 있다는 사실이 문제였을까?

간혹 하나님의 뜻을 모르겠다며 상심하는 사람이 있다. 얼마든지 있을 수 있는 일이다. 우리가 무슨 수로 하나님의 뜻을 다 알겠는가? 하지만 우리의 문제는 하나님의 뜻을 모르는 데 있지 않다. 하나님의 뜻을 모른다는 핑계로 아는 것을 안 하는 데 있다. 본문이 그런 얘기다. 모르는 것은 모르는 것이라도 아는 것은 해야 한다. 모르는 것은 언젠가 알게 될 것이다.

3:17) 형제들아 너희는 함께 나를 본받으라 그리고 너희가 우리를 본받은 것처럼 그와 같이 행하는 자들을 눈여겨보라

'우리'는 디모데와 에바브로디도를 포함해서 말한 것이지만 빌립보교회 교인들이 본받을 만한 사람이 바울, 디모데, 에바브로디도로 한정되지는 않는다. "그와 같이 행하는 자들을 눈여겨보라"라고 한 것처럼 본받을 만한 사람이 얼마든지 주변에 있다고 한다.

3:18〉 내가 여러 번 너희에게 말하였거니와 이제도 눈물을 흘리며 말하노니 여러 사람들이 그리스도의 십자가의 원수로 행하느니라

이런 말을 하는 이유가 있다. 본받으면 절대 안 되는 사람들이 있기 때문이다. 이미 전에도 여러 차례 말한 바 있는데 또 눈물을 흘리며 말한다는 것이다.

월남 이상재 선생 일화 중에 이런 얘기가 있다. 며느리가 도둑을 맞았다. 재봉틀을 잃어버린 것이다. 그 시절의 재봉틀은 상당한 고가였다. 상심한 며느리가 울음을 터뜨리자, 이상재 선생이 꾸짖었다. "너는 나라를 잃고도 울지 않더니 그까짓 재봉틀 때문에 우느냐?"

지렁이 양식을 하다가 망한 사람 얘기를 책에서 읽은 적이 있다. 예수 때문에는 한 번도 울지 않던 사람이 "내 지렁이! 내 지렁이!" 하면서 3박 4일간 울더라는 것이다. 세상에서는 예수 때문에 흘릴 눈물은 없어도 자기 욕심 때문에 흘릴 눈물은 있는 사람이 얼마든지 있다. 그것이 그만큼 중요한 것을 어떻게 할까?

눈물이라고 해서 다 같은 눈물이 아니다. 어떤 일로 우느냐 하는 것이 곧 그 사람이 어떤 일을 중요하게 여기느냐를 보여준다. 바울은 그리스도의 십자가의 원수로 행하는 사람들 때문에 눈물을 흘린다.

대체 어떤 사람들일까? 요즘으로 치면 어떤 사람들에 해당할까?

3:19〉 그들의 마침은 멸망이요 그들의 신은 배요 그 영광은 그들의 부끄러움에 있고 땅의 일을 생각하는 자라

멸망은 구원에 대조되는 개념이다. 그들과 우리는 운명이 다르다. 그러면 운명만 다르지 않을 것이다. 세상을 사는 모습도 다르게 마련이다.

그들의 신은 배라고 했다. 배를 신으로 섬기며 산다. 가장 중요한 것이 자기 욕심이다. 욕심나는 대상이 있는지, 그 욕심을 이룰 능력이 있는지만 따진다. 그것이 의로운 일인지, 자기 영혼에 유익한지에는 관심이 없다. 욕심만 채우면 그것으로 만족한다. 물론 그 욕심은 더 큰 욕심으로 이어진다.

그 영광은 그들의 부끄러움에 있다. 군 복무 시절, 월남전 참전 경험이 있는 간부가 있었다. 걸핏하면 '무용담'을 얘기하곤 했다. 작전 중에 한 마을에 들어갔는데 월남 여자가 부들부들 떨면서 살려달라고 하더란다. 그래서 살려는 줬다는 것이다. 그런 구역질나는 얘기를 자랑스레 할 수 있는 원동력이 무엇일까? 자기가 영광스러운 일을 했는지 부끄러운 일을 했는지 모른다.

또 땅의 일을 생각한다. 돼지는 신체 구조상 하늘을 보지 못한다. 굳이 하늘을 볼 이유도 없다. 필요한 모든 것이 땅에 있다. 그런데 돼지가 아닌데도 하늘과 관계없이 살려는 사람이 있다. 한사코 땅의 일만 생각한다.

별수 없다. 아무나 그 마침이 멸망이겠는가? 아무나 배를 섬기고, 아무나 영광과 수치를 구분하지 못하겠는가? 멸망하는 자한테는 멸망할 만한 이유가 있는 법이다.

이들이 대체 누구일까? 누구인지는 몰라도 "형제들아 너희는 함께 나를 본받으라 그리고 너희가 우리를 본받은 것처럼 그와 같이 행하는 자들을 눈여겨보라"라는 말로 단속해야 할 만큼 조심스러운 사람들이다. 바울 당시에 그런 사람들이 있었다. 우리한테 적용하면 어떤 사람들일까? 일단 불신자는 아니다. 신자라고 하면서도 자기 욕심 때문에 불신자의 삶의 방식에 끌릴 수는 있다. 하지만 불신자의 가르침을 옳게 여겨 거기에 미혹되는 신자는 없다.

잘 모르겠으니 일단 덮어두기로 하고 이어지는 내용을 확인하자.

3:20〉 그러나 우리의 시민권은 하늘에 있는지라 거기로부터 구원하는 자 곧 주 예수 그리스도를 기다리노니

우리의 시민권은 하늘에 있다. 당연한 말인데 이런 말을 왜 할까? 앞에서 십자가의 원수로 행하는 사람들을 말했다. 그러면 십자가를 사랑하는 사람들, 십자가의 친구들을 말할 차례다. 그런데 다른 말을 한다. "우리의 시민권은 하늘에 있다. 거기로부터 구원하는 자 예수님이 오신다. 우리는 그 예수님을 기다린다." 십자가의 원수에 대조되는 개념으로 재림을 기다리는 사람을 말한다. 그러면 십자가의 원수는 재림에 관심 없는 사람이 된다.

예수를 믿는다는 사람치고 십자가를 묵상해보지 않은 사람이 있을까? 예수님이 자기 죄 때문에 십자가에 달려 돌아가셨다고 하면서 눈시울을 붉혔던 경험은 누구에게나 있다. 하지만 그것으로는 부족하다. 예수님이 그렇게 하신 이유가 자기 구원의 완성 때문인 것을 알아야 한다. "나는 구원 얻었다"라고 말만 하면 되는 것이 아니다. 예수님의 재림 때 완성되는 구원을 소망해야 한다. 말로만 소망하는 것이 아니라 꾸준히 신앙 진도가 나가야 한다. 홍해를 건넌 다음에 자기가 가나안에 가야 하는 사람인 것을 잊은 채 마냥 그 자리에 퍼질러 앉아 있으면 홍해를 건넌 감격이 아무리 커도 의미가 없는 것과 같다.

예수를 믿는다고는 하면서 재림, 즉 구원의 완성에 관심이 없으면 이 세상에서 잘 먹고 잘사는 것이 중요하게 된다. 바울처럼 "내가 이미 얻었다 함도 아니요 온전히 이루었다 함도 아니라"라고 하면, 신앙 완성을 위해서 열심을 내게 되지만 그렇지 않으면 무엇을 하겠는가? 신앙 영역에서는 할 일이 없다. 그러면 신앙을 내세워서 자기 욕심을 탐하게 된다. 신앙이 목적이 아닌 수단으로 전락한다. 자기가 하나님께 순종해야 하는 줄은 모르고 하나님이 자기 말을 잘 들어줘야 하는 줄 안다.

머리에 띠 띠고 안티 기독교 운동을 해서 십자가의 원수가 아니다. 그런 사람 때문에 신앙에 방해를 받는 사람은 없다. 하지만 불신앙을 신앙으로 포장한 것은 다르다. 요즘으로 치면 기복신앙이 대표적인 폐단이다. 행여 그런 잘못된 가르침에 미혹되지 않도록 조심해야 한다. 가장 좋은 방법은 바람직한 모델을 따르는 방법이다. 그래서 "형제들아 너희는 함께 나를 본받으라 그리고 너희가 우리를 본받은 것처럼 그와 같이 행하는 자들을 눈여겨보라"라는 말이 나왔다.

잘못된 가르침을 말하는 사람들의 특징이 있다. 모든 소망을 이 세상에 둔다. 지금 잘사는 것이 중요하다. 하지만 우리는 다르다. 그래서 "그러나 우리의 시민권은 하늘에 있는지라 거기로부터 구원하는 자 곧 주 예수 그리스도를 기다리노니"라고 한다.

예수님이 우리 구세주다. 교회에서 늘 하는 말이다. 당시 사람들은 구세주라는 말을 어떤 경우에 썼을까? 본래 구세주라는 말이 없었는데 예수님이 온 다음에 만들어진 것이 아니다. 로마에는 황제 숭배 사상이 있었다. 종교 의식에서 황제에 대한 칭호로 구주라고 했다.

빌립보 사람들은 자기들이 로마 시민이라는 사실에 대한 자부심이 있었다. 황제를 구주라고 부르면서 자기들이 누리는 특권을 떠올렸을 것이다. 마치 황제가 그런 특권을 주는 것처럼 떠받든다. 빌립보 도시의 그런 풍조 속에서 바울이 말한다. "누가 진정한 구주냐? 빌립보 사람들은 로마 황제를 구주라고 하지만 진짜 구주는 예수님이다. 우리는 그 예수님을 기다린다."

내가 방금 잘못된 가르침을 말하는 사람들은 모든 소망을 이 세상에 둔다고 했다. 지금 잘사는 것이 중요하기 때문이다. 그렇다고 예수님을 말하지 않는 것은 아니다. 예수님을 말하지 않으면 미혹될 턱이 없다. 그런데 예수님을 말하는 것 같으면서도 사실은 예수님이 주실 수 있는 것을 말한다. 만복 근원 하나님을 찬양하는 것이 아니라 하나님이 주시는 만복을 찬양하는 격이다. 그것이 잘못된 가르침이다.

3:21〉 그는 만물을 자기에게 복종하게 하실 수 있는 자의 역사로 우리의 낮은 몸을 자기 영광의 몸의 형체와 같이 변하게 하시리라

기독교는 우리한테 좋은 것을 주는 종교가 아니다. 우리를 좋은 사람으로 만드는 종교다. 신앙이 있으면 좋은 일이 생기는 것이 아니라 자기가 좋은 사람이 된다. 예수님은 만물을 자기에게 복종하게 하실 수 있는 자의 역사로 우리의 낮은 몸을 자기 영광의 몸의 형체와 같이 변하게 하시는 분이다. 우리는 그 예수님을 기다린다. 예수님이 주시는 떡고물을 기다리는 것이 아니다.

예수님은 근본 하나님의 본체시나 자기를 낮추시고 죽기까지 복종하셔서 십자가에 죽으셨다. 십자가의 원수는 그런 예수님의 죽음을 무색하게 만드는 사람들이다. 예수님이 우리한테 이루려는 일은 뒷전이고 예수님을 통해서 이루고 싶은 일에만 관심이 있다. 각설하고, 하나님은 그런 예수님을 지극히 높여서 모든 이름 위에 뛰어난 이름을 주시고 모든 무릎을 예수의 이름 앞에 꿇게 하셨다. 예수님은 만물을 자기에게 복종시킬 권능이 있다.

한때 예수님도 우리와 같았다. 하지만 부활을 통해서 영광스러운 몸을 입으셨다. 우리는 예수님이 어떤 과정을 거쳐서 그렇게 되었는지 알고 있다. 그러면 우리도 그렇게 될 것이다. 예수님께서 우리의 낮은 몸을 자기 영광의 몸의 형체와 같이 변하게 하실 것이다.

우리 구원이 완성되면 우리는 변화된 몸을 입을 것이다. 지금 몸 그대로 부활하는 것이 아니라 전혀 새로운 몸으로 부활한다. 우리 모두가 장차 예수님처럼 될 것이다. 그러면 "우리 몸은 장차 예수님처럼 영광스러운 몸으로 변할 것입니다"라고 하면 되는데 굳이 "우리의 낮은 몸"이라는 표현을 썼다.

우리 몸이 왜 낮을까? 이원론을 말하는 헬라 철학에서는 영혼은 선하고 육체는 악하다고 한다. 하지만 기독교에는 그런 개념이 없다. 하나님을 섬기는 것도 몸으로 섬기지, 마음으로 섬기지 않는다.

간혹 종교적인 형태를 갖는 일은 귀하고 세속적인 형태를 갖는 일은 천한 것으로 말하기도 하는데 신학의 빈곤에 기인한 발상에 불과하다. 하나님이 예배당 안에만 계신 분이 아니기 때문이다. 우리 몸으로 하는 모든 일이 다 하나님 앞에서 하는 일이다.

십자가의 원수로 행하는 사람들의 특징 중 하나가 배를 섬기는 것이라고 했다. 다른 말로 하면 자기 몸의 소욕을 섬기는 것이다. 그 몸이 바라는 것을 이루면 그다음에 어떻게 된다는 얘기일까? 그것이 복일까, 화일까?

성경에 허리를 묶는다는 표현이 자주 나온다. 그 시대에는 전부 통으로 된

원피스를 입었기 때문이다. 어린 시절에 집에 일이 있으면 어머니가 한복을 입고 일을 했는데 항상 허리를 묶었던 것을 기억한다. 그렇지 않으면 옷이 펄럭거려서 방해가 된다.

우리 몸이 그렇다. 하다못해 아침에 일어나는 것도 해야 할 일이 있기 때문에 일어나지, 자고 싶은 만큼 푹 자고 일어나는 사람은 없다. 몸뚱이가 원하는 대로 해서는 아무것도 되지 않는다. 그런데 그런 몸뚱이를 섬기는 사람들이 있었다. 그런 풍조를 경계하려니 "우리의 낮은 몸을 자기 영광의 몸의 형체와 같이 변하게 하시리라"라고 하는 것이다. 몸의 소욕을 충족하는 것이 복이 아니다. 그 욕구의 실체를 알아서 거기에 미혹되지 않는 것이 복이다.

우리는 장차 예수님처럼 될 사람들이다. 예수님께서 그렇게 만드실 것이다. 그러면 지금부터 그렇게 빚어지고 있어야 한다. 구원 완성에 대한 기대를 가지고 있는 것만으로는 부족하다. 지금도 계속 완성되고 있어야 한다. 우리는 십자가의 원수가 아니다. 오히려 재림을 기다리는 사람들이다. 거기에 이 세상을 살아가는 우리의 소망이 있다.

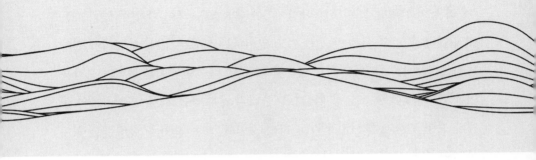

4장 바울의 권면

4:1) 그러므로 나의 사랑하고 사모하는 형제들, 나의 기쁨이요 면류관인 사랑하는 자들아 이와 같이 주 안에 서라

바울이 빌립보교회 교인들을 "나의 사랑하고 사모하는 형제들"이라고 부른다. 국어사전에서 형제를 찾아보면 뜻이 두 가지로 설명되어 있다. 하나는 형과 아우를 아울러 이르는 말이고, 다른 하나는 기독교 용어로 하나님을 믿는 신자끼리 스스로를 이르는 말이다. 세상에서는 형과 아우를 형제라고 한다. 그런데 우리는 우리끼리 형제라고 한다. 우리를 가리키는 말을 새로 만들지 않고 교회 밖에서 쓰는 단어를 빌려왔다.

형제를 헬라어로 '아델포스'라고 한다. 접두사 '아'와 '자궁'이라는 '델포스'가 결합한 단어다. 같은 자궁에서 태어난 사람, 자궁을 공유하는 사람이 아델포스다. 그런 개념을 빌려온 것이다. 우리는 같은 성령 안에서 태어났다.

또 "나의 기쁨이요 면류관인 사랑하는 자들"이라고도 부른다. 바울이 빌립보교회를 세웠으니 그 교회 교인들이 바울의 기쁨일 것은 당연하다. 그런데 왜 면류관일까? 경기에서 승리한 사람에게 주어지는 것이 면류관이다. 성경에서는 주로 우리가 장차 받을 상급을 비유한다. "이제 후로는 나를 위하여 의의 면류관이 예비되었으므로 주 곧 의로우신 재판장이 그날에 내게 주실 것이며 내게만 아니라 주의 나타나심을 사모하는 모든 자에게도니라"라는 말씀도 있고 "시험을 참는 자는 복이 있나니 이는 시련을 견디어 낸 자가 주께서 자기를 사랑하는 자들에게 약속하신 생명의 면류관을 얻을 것이기 때문이라"라는 말씀도 있다.

그러면 빌립보교회 교인들은 장차 바울이 면류관을 받을 수 있는 근거가 된다. 하나님께서 "바울아, 장하다. 이 사람들이 다 네가 한 수고의 증거로구나."라고 하시면서 면류관을 주셔야 한다.

바울의 얘기는 다르다. 빌립보교회 교인들이 면류관이라는 것이다.

> 그런즉 내 상이 무엇이냐 내가 복음을 전할 때에 값없이 전하고 복음으로 말미암아 내게 있는 권리를 다 쓰지 아니하는 이것이로다 (고전 9:18)

"열심히 복음을 전하면 나중에 상을 받을 것이다"가 아니다. 대가 없이 복음을 전하는 것, 복음을 전하면서 자기 권리를 다 쓰지 않는 것을 상으로 얘기한다.

시인이 시를 쓴다. 시집도 출판한다. 흔히 하는 말로 대박이 날 수도 있지만 그렇지 않을 수도 있다. 그러거나 말거나 계속 시를 쓴다. 시를 쓰는 것이 시인의 정체성이다. 시인의 관심은 좋은 시를 쓰는 것에 있지, 인세를 얼마나 받느냐에 있지 않다. 자기한테 돌아오는 보상도 인세가 아니라 좋은 시다.

바울의 관심이 그렇다. 빌립보교회 교인들이 곧 자기의 면류관이다. 그들을 통해서 인정받으려는 욕구는 애당초 가져본 적이 없다.

바울이 자기의 형제이며 면류관인 빌립보교회 교인들한테 당부한다. "이와 같이 주 안에 서라"라는 것이다. 이런 당부를 하는 이유가 있다. 본문이 '그러므로'로 시작했다. "우리의 시민권은 하늘에 있다. 거기로부터 예수님이 오신다. 예수님이 우리의 낮은 몸을 예수님과 같은 영광의 몸으로 변하게 하실 것이다."라는 내용으로 3장이 끝났고, 이어서 '그러므로'가 나왔다. 바울이 왜 주 안에 서라는 당부를 하느냐 하면, 우리의 시민권은 하늘에 있고 우리가 장차 예수님처럼 변모될 것이기 때문이다.

주 안에 서는 것이 어떤 것인지 앞에서 나왔다. 1:27에 "…한마음으로 서서…"라는 구절이 있었다. 이때 서는 것은 '스테코'를 번역한 말로 군사 용어다. 군인들이 다가오는 적을 상대하기 위해서 방패를 들고 굳건하게 서 있는 자세가 연상되는 말이다. 서서 버스를 기다리는 것은 스테코가 아니다. 임전 태세를 갖춘 군인이 서 있어야 스테코다.

한때 구원 확신을 강조하던 시절이 있었다. 아동부에서 성경 학교를 하든지 중고등부나 청년부에서 수련회를 하든지 주제가 늘 구원 확신이었다. 설교 중에 "지금 죽어도 천국 갈 자신 있습니까?" 하고 묻기도 했다. 구원 확신이 있으면 신앙이 괜찮은 것으로, 구원 확신이 없으면 아직 어설픈 것으로 여기는 분위기였다. "성경은 하나님 말씀이다. 그런 성경에 예수를 믿으면 구원 얻는다고 되어 있다. 그러니 예수를 믿는 사람은 구원 얻은 사람이다." 라고 말하는 것을 한두 번 들은 것이 아니다. 구원 확신을 설명하다 못해서 억지로 주입하는 듯한 느낌이 들곤 했다.

구약성경에서 우리가 얻은 구원을 가장 잘 보여주는 사건이 이스라엘의 출애굽이다. 홍해를 건넌 지 20년쯤 지났다고 하자. 그들한테 구원 확신이 없었다면 그 이유가 무엇 때문일까? 홍해를 건넌 기억이 흐릿해졌기 때문일까, 가나안이 점점 더 가까워지고 있지 않기 때문일까?

구원 확신을 자기한테 구원받은 느낌이 얼마나 강한지로 따지는 것은 억지다. 어떤 사람한테 구원 확신이 있다고 해서 하나님께 그 사람을 구원해주셔야 하는 의무가 생기는 것도 아니다. 구원 확신은 자기가 과연 신자로 살고 있는지로 점검해야 한다. 신자로 사는 것보다 더 확실한 증거는 없다. 홍해를 건넌 체험이 얼마나 강렬한지가 문제가 아니라 가나안이 점점 가까워지고 있어야 한다.

우리는 장차 예수님처럼 영광된 몸으로 변할 것이다. 그 사실을 얼마나 확신하느냐는 의미가 없다. 그런 사람으로 살고 있어야 한다. 그것이 "이와 같이 주 안에 서라"이다. 마치 임전 태세를 갖춘 군인처럼 주 안에 서 있으라는 것이다.

수년 전에 〈안시성〉이라는 영화가 있었다. 당나라가 쳐들어왔으니 성에서는 그들을 막아 내야 한다. 이처럼 싸움에는 공격을 위한 싸움과 방어를 위한 싸움이 있다. 주 안에 서는 것은 다분히 방어적인 싸움이다. 공격적인 싸움은 예수 그리스도께서 다 이루셨으니 우리한테는 방어적인 싸움만 남아 있다는 말을 들은 적도 있다. 시험을 이겨 내야 하고, 죄를 이겨 내야 하고, 유혹을 이겨 내야 한다.

당연한 얘기다. 시험에 빠지고 죄에 굴복하고 유혹에 넘어가는 사람이라면 시민권이 하늘에 있지도 않을 것이고, 거기에서부터 오는 주 예수 그리스도를 기다릴 이유도 없다. 예수님께서 그런 사람을 예수님과 같은 영광의 몸의 형체로 변모시켜주시지도 않을 것이다. "무슨 얘기입니까? 구원은 행위로 얻지 않고 은혜로 얻는 것 아닙니까?"라고 할 것 없다. 하나님은 은혜를 낭비하시는 분이 아니다. 죽기 전 어느 한 시점에 교회에 등록해 두면 그 공로로 이다음에 예수님처럼 변모된다는 얘기는 성경 어디에도 없다. 이 세상 사는 동안에 주 안에 서 있어야 한다.

"우리는 항상 시험에 대비해야 합니다. 죄의 유혹에 넘어가면 안 됩니다." 라는 말에 그렇지 않다고 할 사람은 없다. 거기에 가장 방해되는 일이 어떤 일일까? 앞에서 개들을 삼가고 행악하는 자들을 삼가고 몸을 상해하는 일을 삼가라고 했다. 그리스도의 십자가의 원수로 행하는 사람들 얘기도 했다. 또 어떤 위험이 있을까?

4:2) 내가 유오디아를 권하고 순두게를 권하노니 주 안에서 같은 마음을 품으라

서로 반목하는 한, 주 안에 서기는 틀린 노릇이다. 정말로 주 안에 설 생각이 있으면 최소한 교인끼리 화합해야 한다.

유오디아, 순두게는 성경에서 여기밖에 안 나오는 이름이다. 어떤 사람인지 모르지만 어쨌든 빌립보교회에서 주도적인 역할을 하는 신자인 것이 분명하다. 그런 둘이 불화한 것이다. 비단 빌립보교회에만 있는 문제가 아니다. 이런 교회가 얼마든지 있다. 당회만 하면 싸우는 교회도 있고 여전도회에서 전임 회장과 신임 회장이 사사건건 힘겨루기를 하는 교회도 있다. 자기들이 주 안에서 서야 하는 것을 모르는 탓이다.

유오디아와 순두게 사이에 무슨 일이 있었을까? 우리는 모른다. 하지만 바울은 알고 있었을 것이다. 그런데 거기에 대해서 아무 얘기가 없다.

운전 중에 접촉 사고가 나면 보험회사에 연락한다. 나중에 보험회사에서 과실 비율을 알려준다. 사고가 어떻게 났는지에 따라 7:3일 수도 있고 5:5일 수도 있다. 그 비율만큼 각자 책임을 진다. 바울도 "그 문제는 이러저러하니까 유오디아가 30%만큼 잘못했고 순두게가 70% 잘못했다. 각자 잘못한 만큼 자신을 고치도록 해라. 그리고 서로 화해해라."라는 식으로 말할 수 있었을 것이다. 그런데 그런 말이 없다. 왜 불화했는지, 누구 책임이 더 큰지는 묻지도 않고 따지지도 않는다. 누가 어느 만큼 잘못했는지 판정하는 것은 바울의 관심사가 아니다. 주 안에서 같은 마음을 품는 것이 중요하다. 이유 여하에 관계없이 같은 마음을 품지 않으면 그것으로 이미 잘못이다.

중고등부를 지도하던 시절, 학생들끼리 다투는 수가 있었다. 그러면 교회에 열심이 적은 학생이 교회에 안 나온다. 교회에 나온 학생을 불러서 말한다.

"주중에 걔 만나서 화해하고 다음 주에 교회 나오게 해라."

"왜 저한테 그래요? 걔가 잘못했단 말예요."

"그래, 걔가 잘못했어. 그래서 어떻게 되었는가 하면 걔가 교회에 안 나왔잖아. 그럼 차라리 네가 잘못하고 걔가 교회 나오는 게 좋은 거 아니냐?"

이렇게 얘기하면 "예, 알겠습니다."라는 학생도 없지는 않았지만 "그래도 어떻게 그렇게 해요?"라는 학생이 대부분이었다. "꼭 그렇게까지 해야 해요?"라는 학생도 있었다.

"그래도 어떻게 그렇게 해요?"가 무슨 뜻일까? 어떻게 하는 것이 옳은지는 알지만 그렇게 하기 싫다는 뜻이다. 게다가 "꼭 그렇게까지 해야 해요?"라는 말은 더 고약하다. 직설적으로 하면 "예수를 믿는다고 해서 꼭 신앙적으로 행동해야 하는 것은 아니지 않습니까?"라는 뜻이기 때문이다. 아직 어려서 그럴까? 어려서 그런 것이면 신경 쓰지 않아도 된다. 나이만 먹으면 해결된다. 하지만 사람은 나이를 먹는다고 해서 저절로 하나님과 가까워지지 않는다. 설마 유오디아, 순두게가 나이가 어려서 같은 마음을 품지 못했을까?

바울의 얘기를 잘 들어볼 필요가 있다. "왜 사이가 틀어졌는지는 중요하지 않다. 누가 더 잘못했는지도 문제가 아니다. 어쨌든 화해해야 한다."라고 하는 것이 아니다. 주 안에서 같은 마음을 품으라고 했다. 같은 마음이 어떤 마음일까? 유오디아가 순두게의 마음을 품어도 같은 마음이 되고, 순두게가 유오디아의 마음을 품어도 같은 마음이 된다. 아니면 둘 다 50%씩 양보해서 같은 마음을 품을 수도 있다.

그런데 그렇게 말하지 않는다. 사람은 절대 그런 식으로 같은 마음이 될 수 없다. 2:5에서 "너희 안에 이 마음을 품으라 곧 그리스도 예수의 마음이니"라고 했다. 예수님은 근본 하나님의 본체시다. 하지만 하나님과 동등됨을 취할 것으로 여기지 않으셨다. 자기를 낮추시고 죽기까지 복종해서 십자가에 달리셨다. 하나님은 그런 예수님을 지극히 높여서 모든 이름 위에 뛰어난 이름을 주셨다. 모든 무릎을 예수의 이름에 꿇게 하시고 모든 입으로 예수 그리스도를 주라 시인하게 했다.

결국 바울이 하는 얘기는 "누구의 마음이든 좋다. 묵찌빠 삼세판으로 결정하든지, 동전을 던져서 결정하든지 어쨌든 같은 마음을 품어라."가 아니다. 서로 사이좋게 지내라는 뜻이 아니라 그리스도 예수의 마음을 품으라는 뜻이다. 유오디아도 그리스도 예수의 마음을 품고 순두게도 그리스도 예수의 마음을 품는 것이 주 안에서 같은 마음을 품는 것이다. 누가 더 잘못했고 누가 덜 잘못했는지 따질 이유가 없다. 서로가 서로에게 다가갈 것 없이 각자 그리스도께 다가가면 된다. 자기가 그리스도의 마음을 품어야 하는 사람인 것을 알면 그것으로 족하다.

그렇다고 해서 "유오디아, 순두게! 알아들었지. 너희 문제니까 너희가 해결해!"라고 하지 않았다. 누군가한테 그들을 도와주라고 당부한다.

4:3〉 또 참으로 나와 멍에를 같이한 네게 구하노니 복음에 나와 함께 힘쓰던 저 여인들을 돕고 또한 글레멘드와 그 외에 나의 동역자들을 도우라 그 이름들이 생명책에 있느니라

주례사에서 "이제부터 신랑, 신부는 한 배를 타고 인생행로를 떠나게 됩니다"라고 할 수 있다. 부부는 같은 배를 탄 사이다. 당시는 멍에를 같이 멘 사이라는 말을 쓰곤 했다. 그렇다고 해서 바울이 아내한테 당부를 하는 것이 아니다. 바울한테 아내가 있었다는 증거는 없다. 물론 있었다는 증거도 없지만 어쨌든 그런 표현을 쓸 만한 누군가가 있었다. 루디아일 것이라고도 하고, 디모데나 누가, 실라, 에바브로디도일 것이라고도 하는데 에바브로디도를 지지하는 사람이 가장 많다. 에바브로디도가 이 편지를 전하는 사람이고, 또 계속 거기 머무를 사람이기 때문이다. 정확한 것은 모른다. 우리가 알 수 있는 것은 바울한테 상당히 신뢰를 받는 사람이고, 유오디아와 순두게를 도와줄 수 있는 위치에 있는 사람이라는 사실 정도다.

바울이 그 사람한테 자기와 함께 복음에 힘쓰던 유오디아와 순두게를 도우라고 당부한다. '힘쓰다'로 번역된 '쉬나틀레오'는 '함께'라는 '쉰'과 '싸우다'라는 '아틀레오'의 합성어다. 같은 편이 되어 함께 싸우는 것이 '쉬나틀레오'하는 것이다.

유오디아는 바울과 같은 편이 되어서 복음을 위해 싸우던 사람이다. 순두게도 마찬가지다. 순두게 역시 바울과 같은 편이 되어서 복음을 위해 싸웠다. 둘이 같은 편이 안 될 이유가 없다.

바울과 멍에를 같이 멘 사람이 도와야 할 사람은 또 있다. 글레멘드와 그 외 다른 바울의 동역자들이다. 글레멘드도 성경에서 여기 한 번 나오는 이름이다. 그에 대해서 우리가 알 수 있는 것은 없다. 하물며 이름을 얘기하지도 않은 동역자들을 우리가 알 수는 없다.

한번 상상해 보자. 이들이 바울과 동역해서 한 일은 보나마나 복음을 전하는 일이다. 그 일 말고는 동역할 일이 없다. 대체 복음을 어느 만큼, 어떤 각오로 전했을까? 바울은 땅끝까지 이르러 복음을 전하는데 고작 자기 옆집에 가서 예수 믿으라고 한마디 한 것으로 동역자라는 말을 듣는 것은 아닐 것이다.

롬 16장은 바울의 안부 인사로 유명한 장이다. 바울이 한 사람, 한 사람 이름을 나열하며 그들에게 안부를 전한다. 롬 16:3에 "너희는 그리스도 예수 안에서 나의 동역자들인 브리스가와 아굴라에게 문안하라"라고 되어 있다. 브리스가와 아굴라를 동역자라고 한다. 그들이 무슨 일을 어떻게 했을까? 이어지는 롬 16:4는 "그들은 내 목숨을 위하여 자기들의 목까지도 내놓았나니 나뿐 아니라 이방인의 모든 교회도 그들에게 감사하느니라"이다. 그들은 기꺼이 자기들의 목숨을 내놓았다.

동역자라는 말을 들으려면 자격이 있어야 한다. 최소한 목숨쯤은 내놓을 수 있어야 한다. 새삼스러운 얘기가 아니다. 예수를 믿는 것은 언제나 우리의 목숨을 담보로 한다. "누구든지 나를 따라오려거든 자기를 부인하고 자기 십자가를 지고 나를 따를 것이니라"라는 말씀을 모르는 사람은 없다. 십자가는 사형 집행 도구다. 누군가 십자가를 지고 간다면 그 사람은 사형 집행을 받으러 가는 사형수다. 예수를 믿는 일은 일단 목숨을 내놓는 일부터 시작한다. 이게 안 되면 예수를 믿지 못한다. 예수님이 자기를 위해 죽었다고 고백하면서도 정작 자기는 그 예수님을 위해서 목숨을 아긴다면 뭔가 이상하다. 본회퍼가 한 말이 있다. "하나님이 우리를 부르실 때는 일단 자기한테 와서 죽으라고 부르신다."

유오디아, 순두게, 글레멘드, 그리고 그 외 이름을 알 수 없는 바울의 동역자들에게는 공통점이 있다. 그 이름들이 생명책에 있다는 사실이다. 그러면 바울이 그들을 부탁하는 이유가 무엇일까? "아무래도 불안하다. 행여 구원에서 누락되지 않도록 꼭 챙겨줘라."가 아니다. 어차피 생명책에 이름이 있으니 지워질 염려는 없다. 그런데 뭘 걱정하는 것일까?

앞에서도 같은 내용이 나왔다. "우리의 시민권은 하늘에 있다. 거기에서부터 예수님이 오셔서 우리를 영광의 몸으로 변모시켜줄 것이다. 그때까지 퍼질러 있다가 천국에 가면 된다."라고 하지 않았다. "그러므로 이와 같이 주 안에 서라"라고 했다. 우리가 우리의 운명을 걱정하지는 않는다. 과연 하루하루 신자로 살고 있는지가 걱정이다. 우리가 불신자가 될 우려는 없다. 하지만 불신자 흉내를 낼 우려는 있다. 그것을 조심해야 한다. 우리는 생명책에 이름이 있는 사람들이다. 이 세상을 살아가는 우리의 모습도 거기에 어울려야 한다. 우리 모두가 감당해야 할 공통의 과제다.

4:4〉 주 안에서 항상 기뻐하라 내가 다시 말하노니 기뻐하라

고은이 쓴 소설 〈화엄경〉에 이런 대목이 나온다.

나는 저 멀리 먼 뱅갈 바다 짙푸른 바다를 다 안단다. 어느 곳에서는 바다의 짠물을 뚫고 민물이 솟아 나온단다. 뱃사람들은 먼 바닷길에서 물이 떨어지면 그곳으로 가서 물을 마시게 된단다. 그래서 뱃사람들은 그 물을 도솔천의 물이라고도 하고, 생명의 물이라고도 한단다.

용천수라는 것이 있다. 빗물이 지하로 스며든 후에 지층을 따라 흐르다가 암석이나 지층 틈새로 솟아나는 물을 말한다. 제주도는 주로 해안가에서 솟아나기 때문에 해안을 따라 취락이 발달하기도 했다. 하지만 이런 경우는 민물이 암석이나 지층 틈새로 나왔는데 마침 거기 짠물이 있는 것이다. 민물이 짠물을 뚫고 솟아나는 일이 어떻게 가능할까?

빌립보서가 그와 방불하다. 빌립보서를 흔히 기쁨의 서신이라고 한다. 읽다 보면 계속 나오는 말이 '기쁨으로', '기뻐하고', '기쁨을', '기뻐하리니', '기뻐하라', '기뻐하게 하며', '기쁨이요', '기쁨함은'이다. 빌립보서를 쓰는 바울은 로마 감옥에 갇힌 죄수 신세다. 다행히 풀려날 수도 있지만 사형을 당할 수도 있다. 그런 바울이 기쁨을 말할 만한 일이 무엇이 있을까? 그야말로 민물이 짠물을 뚫고 나오는 것만큼이나 파격적인 일이다. 그런데 결정적인 차이가 있다. 고은이 〈화엄경〉에서 말한 내용은 허구인데 빌립보서는 실제 상황이다.

밖에서 들어오는 아이가 현관에서 소리 지른다. "엄마, 기뻐해!" 그런 말을 하려면 뭔가 근거가 있어야 한다. "왜? 무슨 일이야?" 하고 묻는 말에 "아무것도 아냐. 그냥 한번 그래봤어."라고 하는 것은 말이 안 된다.

바울도 그렇다. 기뻐하라는 말을 하려면 그럴 만한 사유가 있어야 한다. 3장 시작하면서도 "끝으로 나의 형제들아 주 안에서 기뻐하라"라고 했다. 주 안에서 기뻐하는 일을 아무나 할 수는 없다. 그래서 개들을 삼가고 행악하는 자들을 삼가고 몸을 상해하는 일을 삼가라고 했다. 죄다 유대인을 지적하는 말인데, 유대교의 특징이 육체를 신뢰하는 것이다. 자기 능력으로 하나님의 의를 이루려고 한다. 그렇게 해서는 주 안에서 기뻐할 수 없다. 주 안에서 기뻐하는 사람은 자기의 의가 율법에서 난 것이 아니라 그리스도를 믿음으로 말미암은 것인 줄을 안다. 그런 사람은 그리스도를 더 아는 것을 소원하는 법이다. 그래서 바울도 푯대를 향해서 하나님이 위에서 부르신 부름의 상을 위해서 달려간다고 했다. 주 안에서 기뻐하려면 적어도 잘못된 가르침에 미혹되지 말아야 한다. 행여 그리스도의 십자가의 원수로 행하는 자들의 영향을 받으면 안 된다. 우리의 시민권이 하늘에 있음을 명심해야 하고, 또 장차 우리가 예수님과 같은 영광의 몸의 형체로 변한다는 사실을 알아야 한다.

이런 말을 하면 전부 고개를 끄덕이며 "아, 그렇구나. 주님만이 우리 기쁨이구나. 우리는 주님 안에서 사는 사람들이구나."라고 할 만하다. 그런데 본문에서 또 "주 안에서 항상 기뻐하라 내가 다시 말하노니 기뻐하라"라고 한다. 주 안에서 기뻐하는 일이 그만큼 중요하다는 뜻이다. 아니, 중요한 것이 아니라 예수를 믿는 것이 무슨 뜻인지 알게 하는 시금석이다. 이게 안 되면 예수를 믿는 것이 아니다.

한 여자가 한 남자를 남편으로 맞는다. 그 여자의 마음은 그 남자로 가득해야 한다. 남들이 다 기뻐하는 일이 있어도 그 남자와 함께하는 일이 아니면 의미가 없다. 그 남자가 기뻐하는 일이 곧 자기한테도 기쁨이다. 무엇보다 그 남자의 재산에서 기쁨을 찾는다면 사랑에 대한 모독이다.

그런데 우리가 그럴 수 있다. 예수를 믿는다고 하면서도 엉뚱한 것에서 기쁨을 찾을 수 있다. "비록 무화과나무가 무성하지 못하며 포도나무에 열매가 없으며 감람나무에 소출이 없으며 밭에 먹을 것이 없으며 우리에 양이 없으며 외양간에 소가 없을지라도 나는 여호와로 말미암아 즐거워하며 나의 구원의 하나님으로 말미암아 기뻐하리로다"라는 말씀은 안다. 그러면서도 한사코 무화과나무가 무성한지, 포도나무에 열매가 있는지, 감람나무에 소출이 있는지, 밭에 먹을 것이 있는지, 우리에 양이 있는지, 외양간에 소가 있는지만 따지는 사람이 있다면 어떤 사람일까? 신자는 신자인데 신앙이 없는 신자일까? 빛은 빛인데 밝지 않은 빛이고 소금은 소금인데 짜지 않은 소금일까?

신자는 삶의 이유가 다른 사람이다. 기쁨의 근거도 다를 수밖에 없다. 오직 주님만을 기쁨으로 삼는 사람이 신자다. 주님과 관계없는 기쁨은 기쁨이 아니다.

4:5〉 너희 관용을 모든 사람에게 알게 하라 주께서 가까우시니라

"너희 관용을 모든 사람에게 알게 하라"라고 했으니 사람에 따라서 관용이 왔다 갔다 하면 안 된다. 모든 사람한테 관용해야 한다. 주 안에서 항상 기뻐하는 사람이라면 능히 감당할 수 있는 말씀이다. 관용은 본래 "옳은 것보다 더 중요한 것"을 뜻한다.

두 여자가 한 아이를 사이에 두고 서로 자기 아이라고 다툰다. 그 유명한 솔로몬 재판 얘기다. 솔로몬이 아이를 반으로 잘라서 나눠 주라고 하자, 진짜 어머니가 양보한다. 누가 뭐라고 해도 자기가 옳고 상대방이 틀렸다. 하늘이 두 쪽이 나도 변할 수 없는 사실이다. 하지만 그것이 전부가 아니다. 아들을 살려야 한다. 옳고 그른 것이 전부가 아니라 그보다 더 중요한 가치가 있다. 그것이 관용이다.

성경을 읽다 보면 하나님의 의로우심에 대한 얘기가 나온다. 당연한 얘기를 왜 할까? 설마 하나님이 불의한 분일까? 하나님의 의로우심은 옳은 것을 옳다고 하고 틀린 것을 틀리다고 하는 정도가 아니다. 틀린 것을 옳게 만들어주는 것을 말한다. 다른 말로 하면 하나님의 하나님다우심이다. 하나님께는 피조물한테 없는 하나님다우심이 있다. 그러면 우리한테는 불신자한테 없는 신자다움이 있어야 한다.

이 세상에서도 옳고 그른 것만으로 모든 것을 판단하지 않는다. 형과 동생이 싸우면 야단맞는 것은 늘 형이다. 부모의 기대가 다르기 때문이다. "네가 형 아니냐?"라는 한마디로 끝이다. 형은 언제나 형다운 면모를 요구받는다. 동생과 똑같으면 안 된다.

"그럼 예수 믿는 사람들은 늘 양보하고 손해만 보면서 살아야 합니까?"라는 의문이 들 수 있다. 그래서 "주께서 가까우시니라"라고 한다. 모든 사람한테 관용을 베풀어야 하는 이유로 주님의 재림을 말한다. "영원히 그렇게 살라는 것이 아니다. 당분간만 참아라."라는 뜻이 아니다. 재림을 기준으로 살라는 뜻이다.

이런 얘기는 별로 와 닿지 않을 수 있다. 주님 재림으로 이 세상 역사가 끝난다는 사실이야 누가 모를까? 하지만 오신다고 한 것이 벌써 2,000년이다. 대체 언제 오신단 말인가? 물론 오시지 않는다는 뜻이 아니다. 오시기는 오시는데 우리와 딱히 관계가 있을 것 같지는 않다. 사도신경으로 신앙을 고백할 때마다 "거기로부터 살아 있는 자와 죽은 자를 심판하러 오십니다"라고 말하기는 하지만 암송된 교리일 뿐이다. 주님께서 재림하신다는 사실이 하루하루 이 세상을 살아가는 우리의 의사 결정에 영향을 미치지는 않는다.

대체 무엇이 문제일까? 성경이 현실을 모르는 것일까, 우리가 현실을 모르는 것일까? 우리가 진짜 알아야 할 현실이 어떤 현실일까?

앞에서 그리스도의 십자가의 원수로 행하는 사람들을 확인했다. 그들의 마침은 멸망이요 그들의 신은 배요 그 영광은 그들의 부끄러움에 있고 땅의 일을 생각하는 자들이다. 하지만 다른 사람도 있다. 시민권이 하늘에 있는 사람들이다. 그들은 거기로부터 구원하는 자 곧 주 예수 그리스도를 기다린다. 예수님이 우리의 낮은 몸을 예수님과 같은 영광의 몸의 형체와 같이 변하게 하실 것이다.

사람을 나누는 방법은 다양하다. 남자와 여자로 나눌 수도 있고 어른과 아이로 나눌 수도 있다. 피부색이나 언어로 나눌 수도 있다. 치사하기는 하지만 가진 자와 못 가진 자, 배운 자와 못 배운 자로 나눌 수도 있다. 하지만 성경에는 그런 구분이 안 나온다. 성경에는 의인과 죄인, 신자와 불신자의 구분이 있을 뿐이다. 그런데 빌립보서는 달리 구분한다. 십자가의 원수와 그리스도의 재림을 소망하는 사람이다.

우리는 어느 쪽일까? 십자가의 원수일까, 그리스도의 재림을 소망하는 사람일까? 성경은 어중간한 책이 아니다. 흑백이 분명한 책이다. 하나님 편이 아니면 세상 편일 수밖에 없다. "재림이 제 삶을 주장하고 있지는 않습니다만 그렇다고 제가 십자가의 원수는 아닙니다"라는 말은 통하지 않는다. 재림이 삶의 기준이 아니면 땅의 일을 생각하게 마련이다.

"너희 관용을 모든 사람에게 알게 하라 주께서 가까우시니라"가 그만큼 심각한 말씀이다. "참 좋은 말씀입니다. 기왕이면 관용하면서 살아야죠."라고 해도 안 되고, "주님 가신 지 벌써 2,000년입니다. 언제 오신다는 말입니까?"라고 해도 안 된다. 주님 가신 지 2,000년인 것은 맞다. 그렇다고 해서 그 2,000년 동안 꼬박 주님을 기다린 사람이 있을까? 사람은 누구나 자기 생애 안에서만 주님을 기다린다. 살아생전 주님이 오시지 않아도 자기가 죽으면 주님을 뵙게 된다. 설령 주님이 지난 2,000년 동안 안 오신 정도가 아니라 앞으로 20,000년 동안 안 오신다고 해도 달라지는 것은 없다. 우리는 다 주님을 뵐 사람들이다. 심판을 위해서 뵙는 것이 아니라 우리 구원의 완성을 위해서 뵙는다.

그 사실을 안다면 우리는 당연히 모든 사람한테 우리의 관용을 알게 해야 한다. 우리는 세상을 사는 원칙이 다른 사람들이다. "세상에서 손해 본 것은 이다음에 주님이 다 갚아주신다. 조금만 참아라."도 아니고 "주님 말씀대로 안 살면 나중에 심판받는다. 조심해라."도 아니다. "과연 구원의 완성을 바라보고 있느냐?"이다. 무엇보다 우리는 주 안에서 기뻐하는 사람들이다. 주님의 기쁨이 우리의 기쁨이고 주님의 만족이 우리의 만족이다.

물론 쉽지 않다. 이런 설명을 들었다고 해서 "그렇구나. 세상 사람들은 옳고 그른 것을 전부로 알고 살지만 우리는 그 정도에 머무르면 안 되는 사람들이구나. 장차 우리가 어떤 사람이 되는지 알아서 거기에 맞게 살아야 하는구나."라고 하는 사람이 얼마나 될까? 우리가 사는 세상이 그렇게 만만하지 않다. 도무지 감당할 엄두가 안 날 수 있다.

홍해를 건넌 이스라엘이 가나안 접경 가데스바네아에 이르렀다. 거기서 가나안 땅을 정탐했는데 정탐꾼들 얘기가 터무니없었다. 그 땅 주민은 강하고 성읍은 견고하니 자기들은 그들에 비하면 메뚜기에 불과하다면서 차라리 애굽으로 돌아가자고 했다.

이스라엘이 자기들 힘으로 그 자리까지 왔을까? 자기들이 독립 전쟁을 일으켜서 애굽을 제압하고, 자기들이 배 타고 홍해 건넜을까? 그런데 왜 이제 와서 능력을 따질까? 하나님이 애굽보다는 강하지만 가나안 족속보다는 약하면 문제가 된다. 하지만 그게 아니다. 그때 이스라엘은 가나안 땅을 자기들 능력으로 싸워서 얻어야 하는 줄 알았다. 자기들을 애굽에서 건지신 분이 하나님인 것을 몰랐다. 그것이 잘못이다.

주 안에서 항상 기뻐하라고 했다. 우리 관용을 모든 사람한테 알게 하라고 했다. 우리는 다른 원리로 세상을 사는 사람들이다. 물론 쉽지 않다. 걱정이 태산 같을 수 있다. 그래서 6절로 이어진다.

4:6) 아무것도 염려하지 말고 다만 모든 일에 기도와 간구로, 너희 구할 것을 감사함으로 하나님께 아뢰라

하나님은 "주 안에서 기뻐하라"라고 말씀하신 다음에 팔짱 끼고 앉아 우리가 그렇게 하는지 지켜보는 분이 아니다. "너희 관용을 모든 사람에게 알게 하라"라고 했으면, 실제로 그렇게 할 수 있도록 도우신다. 문제는 가나안을 정탐한 이스라엘처럼 우리가 지레 포기할 수 있다는 사실이다. 그것을 감당할 능력을 하나님께서 주신다는 사실을 생각하지 못한다.

"아무것도 염려하지 말고 다만 모든 일에 기도와 간구로, 너희 구할 것을 감사함으로 하나님께 아뢰라"라고 했다고 해서, 기도가 무엇이고 간구가 무엇인지 구별할 필요가 있는지는 의문이다. 굳이 구별하면 기도는 하나님을 찾는 것이고 간구는 특정 문제를 구체적으로 아뢰는 것인데, 어차피 기도에 다 포함된다. "하늘이여 들으라 땅이여 귀를 기울이라"처럼 같은 뜻을 다른 표현으로 반복하는 것은 히브리 사람들이 즐겨 쓰는 수사법이기도 하다. 요컨대 염려하지 말고 기도하라는 것이다.

염려는 '메림나오'를 번역한 말인데 본래 두 군데를 바라보는 것을 말한다.

두 군데를 바라보는 사람이 무엇을 할 수 있을까? "염려해서 염려가 없어지면 염려가 없겠네"라는 네팔 속담도 있다. 염려가 할 수 있는 일은 아무것도 없다.

어떤 책에서 이런 구절을 읽은 기억이 있다. "돋보기로 메뚜기를 보면 메뚜기가 크게 보인다. 메뚜기가 커지는 것이 아니라 그렇게 보인다. 하나님의 전능하심도 그렇다. 하나님께 가까이 다가가면 하나님의 전능하심이 드러나 보인다. 하나님이 더 전능해지는 것이 아니라 원래 전능하신 분인 것을 제대로 모르고 있다가 알게 된다."

이 내용을 그대로 적용할 수 있다. 염려를 하는 사람은 염려의 대상인 문제를 묵상한다. 묵상하면 묵상할수록 문제가 더 커진다. 즉 염려가 많아지는 것이다. 반면 기도를 하는 사람은 하나님을 묵상한다. 하나님이 점점 더 크게 보인다. 하나님이 더 커지는 것이 아니다. 하나님은 원래 크신 분인데 미처 생각을 못하고 있다가 제대로 알게 되는 것이다. 쓸데없이 메뚜기를 관찰할 이유가 없다. 적어도 신자라면 그럴 시간에 하나님이 어떤 분인지 묵상해야 한다.

"수고하고 무거운 짐 진 자들아 다 내게로 오라 내가 너희를 쉬게 하리라"라는 마 11:28은 상당히 유명한 말씀이다. 전도지에서 특히 자주 볼 수 있다. 그러면 그다음에 어떤 내용이 나올까? "나한테 오면 고생 끝, 행복 시작이다. 모든 짐은 다 나한테 맡기고 마냥 편하게 쉬면 된다. 너희가 할 일은 아무것도 없다."라는 말이 나올까? 마 11:29-30은 "나는 마음이 온유하고 겸손하니 나의 멍에를 메고 내게 배우라 그리하면 너희 마음이 쉼을 얻으리니 이는 내 멍에는 쉽고 내 짐은 가벼움이라 하시니라"이다. 짐을 해결해 준다는 얘기는 없다. 짐을 예수님께 떠넘길 생각을 하지 말고 예수님의 멍에를 메고 짐 지는 법을 배워야 한다.

본문도 그렇다. "아무것도 염려하지 말고 다만 모든 일에 기도와 간구로, 너희 구할 것을 감사함으로 하나님께 아뢰라"라고 했다. 그러면 "그렇지, 기도하면 하나님이 들어주시지. 염려할 시간 있으면 기도하는 게 백번 낫지." 라는 생각을 할 수 있다.

4:7) 그리하면 모든 지각에 뛰어난 하나님의 평강이 그리스도 예수 안에서 너희 마음과 생각을 지키시리라

방금 아무것도 염려하지 말고 기도하라고 했다. 그런데 이어지는 본문은 "그리하면 모든 지각에 뛰어난 하나님의 권능이 그리스도 예수 안에서 너희 마음과 생각이 원하는 바를 이루어주시리라"가 아니다. "그리하면 모든 지각에 뛰어난 하나님의 평강이 그리스도 예수 안에서 너희 마음과 생각을 지키시리라"이다.

"너희 마음과 생각을 지키시리라"라고 할 때의 '지킨다'는 군사 용어다. 빌립보는 로마의 식민지였다. 군사적으로나 정치적으로 상당히 중요한 도시였다. 그에 어울리는 규모의 로마 군대가 주둔하고 있었다. 로마 군대가 빌립보를 지키는 한, 빌립보는 안전할 수밖에 없다. 누구도 위협하지 못한다. 바울이 그런 개념을 빌려 왔다. 세계 최강인 로마 군대가 빌립보를 지키는 것처럼 하나님의 평강이 우리 마음과 생각을 지킨다는 것이다.

기독교는 우리 환경을 바꿔주는 종교가 아니다. 우리한테 있는 어려움을 해결해주는 종교도 아니다. 우리를 바꿔주는 종교다. 하나님의 관심이 우리 환경에 있지 않고 우리한테 있다. 설마 예수님이 우리 환경을 바꿔주기 위해서 십자가에 달리셨을까?

바울이 늘 하는 말이 "주 안에서", "그리스도 안에서"이다. 우리가 과연 예수 안에 있는 사람이 맞을까? 예수 밖에 있는 사람과 어떤 점이 다를까? 혹시 걸핏하면 우리 마음과 생각이 그리스도 예수 밖을 기웃거리지는 않을까?

로마 군대는 빌립보를 외적으로부터 지켰지만 하나님께서 지켜야 할 외적은 없다. 우리 마음과 생각이 문제다. 우리 마음과 생각이 이 세상 염려로 채워지면 안 된다. 그래서 하나님의 평강이 지키신다. 하나님의 평강을 누리는 사람이 그리스도 예수 안에 있는 사람이다.

4:8) 끝으로 형제들아 무엇에든지 참되며 무엇에든지 경건하며 무엇에든지 옳으며 무엇에든지 정결하며 무엇에든지 사랑받을 만하며 무엇에든지 칭찬받을 만하며 무슨 덕이 있든지 무슨 기림이 있든지 이것들을 생각하라

3장 시작하면서 "끝으로 나의 형제들아 주 안에서 기뻐하라"하고 '끝으로'라는 말이 나왔다. 그 '끝으로'가 또 나온다. 바울한테는 '끝으로'가 '끝으로'가 아닌 셈이다. 아마 중요한 것을 강조하느라 '끝으로'라고 한 모양이다. 어쩌면 3:1에서는 "이제부터 중요한 말을 할 참이니까 잘 들어라"라는 뜻으로 '끝으로'라고 했고, 본문에서는 서신을 끝맺기 전에 마지막으로 강조하고 싶은 내용을 말하느라 '끝으로'라고 했을 수 있다.

그런 본문에서 '무엇에든지'가 여섯 차례나 반복된다. 헬라어 '호소스'를 번역한 말인데 "어떤 형편에 처하든지", "누구를 만나든지", "일이 어떻게 되든지"라는 뜻이다. 〈표준새번역성경〉에는 "마지막으로 형제자매 여러분, 무엇이든지 참된 것과 무엇이든지 경건한 것과 무엇이든지 옳은 것과 무엇이든지 순결한 것과 무엇이든지 사랑스러운 것과 무엇이든지 명예로운 것과 또 덕이 되고 칭찬할 만한 것을, 이 모든 것을 여러분은 골똘히 생각하십시오."라고 번역되어 있다.

왜 하필 참된 것, 경건한 것, 옳은 것, 순결한 것, 사랑스러운 것, 명예로운 것, 덕이 되는 것, 칭찬할 만한 것을 꼽을까? 영원한 것, 화평하게 하는 것, 온유한 것, 자비로운 것, 긍휼히 여기는 것을 생각해야 한다고 하면 안 될까? 크게 달라지는 것은 없다. 요컨대 신자는 신자다워야 한다는 사실을 말하는 것이다.

어떤 생각을 하느냐 하는 것이 곧 그 사람의 정체성을 보여준다. 신자도 그렇다. 신자가 생각할 만한 것이 따로 있다. 적어도 신자라면 신자가 생각할 만한 것을 생각해야 한다.

바울은 지금 옥에 갇힌 상태다. 자기 신세에 대해서 비관적인 생각을 할 만하다. 그런데 그 일이 도리어 복음의 진보가 되었다고 했다. 관심이 온통 복음에 있었다. 심지어 바울한테 괴로움을 안겨줄 심산으로 복음 전파에 열심을 내는 사람들도 있었다. 그러면 적개심을 품는 것이 인지상정이다. 그런데도 전혀 다른 반응을 보였다. 어떤 연유로든지 그리스도만 전파되면 그것으로 기뻐한다는 것이다.

앞에서 그리스도의 십자가의 원수로 행하는 사람들을 말했다. 그들의 마침은 멸망이요 그들의 신은 배요 그 영광은 그들의 부끄러움에 있고 땅의 일을 생각하는 자들이다. 그들은 참된 것, 경건한 것, 옳은 것, 순결한 것, 사랑스러운 것, 명예로운 것, 덕이 되는 것, 칭찬할 만한 것을 생각할 줄 모른다. 하지만 하늘에 시민권이 있는 사람은 다르다. 장차 예수님의 영광의 몸의 형체와 같이 변모될 소망이 있는 사람이라면 당연히 그런 소망 안에서 살아가는 법이다. 그 소망이 있는 사람과 없는 사람은 생각하는 것도 다르게 마련이다.

수년 전에 〈태양의 후예〉라는 드라마가 있었다. 우르크라는 가상 국가가 배경으로 나온다. 지진이 일어났다. 생존자 구조에 정신이 없다. 그런데 구조 현장을 지휘하는 유시진한테 엉뚱한 말을 하는 사람이 있다. 우르크 전력 공사 매니저다. "내가 누군지 알아? 나도 대한민국을 위해 불철주야 일하는 사람이야. 중요한 서류를 꺼내야 하니까 사무실 먼저 복구해."라는 것이 그의 얘기였다. 실상은 사무실에 숨겨 놓은 다이아몬드 때문이었다. 유시진이 응하지 않자, 재차 얘기한다. "군인이 뭐야? 국가적 임무를 우선해야 하는 게 군인 아냐? 지금 이 판국에 노가다 한두 명 죽고 사는 게 문제가 아니라니까!" 유시진이 대답한다. "이 새끼야! 국가가 뭔데? 국민의 생명과 안전을 최우선으로 하는 게 국가야. 무슨 뜻이냐 하면, 너 같은 새끼도 위험에 처하면 모든 수단과 방법을 동원해서 구해내는 게 국가라고! 군인인 나한테 국민의 생명보다 우선하라고 국가가 준 임무는 없으니까 정 그렇게 서류가 급하면 가서 직접 파!" 그러면서 삽을 던져 준다.

우르크 전력 공사 매니저는 그 드라마에서 가장 밉상으로 등장한다. 하는 짓마다 그렇게 미울 수가 없다. 누구를 만나든지 참되며 누구를 만나든지 경건하며 누구를 만나든지 옳으며 누구를 만나든지 정결하며 누구를 만나든지 사랑받을 만하며 누구를 만나든지 칭찬받을 만하며 누구를 만나든지 명예로운 것과 덕이 될 만한 것을 생각하라고 하면 당장 그런 사람이 걸린다. 그런 사람한테까지도 그렇게 해야 할까? 그에 대한 답을 유시진이 줬다. 그런 사람까지도 위험에 처하면 구하는 것이 군인의 임무라고 한다. 신자는 그런 사람한테까지도 신자여야 한다. "내가 비록 신자이기는 하지만 저 사람한테는 신자이기 싫다."라는 말은 어불성설이다.

예수님 말씀 중에 "보라 내가 너희를 보냄이 양을 이리 가운데로 보냄과 같도다 그러므로 너희는 뱀같이 지혜롭고 비둘기같이 순결하라"라는 말씀이 있다. 양을 이리 가운데 보낸다. 그래도 양은 양이다. 주변에 죄다 이리뿐이라고 해서 양이 이리 흉내를 낼 수는 없다.

어떤 사람이 술을 마실 수밖에 없는 이유를 열심히 강변한다. "생각해 보십시오. 제가 어떻게 술을 안 마실 수 있겠습니까? 봉급은 쥐꼬리만 한데 전세 보증금은 또 올려달라고 하죠, 애들 학원비는 아무리 쏟아부어도 성적은 계속 떨어지죠, 회사에서는 걸핏하면 구조 조정한다고 하죠, 직장 동료들은 줄줄이 사직서 쓰죠, 출퇴근 때마다 길은 막히죠, 기름 값은 계속 오르죠, 마누라는 동창회만 갔다 오면 바가지 긁죠… 저도 어지간하면 술 마시는 사람 아닙니다. 하지만 이런 세상에서 어떻게 맨정신으로 견디겠습니까? 제가 술을 마실 수밖에 없는 것을 이해해주셔야 합니다." 그 말을 듣던 사람이 얘기한다. "알겠습니다. 하여간 지금 음주 단속 중입니다. 일단 음주 측정기를 불어보세요."

자기가 술을 마셔야 하는 이유를 술집 주인한테 얘기하면 아주 좋아할 것이다. 같이 어울리는 술친구들도 맞장구를 칠 것이다. 하지만 음주 단속을 하는 경관은 절대 동의하지 않는다.

어떤 사람이 참된 것을 생각하지 않거나 경건한 것, 옳은 것, 정결한 것, 사랑받을 만한 것, 칭찬받을 만한 것, 덕이 있는 것, 기림이 있는 것을 생각하지 않는 이유에 대해서 자기 자신은 너그럽게 이해할 수 있다. 주변 사람들의 양해를 구할 수도 있다. 그럴 만한 이유가 당연히 있을 것이다. 하지만 성경은 그 이유를 인정하지 않는다.

일찍이 스펄전이 이렇게 기도했다. "하나님, 제 몸에 흐르는 피 중에서 단

한 방울이라도 주님을 위해 흘리기를 싫어하는 피가 있으면 다 출혈시켜 주시고 찢기기 싫어하는 살이 있으면 다 도려내어 주옵소서." 우리 역시 이 기도에 추호의 망설임 없이 '아멘'할 수 있어야 한다. 신앙을 나타내는 데는 그 어떤 사유도 핑계가 되면 안 된다.

신앙을 얘기할 때마다 늘 현실이 그렇지 않다는 반론을 듣는다. 사실 일리 있다. 우리는 자본주의 세상을 살고 있다. 모든 것을 돈으로 따진다. 돈이 많으면 잘산다고 하고 돈이 없으면 못산다고 한다. 잘살고 못사는 것을 돈이 결정한다. 그래서 전부 아등바등 살아간다. 참이니 경건이니 정결이니 하는 것이 좋은 말인 것을 누가 모르겠는가? 하지만 그런 생각만으로는 세상을 살 수 없다. 당장 세상에서 낙오되면 누가 책임질까? 일단 먹고살아야 예수도 믿을 것 아닌가?

세르반테스가 그의 책 〈돈키호테〉에서 이런 말을 한다. "현실은 진실의 적이오! 세상이 미쳐 돌아갈 때 누구를 미치광이라 부를 수 있겠소? 꿈을 포기하고 이성적으로 사는 것이 미친 짓이겠죠. 쓰레기 더미에서 보물을 찾는 것이 미쳐 보이나요? 아뇨! 너무 똑바른 정신을 가진 것이 미친 짓이오! 그중에서도 가장 미친 짓은 이상을 외면하고 현실을 있는 그대로 보는 것이요."

현실은 진실의 적이라는 말이 무척이나 날카롭다. 책에서 돈키호테가 말한다. "누가 미친 거죠? 장차 이룩할 수 있는 세상을 상상하는 내가 미친 건가요, 아니면 있는 그대로만 세상을 보는 사람이 미친 건가요?"

우리 시민권이 하늘에 있는 것이 맞을까? 우리가 장차 예수님과 같은 영광의 몸의 형체로 변한다는 말이 사실일까? 그러면 그런 소망을 갖고 사는 사람이 미친 사람일까, 그런 사실은 알기만 하고 현실에 순응하는 사람이 미친 사람일까?

4:9) 너희는 내게 배우고 받고 듣고 본 바를 행하라 그리하면 평강의 하나님이 너희와 함께 계시리라

예수님이 바리새인들을 꾸짖으면서, 무거운 짐을 사람들의 어깨에 지우면서 자기는 그것을 한 손가락으로도 움직이려 하지 않는다고 했다. 바울은 다르다. 빌립보교회 교인들한테는 온갖 거창한 얘기를 다 한 다음에 자기는 손가락 하나 까딱하지 않는 것이 아니다. 자기가 한 대로 따라 하라고 한다. 바울은 말로만 가르친 것이 아니다.

어떤 책에서 표현력이 곧 실력이라는 글을 읽은 기억이 있다. 표현되지 않으면 실력도 없는 것이다. 음악가의 머리에 아무리 아름다운 선율이 있어도 오선지에 표현할 실력이 없으면 아무것도 아니다. 운동선수는 자기가 아는 기술과 힘을 운동으로 표현한다. 소설가는 자기에게 있는 삶의 이야기를 글로 표현한다. 화가는 자기가 생각하는 아름다움을 화지에 표현한다. 표현할 능력이 없다는 얘기는 실력이 없다는 뜻이다. 신앙이라고 다를까? 어떤 사람한테 신앙이 있으면 그 신앙은 마땅히 표현되어야 한다. 표현되지 않은 신앙은 무효다. 바울 얘기를 듣고 동의하는 것이 그 사람 수준이 아니다. 어느 만큼 따라하는지가 그 사람 수준이다.

아무리 참된 것, 경건한 것, 옳은 것, 순결한 것, 사랑스러운 것, 명예로운 것, 덕이 되고 칭찬할 만한 것을 생각한다고 해도 1년 365일 생각만 해서는 의미가 없다. 당연히 행위로 나타나야 한다. 옳은 행위로 표현되지 않는 옳은 감정에 미리 점수를 줄 이유는 없다. 하나님은 우리의 생각을 통해서 영광 받지 않으시고 우리의 체험을 통해 영광 받으신다.

그러면 "너희는 내게 배운 대로 행하라"라고 하면 될 텐데 "너희는 내게 배우고 받고 듣고 본 바를 행하라"라고 한다. 바울의 모든 삶이 곧 그들이 본받을 만한 신앙 모범이었다.

인터넷 서점에 접속해서 "무작정 따라 하기"를 검색하면 주식 투자 무작정 따라 하기, 일본어 무작정 따라 하기, 포토샵 무작정 따라 하기, 1인 카페 무작정 따라 하기, 재무제표 무작정 따라 하기, 동남아 여행 무작정 따라 하기, 비즈니스 영어 회화 무작정 따라 하기, 중국어 한자 무작정 따라 하기, 쇼핑몰 창업 무작정 따라 하기 같은 책 이름이 수두룩하게 나온다. 빌립보교회 교인들은 그런 식으로 〈바울 무작정 따라 하기〉를 하면 된다.

"바울쯤 되니까 그런 말을 하지"라고 하면 안 된다. 설마 바울이 자기가 얼마나 대단한 사람인지 과시하기 위해서 이 말을 했을까? 빌립보교회 교인들의 일차적인 책임은 바울을 보고 배우는 일이다. 그러면 그다음에는 어떻게 될까? 그들 역시 누군가한테 같은 말을 할 수 있어야 한다.

교회는 하나님 보고 다녀야지, 사람 보고 다니면 안 된다는 말을 종종 듣는다. 하나님이 눈에 보일까? 보이지도 않는 하나님을 무슨 수로 보고 믿을까? 물론 그런 말이 아닌 것은 안다. 우리 믿음의 대상은 하나님이니 사람한테 영향받으면 안 된다는 뜻이다.

그럼에도 불구하고 아쉬움이 남는다. 군인들이 훈련을 받을 때도 시범을 보이는 조교가 있고 태권도 도장에도 사범이 있다. 교회에는 왜 없을까? 어떤 사람이 교회에 왔을 때, 오자마자 예수님을 만나는 것이 아니다. 자기보다 먼저 예수님을 만난 사람을 만난다. 그리스도를 만나지 않고 그리스도인을 만난다. 먼저 믿은 사람은 늦게 믿은 사람한테 자신 있게 자기 뒷모습을 보여줄 수 있어야 한다. "예수는 이렇게 믿는 것이다. 잘 보고 따라 해라." 하고, 시범을 보여줄 수 있어야 한다.

이런 말을 하면 "제 주변에는 보고 배울 사람이 없습니다"라고 할 수도 있을 것 같다. 안타깝지만 별수 없는 노릇이다. 주변에 보고 배울 사람이 없는 것이 자기 책임은 아니다. 하지만 자기가 보고 배울 사람이 되지 못한다면 그것은 자기 책임이다. "제가 어떻게 그렇게 합니까?"라고 하는 것은 겸손이 아니다. "너희는 내게 배우고 받고 듣고 본 바를 행하라"라는 말씀에 순종하지 않았다는 뜻이다. 그 말씀을 귀담아듣고 그대로 행했다면 얼마든지 같은 말을 할 수 있게 마련이다.

키르케고르가 한 얘기가 있다. "기독교인으로 실존하는 것은 기독교에 대해 사유하는 것이 아니라 기독교인으로 행동하는 것이다." 기독교가 어떤 종교인지 생각하는 사람이 기독교인이 아니다. 그렇게 사는 사람이 기독교인이다. 본문에 빗대면, 무엇이든지 참된 것, 경건한 것, 옳은 것, 순결한 것, 사랑스러운 것, 명예로운 것, 덕이 되고 칭찬할 만한 것을 생각하는 사람이 기독교인이 아니다. 그것을 행하는 사람이 기독교인이다. 예수는 마음으로 믿는 것이 아니라 몸으로 믿는 것이다. 이런 내용을 기형도 시인은, 밑줄은 성경이 아니라 생활에 그어야 한다고 했다. 요컨대 신앙은 마음의 문제가 아니라 삶의 문제다.

빌립보교회 교인들이 바울의 권면대로 무엇이든지 참된 것, 경건한 것, 옳은 것, 순결한 것, 사랑스러운 것, 명예로운 것, 덕이 되고 칭찬할 만한 것을 생각한다고 하자. 생각에만 그치는 것이 아니라 바울한테 배운 그대로 행하기도 한다. 그러면 그다음에 어떻게 될까? 가끔 "예수 잘 믿으면 어떻게 됩니까?"라는 질문을 듣는다. 같은 질문인 셈이다. 생각만 신자다운 것이 아니라 행위까지도 신자다우면 어떻게 되는가 하면, 그 답이 "그리하면 평강의 하나님이 너희와 함께 계시리라"이다.

"예수 잘 믿으면 어떻게 됩니까?"라고 묻는 사람한테 "평강의 하나님이 함께 계시게 됩니다"라고 하면 뭐라고 할까? 실제로 그렇게 답한 적이 있다. "아니, 그런 뻔한 얘기 말고요?"라는 말이 돌아왔다. 듣고 싶은 답과 전혀 달랐기 때문이다.

예수를 믿는다고 하면서 이상한 기대를 하는 사람이 더러 있다. 일단 예수를 믿으면 구원 얻는 것을 인정한다. 그리고 더 잘 믿으면, 구원 얻는 것은 물론이고 살아 있을 때도 뭔가 보상이 있지 않겠느냐는 것이다. 장사가 잘된다거나 병이 낫는다거나 자녀가 원하는 대학에 합격한다거나 하는 것 등이다. 그런 것에서 예수 믿은 보람을 찾는다.

예전에 한 청년이 "너희가 내 안에 거하고 내 말이 너희 안에 거하면 무엇이든지 원하는 대로 구하라 그리하면 이루리라(요 15:7)"라는 말씀을 물은 적이 있다. 정말이냐는 것이다. 내가 그렇다고 하자, 한 번 더 확인했다. "정말로요? 정말로 뭐든지 원하는 것을 구하면 다 이루어져요?"

예수님 안에 거하는 어떤 사람이 있다고 하자. 그 사람 안에는 예수님 말씀이 거한다. 그러면 그 사람이 어떤 것을 구할까? 예수님 말씀이 거하는 사람이라면 당연히 예수님 말씀에 맞는 것을 구할 것이다. 이렇게 설명했더니 실망한 말투로 투덜거렸다. "그게 뭐예요? 아무것도 아니잖아요."

예수를 잘 믿으면 어떻게 되느냐는 질문도 그렇다. 예수를 잘 믿는 것이 어떤 것인지 모르는 상태에서 질문을 하니 엉뚱한 답을 기대하는 것이다. 어떤 사람이 늘 참되고 경건하고 옳고 순결하고 사랑스럽고 명예롭고 덕이 되고 칭찬할 만한 것을 생각한다고 하자. 생각에만 그치는 것이 아니라 실제로 그렇게 행하기도 한다. 그런 사람이 무엇을 원할까? 평강의 하나님께서 함께 계시는 것보다 더 원하는 것이 있을까?

무엇보다 본문은 바울이 마지막으로 당부하는 내용이다. 그런데 우리한테 별것 아닌 내용으로 들릴 수 있다. 혹시 우리가 평강의 하나님께서 함께 계시게 된다는 사실에 대해서 시큰둥하다면 답은 뻔하다. 평소 생각이 참되고 경건하고 옳고 순결하고 사랑스럽고 명예롭고 덕이 되고 칭찬할 만한 것이 아니기 때문이다. 그러면 우리는 누구일까? 예수 안에 있는 사람일까, 예수 밖에 있는 사람일까?

하나님의 평강은 아무나 누릴 수 있는 것이 아니다. 사모하는 사람만 누릴 수 있다. 그 가치를 아는 사람이 신자다. 그리고 신자는 신자로 살게 마련이다. 신자는 생각과 행위가 세상과 다른 사람을 말한다.

4:10) 내가 주 안에서 크게 기뻐함은 너희가 나를 생각하던 것이 이제 다시 싹이 남이니 너희가 또한 이를 위하여 생각은 하였으나 기회가 없었느니라

바울이 로마 감옥에 갇혔다는 소식을 들은 빌립보교회에서 에바브로디도를 보냈다. 빈손으로 보냈을 리가 없다. 돈은 물론이고 이것저것 필요한 물품을 챙겨서 보냈을 것이다. 그 에바브로디도가 다시 빌립보로 돌아간다. 바울이 그 편에 편지를 보낸다. 그 편지가 빌립보서다. 편지에는 물론 보내준 것을 잘 받았다는 인사가 있다. 그 내용이 10-20절이다.

지금까지 나온 내용이 바울이 빌립보교회 교인들한테 당부하는 목회적인 권면이었다면 본문부터 20절까지는 개인적인 감사 인사다. 바울이 감사 인사를 끝으로 편지를 맺는다. 이런 사실을 감안하면 뭔가 이상하다. "보내준 것은 잘 받았습니다. 참으로 유용했습니다. 그 고마움 늘 간직하겠습니다." 라고 하면 될 텐데 왜 이렇게 말을 길게 하는 것일까?

세상을 살다보면 이웃의 도움을 받는 경우가 있다. 고마운 일이 있으면 고맙다고 하는 것이 인지상정이다. 하지만 우리가 믿는 대상은 언제나 하나님이다. 고마움은 고마움대로 표현하되 시선은 하나님께 고정되어야 한다. 호의를 무시해서도 안 되지만 의지해서도 안 된다.

바울이 "내가 주 안에서 크게 기뻐함은"이라고 했다. 그냥 기뻐한다고 하지 않고 주 안에서 크게 기뻐한다고 했다. 빌립보교회 교인들한테 도움을 받아서 기쁜 것이 아니라 그 일이 주님 보시기에 가치 있는 일이라서 기쁘다는 것이다. 또 "너희가 나를 생각하던 것이 이제 다시 싹이 남이니"라고 했다. 빌립보교회 교인들이 전에도 바울의 선교 사역을 도운 적이 있는 모양이다. 그런데 무슨 영문인지 한동안 중단되었다가 다시 도운 것이다. 왜 중단되었는지 모른다. 바울은 그것을 "너희가 또한 이를 위하여 생각은 하였으나 기회가 없었느니라"라고 한다. "기회가 없었지, 설마 마음이 없었겠느냐?" 하고, 빌립보교회 교인들의 마음을 헤아려 준 것이다.

어떤 교회에서 선교사를 지원하다가 중간에 흐지부지되었다. 그런데 그 선교사가 중한 병이 들어 수술을 받아야 한다는 소식을 듣게 되었다. 그러면 자기들의 무관심을 자책하면서 다시 선교 후원금을 보낼 수 있다.

빌립보교회도 그랬을 수 있다. 물론 정확한 것은 모른다. 설령 그런 경우라고 해도 "이제라도 정신 차리니 다행이다"라고 할 수는 없다. 도움을 준 것은 어쨌든 고마운 일이다.

그것이 전부가 아니다. 그러면 하나님의 자리는 어디일까? 빌립보교회의 도움에 고마움을 표하면서도 자기는 그런 도움에 의지하는 사람이 아니라는 사실을 밝혀야 한다. 자기 자존심 때문이 아니다. 모든 것을 모든 것 가운데서 역사하시는 분은 언제나 하나님이라는 사실을 알기 위해서다.

4:11〉 내가 궁핍하므로 말하는 것이 아니니라 어떠한 형편에든지 나는 자족하기를 배웠노니

감옥에 갇힌 사람이 궁핍하지 않다는 것이 말이 될까? 우리나라에는 일종의 '체면 문화'가 있다. 배가 고프면서도 고프지 않다고 하고 아프면서도 아프지 않다고 한다. 바울도 그처럼 짐짓 괜찮은 척하는 것일까?

궁핍은 다분히 상대적이고 주관적인 개념이다. 지난 1995년에 이집트, 요르단을 거쳐 이스라엘에 다녀온 적이 있다. 당시 이집트 국민 소득이 800불이었고 요르단은 1,000불이었다. 많은 이집트 사람들이 요르단에 와서 이른바 3D 업종에서 일을 했다. 청소부들은 주로 이집트 사람이라는 말을 들었다. 요르단은 자기들이 세계에서 미국, 일본 다음으로 잘사는 줄 안다는 가이드의 말을 듣고 웃었던 기억이 있다. 우리가 보기에는 요르단 사람들이 궁핍해보여도 그들은 절대 인정하지 않는다.

바울의 얘기는 그런 경우와 다르다. "내가 궁핍하므로 말하는 것이 아니니라"라는 말 자체가 남들이 보기에 자기가 궁핍한 상황이라는 사실을 전제로 한다.

평소 같으면 요플레 하나는 먹어도 그만이고 안 먹어도 그만이다. 하지만 사나흘 금식한 다음에 먹으면 얘기가 달라진다. 별것 아닌 요플레 하나에 그렇게 힘이 날 수가 없다. 먹기 전과 먹은 다음이 확연히 다르다. 바울도 그럴 수 있다. 형편이 어려울수록 사소한 고마움도 크게 느껴지는 법이다. 빌립보 교회에서 보내온 돈이나 물품이 상당히 유용했을 것이다.

그런데 궁핍해서 하는 말이 아니라고 한다. 그러면 그만한 이유가 있어야 한다. "어떠한 형편에든지 나는 자족하기를 배웠노니"라는 말이 나오는 것이 그 때문이다.

자족은 스토아 철학에서 즐겨 쓰던 용어다. 빌립보 사람들한테는 상당히 익숙한 용어였을 것이다. 스토아 철학에서는 상황이나 여건에 구애받지 않고 누리는 만족을 강조했다. 그러면 욕구를 제거해야 한다. 즐겨 쓰는 말이 "상관없다"이다. 영어로 하면 늘 "I don't care."를 말하곤 했다. 물건을 잃어버려도 "I don't care.", 길을 가다가 넘어져도 "I don't care.", 감기 몸살에 시달려도 "I don't care."다. 그렇게 해서 자족이 찾아오는지는 의문이다. 어쩌면 어떻게 해서든지 자족해보려는 몸부림일 수 있다.

바울이 그런 스토아 철학의 단어를 사용한다. 차이는 있다. 스토아 철학에서는 스스로 자족의 경지에 이르려고 한다. 그런데 바울은 배웠다고 한다. 빌립보교회 교인들한테 적용하면 "나는 배웠습니다. 여러분도 배워야 합니다."라는 뜻이 된다. 바울이 배웠다는 자족 내용은 12절에 나온다. 빌립보교회 교인들이 배워야 한다면 우리 역시 배워야 하는 내용이다.

4:12) 나는 비천에 처할 줄도 알고 풍부에 처할 줄도 알아 모든 일 곧 배부름과 배고픔과 풍부와 궁핍에도 처할 줄 아는 일체의 비결을 배웠노라

가끔 연락이 뜸하던 사람과 통화를 하는 수가 있다. 어떻게 지내느냐고 물으면 나는 늘 잘 지낸다고 한다. "나야 늘 잘 지내지. 원래 환경에 관계없이 잘 지내는 게 내 인생 모토야." 농담 같지만 사실은 농담이 아니다. 자기한테 유리한 일이 있을 때는 잘 지내다가 불리한 일이 있다고 해서 잘 지내지 못하면, 지금 잘 지낸다고 해도 내일 당장 어떻게 될지 모르는 것 아닌가? 잘 지내는 것이 정말로 잘 지내는 것이려면 환경에 관계없이 잘 지내야 한다.

자족도 그렇다. 비천에 처할 줄도 알고 풍부에 처할 줄도 알아야 한다. 어떤 형편에 처하든지 거기에 구애받으면 안 된다. 바울이 그런 비결을 배웠다고 한다. 본래 그런 사람이 아니었는데 이제는 그런 사람이 되었다.

특이한 사실이 있다. 본문과 11절에 쓰인 '배웠다'라는 말이 우리말로는 차이가 없지만 원어에는 다른 말이 쓰였다. 11절에서 "자족하기를 배웠노니"라고 할 때는 일반적인 단어가 쓰였다. 마치 제자가 선생한테 배우는 것과 같다. 그런데 본문에서 "비결을 배웠노라"는 일반적인 말이 아니다. 당시 유행하던 신비 종교에 입문하는 것을 묘사할 때 쓰던 말이다.

아닌 게 아니라 '비결'이라는 말 자체가 그렇다. 아무한테나 가르쳐주면 비결이 아니다. 예전에 "며느리도 몰라요"라는 고추장 광고가 있었다. 맛의 비결은 며느리한테도 알려주지 않는 법이다. 바울이 그런 비결을 배웠다고 한다.

어떻게 배웠는지, 그 답이 13절에 있다.

4:13〉 내게 능력 주시는 자 안에서 내가 모든 것을 할 수 있느니라

바울은 그리스도 안에 있는 사람이다. 스스로 노력해서 특별한 비방을 터득한 것이 아니다. 그리스도 안에 있는 것이 그 비결이다.

아들이 고 3이 된다면서 본문을 붙잡고 1년 동안 기도하겠다는 말을 들은 적이 있다. 비단 그분이 아니라도 본문을 그런 식으로 오해하는 경우가 더러 있다. 신자가 운영하는 사업장에서도 특히 자주 볼 수 있다.

앞에서 "…참이니 경건이니 정결이니 하는 것이 좋은 말인 것을 누가 모르겠는가? 하지만 그런 생각만으로는 세상을 살 수 없다. 당장 세상에서 낙오되면 누가 책임질까? 일단 먹고살아야 예수도 믿을 것 아닌가?"라는 말을 했다.

문맥을 무시한 채 "일단 먹고살아야 예수도 믿을 것 아닌가?"만 인용하면 어떻게 될까? "강학종 목사가 일단 먹고살아야 예수도 믿는다고 했다"라고 하면, 나는 졸지에 이상한 목사가 된다. 성경도 그렇다. 성경은 문맥이 있는 책이다. 문맥을 무시하면 성경 구절을 인용해서 성경에 없는 말을 하게 된다.

방금 말씀드린 분이 본문을 어떻게 받아들였다는 뜻일까? "하나님은 전능하시다. 하나님의 능력이라면 얼마든지 원하는 대학에 갈 수 있다."라는 뜻으로 받아들인 것이 뻔하다. 물론 맞는 말이다. 대학 진학이 단지 하나님의 능력에 달린 문제라면 백번 지당하다. 하지만 먼저 따져봐야 할 사실이 있다. 하나님께서 왜 그런 능력을 행사하셔야 할까? 하나님께서 그러셔야 할 이유가 있을까? 고작해야 자기가 원한다는 것이 그 이유일까? 만일 다른 사람도 똑같은 것을 원하면 어떻게 될까? 누가 더 기도를 열심히 하느냐에 따라 달라질까?

고등학생 시절의 일이다. 지금은 뜸하지만 그때는 인근 교회들끼리 체육대회를 하는 일이 종종 있었다. 체육 대회 종목은 보통 축구, 배구, 탁구, 릴레이 등이 된다. 두 교회가 축구를 했는데 승패가 갈리지 않아서 승부차기를 하게 되었다. 키커가 준비하는데 키퍼가 타임을 외쳤다. 그러고는 제자리에 꿇어앉아 기도를 했다. 멀뚱멀뚱 그 모습을 지켜보던 키커도 무릎을 꿇고 기도를 했다. 이런 경우에 하나님이 누구 기도를 들어주셔야 할까? 아니, 누구 기도든지 간에 하나님이 들어주셔야 할 이유가 있을까?

본문이 정말로 자기가 원하는 일은 하나님의 능력으로 뭐든지 다 이룰 수 있다는 뜻이면 얘기가 이상하게 된다. 바울은 지금 옥에 갇힌 상태다. 빌립보교회에서 위문품과 함께 면회 사절이 왔다. 그런데 대뜸 말한다. "내게 능력 주시는 자 안에서 내가 모든 것을 할 수 있느니라" 그러면 뭐라고 해야 할까? "아? 그러세요? 그럼 일단 옥에서 나와 보시죠?"라고 하지 않을까? 자기 앞가림도 제대로 못하는 처지에 뭐든지 할 수 있다는 것은 말이 되지 않는다.

앞에서 바울은 비천에 처할 줄도 알고 풍부에 처할 줄도 안다고 했다. 배부름에 처할 줄도 알고 배고픔에 처할 줄도 알고 풍부에 처할 줄도 알고 궁핍에 처할 줄도 아는 일체의 비결을 배웠다고 했다. 그런 일이 어떻게 가능할까? 풍부하다고 해서 능력이 많아지지도 않고 궁핍하다고 해서 능력이 없어지지도 않는 일이 어떤 일일까? 이를 테면, 벽돌로 집을 짓는다면 나무는 필요가 없다. 나무가 많다고 해서 도움이 되지도 않고 나무가 없다고 해서 방해를 받지도 않는다. 바울이 하는 일이 그런 일이다. 이 세상 여건에 구애받지 않는다.

알랭 드 보통이 쓴 〈여행의 기술〉에 스케치 능력이 있는 사람과 스케치 능력이 없는 사람이 산책을 하면 어떤 차이가 있는지 말하는 내용이 나온다. 스케치 능력이 없는 사람은 길과 나무를 본다. 나무가 녹색인 것을 보지만 그뿐이다. 태양이 빛나는 것을 보면서 기분 좋다고 느끼지만 그것이 전부다. 하지만 스케치 능력이 있는 사람은 다르다. 그의 눈은 아름다움의 원인을 찾고 예쁜 것의 가장 세밀한 부분까지 꿰뚫어 보는 데 익숙하다.

책에는 이렇게 되어 있다. "그는 고개를 들어 햇빛이 소나기처럼 잘게 나뉘어 머리 위에서 은은한 빛을 발하는 잎들 사이로 흩어지고, 마침내 공기가 에메랄드빛으로 가득 차는 모습을 관찰한다. 그는 여기저기에서 가지들이 잎들의 베일을 헤치고 나온 모습을 볼 것이다. 보석처럼 빛나는 에메랄드색 이끼와 하얀색과 파란색, 자주색과 빨간색으로 얼룩덜룩한 환상적인 지의류가 부드럽게 하나로 섞여 아름다운 옷 한 벌을 이루는 것을 볼 것이다. 이어 동굴처럼 속이 빈 줄기와 뱀처럼 똬리를 틀고 가파른 둑을 움켜쥐고 있는 뒤틀린 뿌리들이 나타난다. 잔디가 덮인 비탈에는 수많은 색깔의 꽃들이 상감 세공처럼 새겨져 있다. 볼 만한 가치가 있지 않은가? 그럼에도 스케치를 하는 사람이 아니라면 집에 돌아왔을 때 할 말도 없고 생각할 것도 없다. 그저 이러저러한 길을 따라 걸어갔다 왔다고 할 것이다."

같은 시각에 같은 길을 걸어도 스케치 능력에 따라서 보고 느끼는 게 달라지는 법이다. 같은 인생을 살아도 예수 안에 있는지, 예수 밖에 있는지에 따라 인생을 보는 눈이 달라져야 정상이다.

지나가는 사람을 붙잡고 "당신은 왜 사십니까?"라고 물으면 어떤 대답이 나올까? 대답을 못해서 머뭇거리는 사람이 가장 많지 않을까? 자기가 왜 사는지 모른다는 뜻이다. 어쩌면 "죽지 못해 삽니다"라는 대답도 더러 나올 것 같다. 하지만 우리는 정답을 알고 있다. 사람의 제일 된 목적은 하나님을 영광스럽게 하고 영원토록 그를 즐거워하는 것이다. 우리는 하나님을 영광스럽게 하고 영원토록 그를 즐거워하기 위해서 산다. 세례 문답할 적에 단골로 나오는 소요리문답 1번이다. 문제는 정답을 알고는 있는데 그 정답이 우리한테서 나오지 않는다는 사실이다. 실제 세상을 살아가기는 자기가 왜 살아야 하는지 모르는 사람이나 심지어 죽지 못해 산다는 사람과 별 차이가 없다.

본문을 보면서 엉뚱한 기대를 갖는 이유가 무엇 때문일까? 우선 성경은 문맥이 있는 책이라는 사실을 놓친 때문일 수 있다. 하지만 본질적인 이유가 따로 있다. 기독교 신앙이 무엇인지 모르는 탓이다. 예수를 믿는다고 하면서 예수를 믿는 것이 무엇인지 모른다. 예수를 믿기 전이나 믿은 다음이나 달라진 것이 없다. 예수 믿기 전에 원하던 것을 예수 믿은 다음에 터득한 방법으로 얻으려는 사람에게 무슨 말을 해주면 될까?

예수를 믿는 사람이 어떤 사람인가 하면, "내게 능력 주시는 자 안에서 내가 모든 것을 할 수 있느니라"라고 고백하는 사람이다. 능력 주시는 자는 자기 밖에 계시게 한 채 자기 필요에 따라 가끔 모셔 오려는 사람은 예수를 믿는 사람이 아니다. 자기가 능력 주시는 자 안에 들어가 있어야 한다. 그러면 자기가 더 이상 자기가 아니게 된다. 인생을 살되 예수님을 위한 인생을 살게 된다. 소요리문답 1번 문항에 나온 모범 답안처럼 하나님을 영광스럽게 하고 영원토록 그를 즐거워하며 살게 된다.

바울로 얘기하면 감옥 안에 있는지, 감옥 밖에 있는지 별로 중요하지 않다. 감옥 밖에 있으면 감옥 밖에 있는 대로, 감옥 안에 있으면 감옥 안에 있는 대로 복음을 전한다. 자기가 처한 환경은 전혀 문제가 안 된다. 말 그대로 풍부에 처할 줄도 알고 궁핍에 처할 줄도 안다.

이런 말을 하면 으레 나오는 질문이 있다. 세상에서도 잘살고 신앙생활도 잘하면 더 좋은 것 아니냐는 것이다. 풍부에 처할 줄만 알면 되지, 궁핍에 처할 줄도 알아야 하느냐고 하면 뭐라고 해야 할까? 자기를 풍부하게 해주는 하나님은 필요하지만 그렇지 않은 하나님은 필요 없다는 뜻일까? 표현을 아무리 그럴 듯하게 해도 세상 욕심을 포기하기 싫다는 뜻에 불과하다.

또 있다. 세상에서 잘사는 것이 어떻게 사는 것일까? 어떻게 사는 것이 잘사는 것인지 누가 정할까? 좋고 나쁜 것을 판단하려면 먼저 목적을 알아야 한다. 농부의 목적은 땅에서 많은 소출을 내는 것이다. 해마다 아무 수확도 없는 농부는 좋은 농부가 아니다. 자기가 그 농부와 개인적으로 얼마나 친한지와 상관없다. 어떻게 사는 것이 잘사는 것인지 따지는 것도 그렇다. 사람의 본래 목적에 맞게 사는 것이 잘사는 것이다.

우리가 사는 세상이 자본주의 세상이다 보니 모든 것을 돈으로 따진다. 심지어 잘살고 못사는 것도 돈으로 따진다. 돈이 많으면 잘산다고 하고 돈이 없으면 못산다고 한다. 그런 풍조에 속으면 안 된다. 우리는 우리가 지음받은 목적을 아는 사람들이다. 무엇보다 우리의 시민권이 하늘에 있고, 우리가 장차 예수님처럼 변모된다는 사실을 안다. 그러면 거기에 맞게 사는 것이 잘사는 것이다. 이 세상 사는 동안에 남보다 떡을 많이 먹는지, 적게 먹는지는 우리 관심사가 아니다.

우리가 장차 주님을 만날 사람이 맞을까? 맞다고 대답만 하면 안 된다. 그 준비를 하고 있어야 한다. 이 세상은 그 준비를 위해서 주어진 공간이고, 우리 인생은 그 준비를 위해서 주어진 시간이다. 그 준비는 풍부나 궁핍과 아무 상관이 없다. 우리 할 일만 묵묵히 하면 그것으로 족하다. 나머지는 하나님의 영역이다.

4:14) 그러나 너희가 내 괴로움에 함께 참여하였으니 잘하였도다

믿음으로 구원 얻는다는 얘기를 할 때마다 하나님의 은혜와 인간의 책임이 충돌한다. 우리가 구원을 얻은 것은 하나님께서 은혜를 베푸셨기 때문이다. 그러면 구원 얻지 못한 사람들은 어떻게 될까? 하나님이 은혜를 베풀지 않으신 때문일까? 그렇지 않다. 그들이 믿지 않았기 때문이다. 구원 얻지 못한 것은 그들 책임이다. 우리가 가진 논리로는 이 부분이 설명이 안 된다. 동전 앞뒷면을 한꺼번에 보지 못하고 번갈아 보아야 하는 것처럼 하나님의 은혜를 얘기할 때는 하나님의 은혜를 얘기하고 인간의 책임을 얘기할 때는 인간의 책임을 얘기하는 것이 우리가 할 수 있는 최선이다. 하나님의 은혜를 얘기하면 인간의 책임이 퇴색되고 인간의 책임을 얘기하면 하나님의 은혜가 퇴색되는 것 같지만 별수 없다. 하늘에 속한 내용을 땅에 속한 언어로 명쾌하게 설명할 수는 없는 노릇이다.

바울이 빌립보교회의 도움을 받았다. 분명히 고마운 일이다. 하지만 바울은 하나님을 의지하는 사람이다. 바울이 유별난 사람이라서가 아니라 우리가 지켜야 할 신앙 원칙이 그렇다. 고마운 것은 단지 고마운 것이지, 그것을 의지하지는 않는다.

앞에서 "내가 궁핍하므로 말하는 것이 아니다. 나는 비천에 처할 줄도 알고 풍부에 처할 줄도 안다. 내게 능력 주시는 자 안에서 내가 모든 것을 할 수 있다."라고 했다. 당연한 말이지만 오해의 소지도 있다. 행여 빌립보교회 교인들이 "나는 하나님만 있으면 됩니다. 여러분의 도움은 있어도 그만이고 없어도 그만입니다."라는 뜻으로 받아들이면 어떻게 할까? 그래서 "그러나 너희가 내 괴로움에 함께 참여하였으니 잘하였도다"라고 한다.

바울이 하나님만 의지하는 사람이라고 해서 빌립보교회 교인들이 소용없는 일을 한 것이 아니다. 그들은 바울의 괴로움에 참여한 사람들이다. 그들이 도움을 준 것이 바울과 함께한다는 징표인 셈이다.

물질 있는 곳에 마음이 있는 법이다. 성경에만 나오는 금언이 아니다. 세상에서도 쉽게 확인된다. 주변에 경조사가 있을 때 부조를 하는 것이 단적인 예다. 부조를 안 한다는 얘기는 돈이 없다는 뜻이 아니라 마음이 없다는 뜻이다. 부조금 액수도 그렇다. 항상 똑같지 않다. 경우에 따라서는 평소보다 액수가 많아지기도 한다. 돈을 많이 쓰는 것이 아니라 마음을 많이 쓰는 것이다.

빌립보교회 교인들이 바울한테 어떻게 마음을 썼을까? 얼마나 많은 마음을 썼기에 바울의 괴로움에 참여했다는 말을 듣는 것일까? 잠깐 성의 표시를 한 정도는 아닐 것이다.

경조사를 치른 다음에는 부조를 한 사람한테 인사를 하는 법이다. 요즘은 주로 SNS를 이용한다. 모든 부조에 진심이 담겨 있다는 보장은 없다. 마지못해서 하는 경우도 있는 것이 현실이다. 대충 구별이 되기도 한다. 그렇다고 해서 가려서 인사를 할 수는 없다. 부조를 한 사람은 무조건 고마운 사람이고 꼭 은혜를 갚아야 할 사람이라고, 획일적인 인사말을 전한다. 설마 바울이 그런 식으로 인사를 하는 것은 아닐 것이다.

4:15〉 빌립보 사람들아 너희도 알거니와 복음의 시초에 내가 마게도냐를 떠날 때에 주고받는 내 일에 참여한 교회가 너희 외에 아무도 없었느니라

바울이 세운 교회는 한둘이 아니다. 자칫 "다른 교회는 바울의 선교 사역에 관심이 없었는데 빌립보교회는 달랐구나" 하고, 오해할 수 있다. 그런데 그런 얘기가 아니다.

2차 전도 여행에 나선 바울이 본래는 아시아에서 복음을 전할 생각이었다. 아시아 대륙이 아니라 지금의 튀르키예에 속한 소아시아를 말한다. 그런데 성령께서 막으셨다. 그러는 중에 드로아에서 환상을 본다. 마게도냐 사람 하나가 건너와서 자기들을 도우라고 하는 것이다. 그렇게 해서 바울이 드로아에서 배를 타고 사모드라게, 네압볼리를 거쳐 빌립보에 이르게 된다. 그 내용이 행 16:12a에 "거기서 빌립보에 이르니 이는 마게도냐 지방의 첫 성이요 또 로마의 식민지라"라고 기록되어 있다. 복음이 유럽 대륙에 전파되기 시작한 것이다. 바울이 그것을 "복음의 시초"로 말한다.

빌립보에서 암비볼리, 아볼로니아, 데살로니가, 베뢰아를 거쳐 아덴에 이른다. 마게도냐를 떠나 아가야에 간 것이다. 그러니 "내가 마게도냐를 떠날 때에 주고받는 내 일에 참여한 교회가 너희 외에 아무도 없었느니라"라고 했다고 해서, 고린도교회나 갈라디아교회, 에베소교회, 골로새교회는 다 모른 척 했는데 빌립보교회만 도운 것이 아니다. 다른 교회는 아직 세워지기 전이다.

그보다는 "주고받는 일"이라는 표현에 주목할 만하다. 빌립보교회에서 보낸 선교헌금을 바울이 받았다는 정도의 얘기가 아니다. 당시 상거래에서 주로 쓰이던 용어로 물건을 받고 인수증을 써주는 경우에 해당한다. 18절에도 상거래 용어가 나온다. "내게는 모든 것이 있고 또 풍부한지라"라고 했는데, "모든 것이 있다"라는 얘기가 "모든 것을 잘 받아서 서명을 마쳤다"라는 뜻이다. 예수님 말씀 중에도 상거래 용어가 나온다. 사람들에게 보이려고 의를 행하지 않도록 주의하라고 하시면서, 사람들에게 보이려고 구제를 하는 사람이나 사람들에게 보이려고 기도를 하는 사람은 자기 상을 이미 받았다고 했다. 자기 상을 이미 받았다는 얘기가 곧 영수증을 받았다는 뜻이다. 그것으로 계산이 끝났다. 더 이상 받을 것이 없다.

흔히 부조를 빚이라고 한다. 자기가 받은 만큼 나중에 자기도 해야 하기 때문이다. 비단 부조만이 아니다. 도움을 받았으면 갚는 것이 인지상정이다. 물론 능력이 없어서 못 갚을 수 있다. 그런 경우에도 갚아야 한다는 부담감은 있게 마련이다.

그런데 바울은 그렇게 말하지 않는다. 빌립보교회와 주고받는 일을 했다. 빌립보교회의 도움을 받기만 한 것이 아니라 물건을 받은 다음에 인수증을 써준 것처럼 모든 계산을 끝냈다. 빌립보교회에 대해서 아무런 채무 의식도 느끼지 않는다.

그러면서 예전 얘기를 꺼낸다.

4:16〉 데살로니가에 있을 때에도 너희가 한 번뿐 아니라 두 번이나 나의 쓸 것을 보내었도다

이런 말을 왜 할까? "여러분이 에바브로디도 편에 보낸 것은 비단 돈 몇 푼이 아닙니다. 저의 괴로움에 함께 참여하는 복된 행위입니다. 참으로 장한 일입니다. 여러분은 전에도 그렇게 했습니다. 내가 마게도냐를 떠날 적에도 저를 도왔습니다. 그것만이 아닙니다. 데살로니가에서 사역할 적에도 두 차례나 저를 도왔습니다."라는 말을 하면 듣는 사람들이 어떤 생각을 할까? "앞으로도 계속 도와달라는 뜻인가?"라는 생각을 할 수 있다. 무슨 영문인지 몰라도 빌립보교회의 선교 후원이 한동안 중단된 상태였다. 그러다가 바울의 투옥 소식을 듣고는 바울이 쓸 것을 보냈다. 그러니 "지금까지는 까먹었지만 앞으로는 신경 써서 까먹지 말라는 얘기구나"라고 할 수도 있을 것 같다.

4:17〉 내가 선물을 구함이 아니요 오직 너희에게 유익하도록 풍성한 열매를 구함이라

빌립보교회 교인들한테 고마움을 표하는 것은 그들을 부추겨서 뭔가를 또 받아 내고 싶기 때문이 아니다. 오히려 빌립보교회 교인들의 유익을 도모하기 위해서다.

빌립보교회 교인들한테 무슨 유익이 있다는 뜻일까? 그들이 기대할 수 있는 열매가 어떤 열매일까? 바울을 돕는 일은 이를테면 통장 잔고가 줄어드는 일이다. 남을 도울수록 통장 잔고가 늘어난다면 그런 일을 누가 마다하겠는가?

바울의 얘기는 다르다. 바울의 관심은 자기가 도움을 받는 것에 있지 않다. 빌립보교회 교인들의 통장 잔고가 늘어나기를 바란다는 것이다.

앞에서 바울은 빌립보교회의 도움을 받은 것을 주고받는 일이라고 했다. 자기가 받은 것에 대해서 영수증 처리를 했다. 깔끔하게 정리가 되어서 남은 일이 없다. 그런데 그 일을 통해서 빌립보교회 교인들의 통장 잔고가 늘어나는 일이 어떻게 가능할까? 사업을 하는 사람들이 투자자를 구하면서 높은 수익을 약속하는 것과는 전혀 다른 얘기다. 빌립보교회에 대해서 적어도 바울은 할 일이 없다.

4:18) 내게는 모든 것이 있고 또 풍부한지라 에바브로디도 편에 너희가 준 것을 받으므로 내가 풍족하니 이는 받으실 만한 향기로운 제물이요 하나님을 기쁘시게 한 것이라

방금 바울은 선물을 구하는 것이 아니라고 했다. 그런데 본문에서는 제물이라는 말을 쓴다. 자기가 받은 선물이 하나님께서 받으실 만한 향기로운 제물이라는 것이다.

바울은 빌립보교회 교인들이 보낸 헌금이나 헌물을 자기와 빌립보교회 교인들 사이에 주고받은 물질의 개념으로 이해하지 않는다. 그 사이에 하나님께서 개입해 계시다는 생각을 가지고 있다. 빌립보교회 교인들이 바울한테 보낸 것은 먼저 하나님께 봉헌된 것이었다. 하나님께서 그것을 향기로운 제물로 받으신다. 당연히 하늘 장부에 기록되었을 것이다. 바울은 그것을 하나님께로부터 받아서 복음의 진보를 위해 썼다. 빌립보교회 교인들에게 사사로이 받은 것이 아니다.

예전에 십일조를 안 하면 벌 받느냐는 말을 들은 적이 있다. 아닌 게 아니라 그런 투의 설교를 들었던 기억도 있다. 신앙생활을 제대로 안 하면 벌 받는다는 것이다. 사람들의 열심을 부추기는 쪽으로는 효과가 있는지 몰라도 신앙이 다분히 유치하게 된다. 벌 받지 않기 위해서 예배드리고, 벌 받지 않기 위해서 봉사를 하는 것이 말이 될까? 그러다가 그것이 율법적인 것을 알게 된다. 그런 식으로 겁을 주는 설교가 통하지 않게 된다.

그러면 그다음에는 기복적이 된다. "신앙생활 열심히 하지 않으면 벌 받는다"에서 "신앙생활 열심히 해서 복 받아라"가 되는 것이다. 자연스럽게 헌금이 강조된다. "너희의 온전한 십일조를 창고에 들여 나의 집에 양식이 있게 하고 그것으로 나를 시험하여 내가 하늘 문을 열고 너희에게 복을 쌓을 곳이 없도록 붓지 아니하나 보라(말 3:10)", "사랑하는 자여 네 영혼이 잘됨같이 네가 범사에 잘되고 강건하기를 내가 간구하노라(요삼 1:2)" 같은 말씀이 단골로 인용된다. 심지어 '선불 십일조'라는 해괴한 말이 나돌기도 했다. 한 달에 천만 원을 벌고 싶으면 먼저 믿음으로 십일조 백만 원을 하는 것이 선불 십일조다. 그 믿음이 상달되면 하나님께서 들어주신다는 것이다.

본래 신앙은 하나님을 사랑하는 것이다. 하나님을 사랑하는 사람에게는 "이거 해라, 저거 해라." 말할 필요가 없다. 있는 마음을 그대로 표현하면 된다. 하나님을 사랑하지 않는 사람한테 열심을 내게 하려니 벌 받는다고 겁을 주기도 하고 복 받는다고 사탕발림도 하는 것이다.

이런 시기를 지나면서 헌금 얘기를 안 하는 것이 오히려 수준 있는 것인 양

오해하는 풍조가 생기기도 했다. 실제로 어떤 은퇴 목사가 목회 여정을 회상하면서 헌금 얘기를 한 번도 안 한 것을 자랑하기도 했다. 헌금 얘기를 한 번도 하지 않았지만 교회 예산은 부족하지 않았다는 것이다.

교인들의 헌금으로 교회가 운영되는 것은 맞다. 그렇다고 해서 헌금이 교회 운영비를 조달하기 위한 수단일 수는 없다. 무엇보다 성경에 헌금 얘기가 있다. 성경에 헌금 얘기가 있는데 헌금 얘기를 안 하는 것은 바람직한 일이 아니라 오히려 직무 유기 아닐까?

전도를 강조하는 설교를 했다는 이유로 시험에 드는 사람은 없다. 봉사나 성경 읽기를 강조해도 마찬가지다. 그런데 헌금은 다르다. 헌금을 강조한다는 이유로 시험에 드는 사람은 얼마든지 있다. 헌금 얘기가 그만큼 조심스럽다. 이유가 무엇일까? 헌금 얘기를 하는 것이 잘못이어서 그럴까, 헌금 얘기를 들을 마음이 없어서 그럴까?

그런데 바울은 거침이 없다. 빌립보교회가 하는 헌금이 하나님께서 받으실 만한 향기로운 제물이요 하나님을 기쁘시게 한 것이라고 한다. 자기의 필요를 채우는 것이 문제가 아니다. 빌립보교회 교인들의 통장 잔고를 채우는 것이 문제다.

통장 잔고가 어떻게 찰까?

4:19) 나의 하나님이 그리스도 예수 안에서 영광 가운데 그 풍성한 대로 너희 모든 쓸 것을 채우시리라

앞에서 바울은 "내게 능력 주시는 자 안에서 내가 모든 것을 할 수 있느니라"라고 했다. 풍부나 궁핍이 전혀 문제가 되지 않는다는 것이다. 바울이 특별한 사람이어서가 아니다. "내가 능력 있는 사람이어서 내가 모든 것을 할수 있느니라"가 아니다. "내게 능력 주시는 자 안에서…"이다. 이런 고백이 바울 혼자만의 고백으로 제한될 수는 없다.

그래서 "나의 하나님이 그리스도 예수 안에서 영광 가운데 그 풍성한 대로 너희 모든 쓸 것을 채우시리라"가 나온다. "내가 모든 것을 할 수 있느니라"라는 바울의 고백이 "너희 모든 쓸 것을 채우시리라"로 연결된다. 신자라면 누구나 이런 고백을 해야 하고, 이런 체험을 해야 한다.

바울이 하나님을 '나의 하나님'이라고 한다. 그만큼 하나님을 잘 안다. 그 하나님이 빌립보교회 교인들이 쓸 것을 채우시는데, 인색하게 채우시지 않는다. 영광 가운데 그 풍성한 대로 채우신다.

"쓸 것을 채운다"라는 말에서 우리가 알 수 있는 사실이 있다. 앞에서 빌립보교회 교인들이 바울한테 얼마나 마음을 썼기에 바울의 괴로움에 참여했다는 말을 듣는 것이겠느냐고 했다. 쓸 것을 채운다는 얘기는 빌립보교회 교인들한테 필요한 것이 있다는 뜻이다. 필요한 것이 왜 있을까? 세상 살아가려면 필요한 것이 한두 가지겠느냐는 얘기가 아니다. 그들은 바울의 쓸 것을 채워준 사람들이다. 그랬더니 필요한 것이 있게 되었다. 풍족한 데서 나눈 것이 아니라는 뜻이다. 자기들이 쓸 것을 안 쓰고 나눴다. 바울이 아는 하나님이라면 그런 그들의 필요를 얼마든지 채우실 것이다. 꼭 필요한 만큼만 아슬아슬하게 채우시지 않고 영광 가운데 그 풍성한 대로 채우신다.

얼마 전에 손님이 다녀갔다. 예전에 같은 교회 다니던 분인데 암 투병 후유증으로 모자를 쓰고 있었다. 보험금 4,700만 원을 받았는데 정작 치료비는 실비 보험으로 해결했다며, 그 돈은 여기저기 필요한 곳에 기부했다고 한다. 3,700만 원은 그렇게 나누었는데 1,000만 원은 기부할 만한 곳을 모르겠다며 혹시 필요한 곳을 알면 얘기해달라고 하기에 내가 아는 곳을 추천해줬다.

4,700만 원이면 서민한테는 상당히 큰돈이다. 그런 돈이 필요 없는 사람이 있을까? 사는 집도 전세이고 타고 다니는 차도 소형차다. 그런데 병원비가 해결되었다는 이유만으로 필요 없다고 했다.

세상일을 어찌 알까? 살다 보면 나중에 곤란한 일이 생길 수도 있다. 그러면 하나님께서 채워주실 것이다. 세상을 살아가는 힘이 돈이 아니라 하나님인 것을 직접 보이는 사람을 설마 하나님께서 모른 척 하실까?

4:20〉 하나님 곧 우리 아버지께 세세 무궁하도록 영광을 돌릴지어다 아멘

방금 '나의 하나님'이라고 했는데 본문에서는 '하나님 곧 우리 아버지'라고 한다. 하나님이 바울에게만 하나님이 아니다. 바울과 빌립보교회 교인들을 하나로 묶어주는 아버지다. 바울만 그 하나님께 영광을 돌리면 안 된다. 빌립보교회 교인들도 같이 영광 돌려야 한다.

비결은 간단하다. "내게 능력 주시는 자 안에서 내가 모든 것을 할 수 있느니라"라는 고백에 동참하면 된다. 하나님이 자기의 모든 쓸 것을 채우시는 분인 것을 실감해서 그 고백을 체험하면 된다. 바울이 믿는 하나님과 빌립보교회 교인들이 믿는 하나님이 같은 분이다. 우리가 믿는 하나님도 물론 같은 분이다. 하나님께서 그 옛날 바울을 통해서 영광받으신 것처럼 우리를 통해서도 영광받으셔야 한다. 그것이 우리의 신앙 고백이다.

4:21〉 그리스도 예수 안에 있는 성도에게 각각 문안하라 나와 함께 있는 형제들이 너희에게 문안하고

바울이 마지막으로 안부를 전하는 내용이다. 원래 빌립보서는 바울이 빌립보교회에 보낸 편지였다. 빌립보교회 교인 중 누군가 바울의 편지를 받아서 그 내용을 전했을 것이다. "그리스도 예수 안에 있는 성도에게 각각 문안하라"는 그런 상황에서 나온 말이다.

성도가 누구일까? 본래 성도는 믿는 사람 전부를 가리킨다. 장로, 권사, 집사는 물론이고 목사도 성도다. 성도, 신자, 믿는 사람, 교인, 그리스도인, 크리스천이 다 같은 말이다. 그런데 언제부터인지 호칭이 되어버렸다. 장로나 권사, 집사 같은 직분을 받지 못한 교인을 성도라고 한다. 성도보다 집사가 높고 집사보다 권사가 높고 권사보다 장로가 높은 것처럼 오해하는 사람도 있다.

성도(聖徒)는 글자 그대로 하면 거룩한 사람들이라는 뜻이다. 거룩을 히브리어로 '카도쉬'라고 하는데 구별되었다는 뜻이다. 구별된 것이 거룩한 것이다. 즉 성도는 구별된 사람을 말한다.

본문에서 "그리스도 예수 안에 있는 성도에게 각각 문안하라"라고 했다. 구약시대 이스라엘이 세상에서 구별되어 하나님께 속했던 것처럼 신약시대 성도는 세상에서 구별되어서 그리스도 예수 안에 있는 사람이다. 교회에 등록되어 있는 사람이 성도가 아니다. 일주일에 한 번 정기적으로 예배드린다고 해서 성도라는 보장이 없다. 그리스도 예수 안에 있는 사람이 성도다. 어떤 피치 못할 이유로든지 그리스도 예수 밖에 있으면 성도가 아니다.

언젠가 산책 중에 재미있는 광경을 보았다. 어떤 아주머니가 개를 데리고 나왔는데 개가 제대로 따라오지 않는 것이었다. 개를 돌아보며 말했다. "왜? 힘들어? 엄마가 안아줘?" 그러더니 개를 안고 갔다. 아이가 걷기 싫다며 안아달라고 보채는 것은 종종 봤지만 개가 그렇게 하는 것은 처음 봤다. 요즘은 개를 가족처럼 키우는 집이 참 많다. 애완견이라고 안 하고 반려견이라고 한다.

어떤 집에서 그렇게 키우던 개가 죽었다. 개 장례식도 치렀다. 주일이 되었다. 예배 후에 목사에게 물었다. "목사님, 우리 아롱이 천국 갔겠죠?" 목사가 대답했다. "개는 영혼이 없습니다. 죽으면 그만입니다." 그 말에 상처를 받아서 교회를 옮겼다고 한다.

실제로 있었던 일인지 누군가 지어낸 말인지는 몰라도 그 말을 듣는 순간, 두 가지가 생각났다. 하나는 내가 그런 질문을 받으면 뭐라고 대답할까 하는 것인데 금방 답을 찾았다. "아롱이가 살아생전에 자기를 부인하고 자기 십자가를 지고 날마다 예수님을 따랐으면 천국에 갔을 것입니다"라고 대답하는 것이다. 그렇게 대답하면 뭐라고 할까? 충분히 그랬다고 자신할까?

하나 더 있다. 대체 그분은 구원을 어떻게 알고 그런 생각을 하는 것일까? 예수를 믿어야 구원 얻는다. 예수를 믿지 않고 구원을 얻는 수는 없다. 교회에서 늘 하는 말이다. 그분도 알고 있을 것이다. 그러면 예수를 믿는 것이 어떻게 하는 것일까? 아니, 그 개가 어떻게 예수를 믿었을까? 대체 예수 믿는 문제를 얼마나 시답지 않게 여기면 자기 개가 구원을 얻었다는 생각을 할까?

예수를 믿는다는 얘기는 신자가 된다는 뜻이고, 신자는 다른 말로 성도다. 성도는 그리스도 예수 안에 있는 사람을 말한다. 본래 이 세상에 속했는데 거기에서부터 구별되어 그리스도 예수 안에 들어온 사람이 성도다. 그리스도 예수 안에 있다는 것이 어떤 것일까? 고후 5:17에서 "그런즉 누구든지 그리스도 안에 있으면 새로운 피조물이라 이전 것은 지나갔으니 보라 새것이 되었도다"라고 했다. 그리스도 예수 안에 있는 사람은 새로운 피조물이 된 사람이다. 이전과 단절된 새로운 삶을 사는 사람이다. 그러면 가치관이 새로

위져야 한다. 세상을 사는 이유와 목적이 달라져야 한다. 그런 사람이 예수를 믿는 사람이다. 아롱이가 과연 그랬는지 의문이다.

1890년대 후반, 강화도 북단 홍의마을에 복음이 들어왔다. 마을 훈장 박능일이 복음을 받아들인 것을 시작으로 많은 사람이 예수를 믿기 시작했다. 그때 세례를 받은 사람들은 이름을 바꿨다. "예수를 믿는 것은 옛사람이 죽고 새사람이 되었음을 의미한다. 새로 태어난 아이에게 이름을 지어주는 것처럼 거듭난 우리가 새 이름을 갖는 것은 당연하다."라고 생각했다. 그런데 베네딕토나 베로니카, 프란체스코처럼 천주교식으로 성인들의 이름을 쓰거나 모세, 다윗처럼 성경에 나오는 이름을 쓴 게 아니다. 한국식 작명법을 따라 돌림자 전통으로 개명했다. "우리가 비록 집안은 다르지만 한날한시에 세례를 받아 한 형제가 되었다. 그리고 우리가 이 마을에서 처음 믿었으니 한 일 자를 돌림자로 쓰자."라고 했다. 성은 조상에게서 받은 것이니 바꿀 수 없고 마지막 자를 한 일 자로 통일하기로 했으니 가운데 자만 정하면 된다. 이들은 신(信), 애(愛), 능(能), 충(忠), 은(恩), 혜(惠), 성(聖), 봉(奉), 희(希) 등의 글자를 쓴 쪽지를 주머니에 넣고 함께 기도한 다음 제비를 뽑았다. 능자가 뽑히면 능일, 성자가 뽑히면 성일이 되는 식이다. 그렇게 해서 박능일, 권신일, 권인일, 권문일, 권청일, 권혜일, 김경일, 김부일, 종순일, 주광일, 장양일 같은 이름이 만들어졌다.

같은 집안의 아버지, 아들, 삼촌, 조카가 세례를 받아도 예외가 없었다. 부자간에 같은 돌림자를 쓰게 된 것이다. 권신일의 아들 권충일, 조카는 권혜일, 정천일의 아들은 정서일, 김봉일의 아들은 김환일이 되었다. "우리가 비록 부자간, 숙질간일지라도 신앙 안에서는 같은 하나님의 자녀다. 우리는 세상 질서보다 영적 질서를 따르기를 원한다."라는 말을 믿지 않는 사람들이 이해할 수 있을까?

사람들은 이런 강화교회 교인들을 '검정개'라고 비아냥거렸다. '검다'는 흰 옷을 검게 더럽혔다는 뜻이고 개는 사람이 아니라는 뜻이다. 무릇 그리스도 예수 안에 있으면 세상의 조롱을 받게 마련이다. 그들은 우리를 이해하지 못한다. 서로 다른 세상을 살고 있으니 별수 없다.

강화교회 교인들은 분명히 이전과 단절된 새로운 삶을 산 사람들이 맞다. 우리는 어떤가? 그들이 그리스도 예수 안에 있는 성도가 맞다면 우리는 어떻게 되는 것일까? 우리도 그들과 같은 성도가 맞을까? 그들이 성도라면 우리는 다른 이름을 써야 하고, 우리가 성도라면 그들한테 다른 이름을 붙여야 하는 것 아닐까?

내가 고등학생 때는 도시락 두 개씩 싸서 학교에 다녔다. 형도 마찬가지였다. 우리 형제가 3남 1녀다. 어머니께서는 하루에 다섯 개씩 도시락을 싸곤 했다. 막냇동생이 고등학교를 졸업하자 어머니께서 도시락에서 해방된다며 좋아하셨던 것을 기억한다. 요즘은 학교에서 급식을 하니 그렇지 않다. 그런 점에서 요즘 어머니들이 예전 어머니보다 한결 편해진 것이다. 그렇다고 해서 모성애에 차이가 있을까?

예수를 믿는다고 해서 이름을 바꿔야 하는 법은 없다. 부자간에 같은 돌림자를 써야 하는 법은 더더욱 없다. 하지만 새로운 삶을 살려는 마음은 같아야 한다. "예전에는 예수를 믿으려면 모든 것이 철저해야 했다. 하지만 지금은 대충 믿어도 된다."라는 말은 성경 어디에도 없다.

성도는 그리스도 예수 안에 있는 사람이다. 그리스도 예수 안에 있는 것이 성도의 정체성이다. 그리스도 예수가 곧 삶의 원칙이고 이유이고 목표이고 현실이다. 내가 일부러 현실이라는 단어를 썼다. 먹고살아야 하는 환경이 현실이 아니다. 예수를 믿어야 하는 것이 현실이고 신앙 원칙을 지켜야 하는 것이 현실이다.

각설하고, "그리스도 예수 안에 있는 성도에게 각각 문안하라"라는 얘기를 의례적인 말로 여겨서 그냥 넘어가면 안 된다. "당신은 과연 그리스도 예수 안에 있는 성도가 맞습니까?"라는 질문으로 들어야 한다. 혹시 둥근 네모나 흑백 무지개, 뜨거운 얼음, 까만 태양이 존재한다면 모를까 그렇지 않다면 그리스도 밖을 기웃거리는 성도는 존재할 수 없다.

성도라는 개념만 다시 생각하면 되는 것이 아니다. 성도 간의 관계도 초대 교회 때와 다르다. 문안한다는 말이 본문에 두 번 나오고 이어지는 22절에 또 나온다. 서로의 안부에 그만큼 관심이 많았다.

같은 교우끼리 피붙이보다 더 친하게 지내는 경우는 얼마든지 볼 수 있다. 하지만 멀리 있는 친척이 가까운 이웃보다 못하다는 말은 세상에서도 통용 되기 때문에 굳이 기독교적 가치를 부여해야 하는지는 의문이다. 게다가 모든 교우가 똑같이 친한 것도 아니다. 끼리끼리 친한 것에 불과하다. 심지어 교회 안에 불화가 있기도 하다.

본문은 같은 교회 안에서 교우들끼리 문안 인사를 나누는 얘기가 아니다. 로마교회 교인들이 빌립보교회 교인들에게 문안 인사를 전하고 있다. 서로 이름도 모르고 얼굴도 모른다. 아는 것은 딱 하나, 그리스도 예수 안에 있는 한 형제라는 사실이다. 그런데도 안부가 궁금하다.

예전에 "인생 방황은 예수를 만나면 끝나고 신앙 방황은 좋은 교회를 만나면 끝난다"라고 쓰인 전도지를 본 적이 있다. 별로 마음에 들지 않았다. "다른 교회 가면 계속 방황을 할 수 있다. 우리 교회 와라. 우리 교회가 좋은 교회다."라는 뜻이 포함되었기 때문이다. 교회가 왜 다른 교회와 경쟁해야 할까? 다른 지역으로 이사를 가서 교회를 새로 정해야 할 때는 누구나 좋은 교회를 찾는다. 하지만 교회는 세상과 대조되는 곳이지, 다른 교회와 대조되는 곳이 아니다. 우리는 우리끼리 늘 같은 편이다.

4:22〉 모든 성도들이 너희에게 문안하되 특히 가이사의 집 사람들 중 몇이니라

가이사의 집 사람들이 누구인지 정확히 알 수는 없다. 황제와 인척인 사람일 수도 있고, 황실에서 일하는 사람일 수도 있고, 혹은 시위대에 속한 사람일 수도 있다. 어쨌든 기독교 신앙을 갖기에 불리한 조건에 있는 사람들인 것은 분명하다.

고등학생 시절에 교회 가자는 말만 하면 장남이라서 안 된다고 하던 친구가 있었다. 제사를 모셔야 하는데 어떻게 예수를 믿느냐는 것이었다. 얼마 전에는 시댁 어른이 다 불교를 믿는데 어떻게 교회에 가느냐는 분도 있었다. 하지만 이슬람권에 있는 사람들에 비하면 그 정도는 '애교'일 수 있다. 이슬람권에서는 예수를 주로 고백하는 순간 공동체에서 추방된다. 그처럼 남보다 예수 믿기 힘든 환경에 있는 사람이 현대판 가이사의 집 사람들이다.

그런 사람들이 빌립보교회 교인들한테 "우리도 예수를 믿고 있습니다"라며 손을 흔든다는 얘기다. 환경 때문에 그리스도인이 될 수 없는 법은 없다. 비단 예수를 영접하는 문제에 그치는 얘기가 아니다. 환경 때문에 신앙을 지키지 못하는 법도 없다. 칭의가 환경에 구애받지 않는다면 성화 역시 그렇다.

지난 2015년에 상영된 〈암살〉이라는 영화가 있다. 어렸을 적에 헤어진 쌍둥이 자매가 나온다. 한 사람은 독립군으로 자랐고 다른 사람은 친일파의 딸로 자랐다. 친일파의 딸이 독립군에게 얘기한다. "나도 독립군 좋아해. 그래도 내가 하는 건 싫어."

2017년에 상영된 〈1987〉에는 전혀 다른 대사가 나온다. 박종철 고문치사 사건을 소재로 다룬 영화다. 대학 신입생 연희는 시국이나 학생 운동에 관심이 없다. 그렇게 한다고 세상이 바뀌는 것도 아니고 가족들만 불편하게 한다는 것이 연희의 생각이었다. 그런 연희가 미팅 약속 때문에 시내에 나갔다가 시위 현장에 휩쓸리고, 대학 선배를 만난다. 대학 선배가 운동권 동아리에 가입할 것을 권유하자, 연희가 말한다. "그런다고 세상이 달라지나요? 그냥 살면 안 되나요?" 선배가 대답한다. "나도 그냥 살고 싶어. 그런데 그게 안 돼."

성도가 어떤 사람일까? "나도 그리스도 안에서 사는 삶이 좋은 건 알아. 하지만 내가 그렇게 살기는 싫어."라고 하는 사람이 있다면 그 사람은 성도가 아니다. 오히려 "나도 그냥 살고 싶어. 그런데 그게 안 돼."라고 하는 사람이다. 이미 예수님께 붙들렸기 때문이다.

4:23〉 주 예수 그리스도의 은혜가 너희 심령에 있을지어다

빌립보서를 마치는 문장이 "주 예수 그리스도의 은혜가 너희 심령에 있을지어다"이다. 왜 심령을 얘기할까? "주 예수 그리스도의 은혜가 너희에게 있을지어다"라고 하면 안 될까? 심령은 다른 말로 영이다. "주 예수 그리스도의 은혜가 여러분의 영과 함께 있기를 바랍니다"라고 하면 아쉬움을 느낄 사람이 혹시 없을까? 예수 그리스도의 은혜가 왜 영에만 있어야 할까? "주 예수 그리스도의 은혜가 여러분의 영과 육에 아울러 함께 있기를 바랍니다"라고 하면 더 좋지 않을까?

사람이 영혼이 있는 육체일까, 육체가 있는 영혼일까? 사실 영혼과 육체를 분리하는 것은 말이 안 된다. 영혼과 육체가 분리되는 순간, 더 이상 사람이 아니기 때문이다. 그래도 잠깐만 분리해서 생각해 보자. 그리스도의 은혜가 둘 중 한쪽에만 함께한다면 어느 쪽을 택해야 할까?

헬라어로 사람을 '안드로포스'라고 한다. '위로'라는 뜻의 '아나'와 '얼굴'을 뜻하는 '프로소포스'의 합성어다. 사람이 사람인 이유는 얼굴을 위로 향하기 때문이다. 즉 하늘을 보기 때문이다. 모름지기 사람이면 하늘을 우러르며 살아야 한다. 돼지는 그렇지 않다. 돼지는 하늘을 보지 못한다. 굳이 볼 이유도 없다. 땅에 있는 것만으로 충분히 만족하며 살 수 있다.

혹시 우리가 하늘을 보는 것만으로 만족하지 못한다면 그 이유가 어디에 있을까? 이제 빌립보서가 끝난다. 지금까지 어떤 내용을 읽었는가? 우리는 그리스도 예수 안에 있는 사람들이다. 과연 그럴까? 우리 삶은 그리스도 예수 안에서만 의미를 갖는다. 과연 그럴까? 그리스도 예수가 우리의 정체성이다. 과연 그럴까? 이 모든 질문에 당연하다고 대답할 수 있어야 한다. 우리는 예수 그리스도를 주인으로 모신 사람들이다. 우리 인생이 늘 그 안에서만 이어져야 한다. 적어도 빌립보서를 읽은 사람이라면 그렇다. 그런 사람의 심령에 주 예수 그리스도의 은혜가 있기를 진실로 진실로 진실로 소망한다.

LET'S GO 빌립보서

초판 1쇄 발행 2024. 11. 11.

지은이   강학종
펴낸이   방주석
펴낸곳   베드로서원
주 소   10252 경기도 고양시 일산동구 고봉로 776-92
전 화   031-976-8970
팩 스   031-976-8971
이메일   peterhouse@daum.net
등 록   2010년 1월 18일
창립일   1988년 6월 3일
ISBN   979-11-91921-33-5 03230
책값은 뒤표지에 있습니다.

베드로서원은 문서라는 도구로 한국교회가 복음의 본질을 회복하고

마을 목회와 선교적 교회로 나아가는 데 기여하고자 최선을 다합니다.

나의 힘이신 여호와여 내가 주를 사랑하나이다(시 18:1)